强制医疗程序
适用与检察监督

胡剑锋　著

中国检察出版社

图书在版编目（CIP）数据

强制医疗程序适用与检察监督／胡剑锋著. —北京：中国检察
出版社，2017.5
ISBN 978－7－5102－1876－7

Ⅰ.①强… Ⅱ.①胡… Ⅲ.①精神病患者（法律）－治疗－强制
执行－研究－中国 Ⅳ.①D924.399.4

中国版本图书馆 CIP 数据核字（2017）第 070386 号

强制医疗程序适用与检察监督

胡剑锋 著

出版发行：	中国检察出版社
社　　址：	北京市石景山区香山南路 111 号（100144）
网　　址：	中国检察出版社（www.zgjccbs.com）
编辑电话：	(010)68682164
发行电话：	(010)88954291　88953175　68686531
	(010)68650015　68650016
经　　销：	新华书店
印　　刷：	河北省三河市燕山印刷有限公司
开　　本：	A5
印　　张：	9.25
字　　数：	246 千字
版　　次：	2017 年 5 月第一版　　2017 年 5 月第一次印刷
书　　号：	ISBN 978－7－5102－1876－7
定　　价：	36.00 元

序　言

　　初识剑锋是在十五年前的一次检察调研笔会上，后来到宁波市人民检察院担任法律政策研究室主任以后，他担任宁海县人民检察院检察委员会专职委员分管调研工作，相互接触就更多一些。一个话语不多的中年汉子，从检三十年，长期在刑检办案一线工作，担任专职委员以后，并没有就此休养生息。每年的检察理论年会，他都会积极撰文参加，会上他会毫无保留地向青年干警传授独家秘笈——分析问题要"小题大做"、"藕断丝连"，文章要常修常新"旧情复燃"等，以他一篇篇在核心期刊发表的论文为例，讲解成文思路和写作经过，让我们听后印象深刻。在平常工作中，他不仅自己写，而且坚持诲人不倦，以产婆式辩论启发干警思维，年轻干警不仅从他身上学到了知识，更感到了满满的正能量。

　　《强制医疗程序适用与检察监督》是中国检察出版社为回应2012年《刑事诉讼法》修改后施行情况而策划的系列丛书中的一册，当时，编辑同志找到我的时候，我毫不犹豫地推了胡剑锋同志，因为，前期他围绕这个主题已经分别完成了浙江省法学会和浙江省人民检察院的课题——《刑事强制医疗检察监督机制研究》和《强制医疗程序调研》。在书稿的构思谋篇过程中，我们还将宁波地区的一批调研骨干，在双休日聚集到宁海县人民检察院，周六下午到周日上午采用头脑风暴的形式对剑锋同志前期的初稿进行了研究探讨，当时场景，历历在目。

　　翻阅剑锋同志的书稿，总体感觉有以下几个特点：第一，方法务实，收集运用了大量的实践资料，具有较强的实证性；第二，体系全面，从实体到程序，从操作适用到检察监督，从临时约束措施到医疗保障，内容包括方方面面；第三，理念先进，总体体现了谦抑、审慎、善意，在医疗保障使用条件、被害人权益保障方面尤为明显；第四，关注细节，法律的生命在于实践，实践的要义是可操作性，书中有关临时约束、交付执行、医疗转换等方面的阐述都非常细致，制度设计关注细节，有助于制度落地执行；第五、突出检察监督，全书除了围绕依法不负刑事责任的精神病人的强制医疗程序如何操作进行系统阐述外，另一条主线是就各阶段各环节检察机关如何立足本职开展法律监督进行论述。

当然，由于作者长期所处的岗位和时间精力所限，本书也肯定会存在一些不足之处。但是理论研究，我一直持比较包容的态度，一份成果能够将某一项制度往前推进一点点，那就是有收获的。本书是剑锋同志在前期大量的调查研究基础上形成的，也是长期理性思考形成的，这本书的完成之于剑锋个人是人生当中一件有意义的大事，对宁波检察理论研究事业和人才培养也是一件幸事。

"宝剑锋从磨砺出，梅花香自苦寒来。"我衷心希望在司法体制和监察体制改革背景下，有更多的检察官能立足检察职能、立足检察实务，用实证的方法和系统化思维，产出更多更高质量的检察理论研究成果，既展示我们检察人才的理论才识，也为我们检察事业的科学发展奉献一份力量。

是为序！

全国检察业务专家
宁波市人民检察院法律政策研究室主任

潘申明
2017. 4. 12

前　言

　　2012 年《刑事诉讼法》构建了中国特色的刑事强制医疗特别程序，将依法不负刑事责任的精神病人强制医疗纳入法制轨道，开创了我国强制医疗司法审查的先河，使依法不负刑事责任的精神病人享有获得及时有效治疗的基本权利，合法权益得到全面保护，公共安全得到切实维护，更使得我国刑事司法文明向前迈了一大步，彰显了我国人权保障水平，可谓具有里程碑意义。

　　对于一个新兴的刑事诉讼程序，既需要进行积极实践和总结经验，同时也需要理论上进一步深入研究。本书以实证研究的方法，对强制医疗程序适用和监督实践中需要解决的问题进行了梳理，主要存在：如何解决公安司法人员对鉴定意见调查的形式倾向问题；检察机关如何全面强化对强制医疗启动程序的监督；执行临时的保护性约束措施的医疗场所如何确定、执行程序如何规范、医疗费用如何保障；强制医疗决定执行的期限方面，交付执行的期限、执行驳回申请决定的期限、定期诊断评估的期限如何确定；在检察机关执行监督的对象方面，比如强制医疗执行机构的资质条件，监管足以达到消除隐患的评判标准问题；检察机关内部如何处理好诉讼职能与监督职能，上下之间、部门之间如何分工协作等。正是司法实践中这些现实复杂的问题，促使笔者对强制医疗司法程序和检察监督进行系统深入研究。本书力求做到理论联系实际，在对强制医疗司法程序的基本理论进行梳理，借鉴国外刑事强制医疗法律规定的基础上，着力对实践中出现的和可能出现的具体问题展开细化探讨，以期对适用强制医疗司法程序和开展检察监督工作有所裨益。

　　基于上述思路，本书第一章和第二章相当于概论篇，第一章

"强制医疗程序基础理论",宏观分析了行政化强制医疗的非正当性以及现行强制医疗措施的性质,分析了强制医疗程序存在的法理基础和人本、公正、安全三大价值以及应当坚守的四个原则。第二章"当代强制医疗制度考察",通过横向比较,揭示当前刑事性非自愿住院的适用主要有保安处分模式和精神卫生法模式,以及有代表性国家的强制医疗程序上存在的差异性,并对当前强制医疗程序适用的实践现状进行分析。

第三章至第九章相当于分论篇。第三章"强制医疗适用条件"和第四章"强制医疗程序证明制度"事关整个程序流程,是整个程序的基础。第五章至第九章是本书的重点内容,根据强制医疗程序的完整流程分为四个阶段:第五章公安机关的启动程序,第六章检察机关的提请程序,第七章人民法院的审理程序,第八章执行机构的执行程序,着重研究了对各环节的检察监督与制约。比如第五章对公安机关强制医疗启动程序、鉴定程序、临时的保护性约束措施的监督,并总结提炼了对临时的保护性约束措施检察监督的实践探索,以及提出完善临时的保护性约束措施的建议。第七章对人民法院审理程序的监督,除一般的程序性监督之外,主要包括对普通刑事诉讼程序与强制医疗程序之间程序转换的监督,以及对人民法院驳回强制医疗申请和直接作出强制医疗决定的监督。对执行机构执行程序的检察监督对于检察机关的监所检察部门来说是一项全新的职责,第八章主要按照"监督谁"、"监督什么"的思路展开,认为首先应当明确强制医疗执行机构,再明确由强制医疗执行机构主管部门同级的检察院进行监督,并在《人民检察院刑事诉讼规则(试行)》相关规定的基础上进行了进一步的细化研究。第九章主要是按照"如何监督"的问题展开,基于监所检察部门监督信息的直接性、执行主体的广泛性、监督对象的全面性考虑,认为在强制医疗检察监督中,对强制医疗执行的监督尤为重要,因此该章以监所检察部门的执行监督为重点,对强制医疗检察监督机制进行探讨。

第十章相当于余论,着重对被害人的民事诉讼权利保障、强制医疗程序与非自愿住院治疗的转换以及医疗经费的保障阐述观点和设想。

因自身理论修炼先天性欠缺，本书仅从强制医疗的实体、程序、监督进行了形式上的延伸和分析，还未达到理论上的进一步升华。同时，本书中的判断和设想，也更多的只是形式上的，还没有历经实践与理论的螺旋式推演，在实践指导上会略显不足。尤其是 2016 年《人民检察院强制医疗执行检察办法（试行）》出台后，本书未能及时修正和研究相关问题，此乃本书最大的不足。为此，敬请读者在阅读本书强制医疗执行监督相关章节时，进行比照阅读，希望对理解、适用《人民检察院强制医疗执行检察办法（试行）》仍有所借鉴。

目　　录

第一章　强制医疗程序基础理论

第一节　强制医疗制度概述

强制医疗是指针对实施了暴力行为危害公共安全或者严重危害公民人身安全的无刑事责任能力的精神病人，在必要的时候适用的，旨在消除其危险状态、帮助其回归社会，强制其在专门医疗机构接受治疗和监管的刑事实体措施。《刑事诉讼法》作为程序法，是《刑法》执行的保障法。强制医疗程序是指在刑事诉讼过程中，公安司法机关在当事人及其他诉讼参与人的参加下，依照法定程序决定精神病人是否适用强制医疗的诉讼活动。2012年修改的《刑事诉讼法》在特别程序编规定的强制医疗程序，明确了强制医疗的适用条件、申请程序、审理程序、解除程序、法律援助、救济程序和检察监督等相关程序问题。我国《刑法》规定的强制医疗措施和《刑事诉讼法》规定的强制医疗程序，决定了强制医疗的刑事法品性和司法化特征，强制医疗的适用纳入严格的司法程序，接受司法审查，对于改变由公安机关不受制约地独自决定强制医疗，保障被强制医疗人必须享有的救济权利和公民的基本人权不受行政专横的侵犯，进一步推进我国的刑事法治进程，具有里程碑的意义。

强制医疗不是刑罚手段。刑罚是"刑法规定的由国家审判机关依法对犯罪人适用的限制或剥夺其某种权益的强制性裁判方法"[1]。

---

① 高铭暄、马克昌：《刑法学》，北京大学出版社、高等教育出版社 2000 年版，第 225 页。

现代刑罚的适用以行为人具有罪过和刑事责任能力为前提，完全丧失辨认或者控制能力的精神病人因为缺乏刑罚适应性而不能成为刑罚适用的对象。但是，行为人实施了如果由正常人实施就依法构成犯罪的行为，并且当其对社会安全仍具有人身危险时，国家和社会出于社会防卫对其强制医疗。因此，强制医疗虽然一定程度上限制或剥夺行为人的人身自由，但并不是刑罚种类或者刑罚的执行方式，不具有谴责性、惩罚性，而带有明显的预防性。强制医疗也不是刑事强制措施。刑事强制措施是侦查、检察、审判机关为保证刑事诉讼顺利进行，依法对犯罪嫌疑人、被告人采取的在一定期限内暂时限制或剥夺其人身自由的强制方法。行为人经法定程序鉴定不具有刑事责任能力，表明已经启动的普通刑事诉讼程序应当予以终结，并且强制医疗适用前提——人身危险性和强制医疗适用目的——社会防卫所决定的强制医疗的不定期原则和刑事强制措施迥异，因此，强制医疗不是刑事诉讼过程中为诉讼顺利开展提供辅助的临时的强制措施。

一、我国强制医疗措施的保安处分性质

我国《刑法》有关刑事责任能力的规定采用双轨制，即一方面以刑事责任年龄作为区分责任能力之阶段，另一方面又以精神状态作为责任能力划分的标准，因此具有完全刑事责任能力的行为人应该负刑事责任，不能辨认或者控制自己行为的精神病人不负刑事责任；尚未完全丧失辨认或者控制自己行为能力的精神病人犯罪的，应当负刑事责任，但可以从轻或减轻处罚。犯罪嫌疑人、被告人一旦经法定程序确认为精神病人不负刑事责任，不再发生刑罚的量定和执行的问题，同时，这些精神病人是社会中的弱势群体之一，值得同情和关注，而其中具有一定攻击性的精神病人，又可能会对他人的权利形成危险，这样就不可避免要面临这样一个问题：如何安置这些处于刑事司法程序中的精神病人？

国家义务是社会救助得以存在的基础。我国《刑法》考虑到对于精神病人社会应当承担一定的管教责任，尤其是那些家属

或者监护人无力看管和医疗的，应当由政府管教，所以在《刑法》第18条第1款首次规定了强制医疗制度，"精神病人在不能辨认或者不能控制自己行为的时候造成危害结果，经法定程序鉴定确认的，不负刑事责任，但是应当责令他的家属或者监护人严加看管和医疗；在必要的时候，由政府强制医疗"。政府在强制医疗不负刑事责任的精神病人方面，虽然倾注了必要的人道关怀和医疗救助，但是，由于我国立法对于强制医疗制度过于原则性的规定，程序性的配套规范长期处于空白，导致家属责任与政府责任在很大程度上都沦为一纸空文，使得强制医疗措施在现实中根本就无法发挥其应有的作用。一方面家属往往无力或者不愿意履行监管与治疗的责任，导致大量精神病人被放任不管，精神疾病得不到及时治疗，继续对社会的安全与秩序产生威胁，或者为了防止精神病人继续危害社会，精神病人家属长期非法拘禁精神病人甚至自行杀死精神病家属的事件足以说明家属履行监护责任的无力与困境。另一方面政府强制医疗程序在《刑法》与《刑事诉讼法》等相关法律中的阙如，导致实践中被鉴定为精神病的犯罪嫌疑人与被告人也很难得到有效的政府监管，司法实践中表现为：要么一放了之，任凭精神病人继续威胁社会的安全与秩序；要么一关了之，不启动精神病鉴定或者鉴定后不认定为精神病而作为正常人关入监狱服刑，暂时规避释放精神病人对社会安全带来的风险。[①] 2012年修改的《刑事诉讼法》第五编第四章专门构建了中国特色的刑事强制医疗特别程序，第一次在基本法中确立了依法不负刑事责任的精神病人的强制医疗程序（以下简称强制医疗程序），将强制医疗纳入法制轨道，彰显了我国刑事司法文明水平的进步。

我国现行法律规定的强制医疗，类似于域外保安处分措施中的监护处分（又称疗护处分）。当今世界各国刑法典有关保安处

---

① 参见李文华：《完善精神病人强制医疗程序探研》，载《青海社会科学》2012年第5期。

分的规定，以适用对象来划分，可以分为以人为对象的保安处分和以物为对象的保安处分。无刑事责任能力之人不能成为犯罪主体，因而难以成为刑罚适用对象，但却可以对其适用保安处分，处分的方法是送入精神病院，其目的在于预防精神病人再度实施危害社会共同生活的行为。《德国刑法典》第 63 条、《意大利刑法典》第 219 条、《奥地利刑法典》第 21 条、《瑞士刑法》第 43 条、《苏俄刑法典》第 58 条至第 61 条等，都规定了这种保安处分。[①]保安处分的思想基础和法理依据是新社会防卫理论。根据新社会防卫理论，为保护个人的基本自由，原则上应排除在犯罪行为实施之前采取保安处分措施，但在行为人业已实施危害社会行为之后，他尽管可能因不具备刑事责任能力而不构成犯罪，或者已经受到刑事处罚，但是由于其危害社会的可能性仍然存在，因此需要对行为人这种"不适应社会"的状况进行挽救，以便使其回归社会，从而实现预防犯罪发生的目的。[②]因此，对那些具有明显社会危害性的人员适用保安处分措施的正当性在于：一方面是为防止这些行为人继续危害社会，另一方面是保证他们重新回归社会。

当代世界各国保安处分，在适用对象上，主要适用于那些已经实施危害社会的行为，并继续具有社会危害性的人；在适用期限上，期限的长短取决于行为人的社会危险性是否已经消失；在适用目的上，是为了防止行为人继续危害社会，以及保证行为人重新适应社会、回归社会；在适用程序上，适用保安处分措施，必须按照司法裁判程序，由法官通过裁决来进行。很显然，我国的强制医疗无论在适用目的、适用对象、适用期限、适用程序上，都与大陆法系国家的保安处分并无二致，我国的强制医疗具有保安处分的性质。虽然，我国现行法律中并无"保安处分"的法律概念，不过，在学理上，一些论者以大陆法系有代表性国

[①] 参见陈兴良：《刑法哲学》，中国政法大学出版社 2000 年版，第 583 页。
[②] 参见［法］卡斯东·斯特法尼等：《法国刑法总论精义》，罗结珍译，中国政法大学出版社 1998 年版，第 432 页。

家和地区的立法例为参照，从法律功能的相似性出发，将现行行政法律和刑事法律规定的某些处分措施称为"保安措施"或者"保安性措施"，或者直接称为"保安处分"。在现行法律没有明确这一法律概念的情况下，将之作为学理概念使用亦无不可。①

二、行政化强制医疗的非正当性

在 2012 年《刑事诉讼法》修改之前，我国对实施危害社会的精神病人进行强制医疗的程序规定，在法律层面上，主要依据《人民警察法》第 14 条的规定，"公安机关的人民警察对严重危害公共安全或者他人人身安全的精神病人，可以采取保护性约束措施。需要送往指定的单位、场所加以监护的，应当报请县级以上人民政府公安机关批准，并及时通知其监护人"。在法规层面上，北京、上海、宁波、武汉、杭州、无锡等六地的地方性精神卫生条例均采用特定机关（一般是公安机关）采取强制措施强行将特定精神病人送至精神病医疗机构进行治疗的行为。② 北京、宁波、武汉、杭州、无锡的地方立法均规定精神病人强制医疗的决定权在于公安机关，并由公安机关将病人送到精神病院治疗，例如杭州规定由公安机关决定，监护人或近亲属办理入院手续。上海则规定精神疾病患者或者疑似精神疾病患者有伤害自身、危害他人或者危害社会行为的，其监护人、近亲属、所在单位、住所地居民委员会、村民委员会或者事发地公安部门应当将其送至精神卫生医疗机构；其他单位和个人发现的，应当向其住所地居民委员会、村民委员会或者事发地公安部门报告。

由此可见，在 2012 年《刑事诉讼法》修改之前，我国的强制医疗由公安机关批准并由其管辖的安康医院负责实施，具有强烈

---

① 参见时延安：《劳动教养制度的终止与保安处分的法治化》，载《中国法学》2013 年第 1 期。

② 参见文永辉：《精神病人强制医疗制度的国内外立法比较探析》，载《西部法学评论》2011 年第 5 期。

的行政化倾向。从《宪法》有关公民权利的规定进行分析，就会发现行政化的强制医疗制度实质性地侵犯了公民的宪法性权利。《宪法》第 37 条第 2 款规定："任何公民，非经人民检察院批准或者决定或者人民法院决定，并由公安机关执行，不受逮捕。"从《宪法》第 37 条统领性和约束性作用出发，此处的"逮捕"不应限于《刑事诉讼法》中规定的作为刑事强制措施的逮捕，而是应指任何与《刑事诉讼法》中逮捕具有相同强制力、相同权利剥夺效果的法律强制措施和处罚，由此，该条款实际上设定了两条标准：一是期限标准，但凡与逮捕期限相当或者长于逮捕期限的强制性措施和处罚，应由法院或检察机关批准和决定。二是决定机关标准，即凡是与逮捕具有同等或者更重惩罚效果的强制性措施和处罚，其决定权应与《刑事诉讼法》规定的逮捕，即由法院决定或者检察机关批准或决定。① 以上述标准来衡量行政化的强制医疗，会明显地看出其制度缺陷。虽然，行政化的强制医疗期限也是不定期的，但在实践操作中对精神病人强制医疗的，根据不同的案件类型有不同的期限限制，一般刑事案件至少需要 1 年才可以提出申请出院，重大、复杂的案件则需要治疗 3 年以上才可以提出申请出院。② 对于精神病人来说，强制医疗措施虽然具有医疗救助的属性，是一种特殊的医疗行为，但其仍以实质性的限制和剥夺自由作为监管的主要的执行内容，更何况期间的医疗活动往往产生很大的药物副作用，尤其是抗精神疾病类药物一旦错用将导致正常公民遭受不可逆的健康损害。③ 显然，强制医疗在执行

---

① 参见时延安：《劳动教养制度的终止与保安处分的法治化》，载《中国法学》2013 年第 1 期。

② 参见陈卫东等：《刑事案件精神病鉴定实施情况调研报告》，载《证据科学》2011 年第 19 卷。

③ 抗精神疾病药已知常见的不良反应包括：过度镇静、帕金森综合征反应、迟发性运动障碍、静坐不能、肌张力障碍、心脏功能损害、粒细胞减少、皮肤过敏、药物成瘾、戒断症状、药源性癫痫、消化系统障碍、意识障碍、猝死、胎儿致畸、对新生儿的影响等。参见徐作国等：《575 例抗精神疾病药品不良反应报告分析》，载《中国药物警戒》2007 年第 6 期。

期限及严厉程度方面都已经远远超过了刑事诉讼中的逮捕，因而根据上述《宪法》规定，其决定权应该归于人民检察院或人民法院。

　　在适用程序上，行政化的强制医疗由公安机关自我调查、自我审批、自我决定、自我纠正，虽然从表面上看，调查者、申请者、审批者、复议者并不是同一批人，对于纠正那些由单个警察滥用行政化的强制医疗的问题，确实是有积极意义的，但是，这也只限于调查者与裁决者、申请者与审批者、决定者与复议者之间的权力制约与平衡，更何况作为国家治安保卫机关，公安机关具有一般行政机关所不具有的准军事化色彩，警察一体、上令下从，内部审批程序又能有多大的实质意义呢？这种行政化的强制医疗制度，裁决者并非具有中立者身份的人民法院，无法保证裁决的中立与公正；也没有当事人及其监护人的参与，没有检察机关的审查和监督，不符合程序公正的价值理念和要求，无法实现公民基本权利的保护和救济。"对权利的保护和救济，比宣示人的权利更为重要和实在。"[①] 因此无论强制医疗所要达到的社会防卫和治病救人的目标有多崇高，而对被强制医疗者所采取强制医疗的过程却是不正当的。[②] 实践中也存在因其独断、滥用而导致严重侵犯公民人权、严重影响政府权威和公信的弊端。行政化的强制医疗制度的合宪性和正当性越来越难以得到当事人和社会的认同，"被精神病"现象成为舆论热点。

　　司法审查能够有效防止行政权力的滥用。2012 年修改的《刑事诉讼法》对强制医疗的程序予以了规范，依法配置强制医疗决定权归于法院并保证程序的正当性，解决了依法不负刑事责任的精神病人的强制医疗的合法性问题和正当性问题。

---

　　① 　[德] 哈特穆特·毛雷尔：《行政法总论》，高家伟译，法律出版社 2000 年版，第 106 页。

　　② 　参见李娜玲：《刑事强制医疗程序研究》，中国检察出版社 2011 年版，第 71 页。

第二节　强制医疗程序法理基础与价值分析

　　刑事诉讼的基本价值是指刑事诉讼法律希冀实现的各项伦理目标，比如正义、秩序、自由、效率等。强制医疗程序作为刑事诉讼的特别程序，刑事诉讼的基本价值同样体现了强制医疗程序的价值追求，但是作为刑事诉讼的特别程序，强制医疗程序还希冀公共安全和人道关怀。关乎公共安全，是因为强制医疗作为一种社会防卫措施，以人身危险性为基础，避免精神病人再度实施对社会具有危害性的行为；关乎人道关怀，是因为强制医疗的对象是精神病人，以基本人权为基础，使精神病人摆脱自己的行为而获得安全，医治他的精神疾病并使他获得生活的各种条件。① 可以说，公正、安全、人道是强制医疗程序所追求的三大价值目标。

一、强制医疗程序的人本价值

　　2012 年修改的《刑事诉讼法》以人为本、人文关怀，把基本的诉讼理念和道德理念作为立法的指导原则，实现了诉讼制度和机制的创新和完善。立法上的以人为本，不仅是一个法律技术问题，而且是一个观念变革问题。其理论基础是人性尊严理念，即每一个人本身就是目的，而不是用以实现一定目的的手段；每一个人本身，即为价值，甚至是最高价值。② 精神病人首先是人，有其人格的尊严，和社会其他公民享有同等的基本权利，对其权利的限制和剥夺同样需要构建有力的保障机制。强制医疗不仅直接威胁公民的人身自由，而且关系公民的名誉权和人格权。

---

　　① 参见王以真主编：《外国刑事诉讼法学》，北京大学出版社 2004 年版，第428 页。

　　② 参见张伟：《人权在中国的法律保障》，载《红旗文稿》2015 年第 9 期。

强制医疗的人本价值的其中一个重要意义即表现为对公民人身自由的尊重和保护，使不符合强制医疗条件，检察机关不提出强制医疗申请，人民法院不作出强制医疗决定，并使符合解除条件的被强制医疗人及时得到自由。

人本价值的另一重要意义在于符合强制医疗条件的及时得到治疗。符合强制医疗适用条件的精神病人，大多系病情严重的精神病人，且又家境贫困，属于残疾人群中最特殊、最弱势的群体。对患者不予救治，违背了基本的人道主义原则，侵害了病人的身体健康权。国家开展对他们的医疗救助以及后续的康复救助，既可以保障被强制医疗人享有获得物质帮助的基本权利，又可以最大限度地发挥社会防卫的目的；既是惠及这些极度贫困家庭的德政工程，又不失为化解矛盾、促进和谐的一剂"良方"。行政化的强制医疗，不可避免地会出现权力滥用的现象，从而侵犯相关公民的权利。司法审查能够有效防止公权力对强制医疗的滥用。只有构建严密的诉讼程序并实现强制医疗的法治化和程序化，才能使权力得到节制、权利得以实现。[1]

强制医疗程序中，适用条件设定必要性原则，优先考虑由家属或监护人看管和医疗；法定代理人到场和法律援助权的双重设置能够帮助维护受审能力缺乏的被申请人的权利；被强制医疗人及其近亲属的复议权、申请解除权以及向检察机关提出申诉的权利；检察机关对强制医疗决定和执行的监督，包括从强制医疗程序的启动、决定、执行、解除等全程、动态的监督等制度，使医疗性的强制措施更加人性化，彰显了《刑事诉讼法》对人权的尊重和保障，促进人之善性的萌生和回归。但是，我们不能仅仅从慈善和仁爱的角度，将强制医疗诉讼制度视为一种赐予或者为形势所迫而不得不采取的被动行为；而是应该从长远的社会稳定与和谐发展的角度出发，把它作为社会治理创新的重要组成部

---

[1]　参见李娜玲：《刑事强制医疗程序研究》，中国检察出版社 2011 年版，第99 页。

分，不断加以完善。

二、强制医疗程序的公正价值

公正，亦称公平、正义，是人类社会追求的一种理想状态，是司法活动永恒的价值追求。法律的生命力在于实施，法律的权威也在于实施。制定良法是为了善治，是为了把国家和社会治理得更好，是为了推进国家治理体系和能力现代化。善治的目标不是管人民，而是保障人民的权利。[①]

在司法领域，正义可以被区分为实体正义和程序正义。实体一般公正要求立法者对人们权利义务进行公正的分配，实体个别公正要求司法者运用自由裁量权进行公正的裁判。实体正义的基本标准是使被害的权利得到救济。意味着只有对那些符合强制医疗条件的，才能予以强制医疗；既不能放任犯罪嫌疑人和被告人假借精神病逃避刑事处罚，也不能对符合强制医疗条件的却责令家属或监护人管教；精神病人犯罪不仅是法律问题，更是社会问题，因此国家作为社会关系的保护者和代表者，从国家义务和责任的角度，既要确保被强制医疗人能够得到有效的医疗救助，恢复健康和回归社会，也要保护被害人的权益，使得被害人受损的经济利益得以恢复，心灵伤痛得以慰藉，愤怒情绪得以缓和，报复心理得以消除，同时也使社会的本能情感得以满足，公众的法律信仰得以培养。

完备公正的程序对于实体公正的实现十分关键，美国联邦最高法院前大法官杰克逊就认为："程序的公正、合理是自由的内在本质，如果可能的话，人们宁肯选择通过公正的程序实施一项暴戾的实体法，也不愿意选择通过不公正的程序实施一项较为宽容的实体法。"[②] 程序正义则要求确保利害关系者"都有权参加

---

① 参见王松苗：《彰显中国特色社会主义法治理念》，载《求是》2015 年第 10 期。

② 杨贝：《强制医疗鉴定程序的完善》，载《江西社会科学》2014 年第 3 期。

该诉讼并得到提出有利于自己的主张和证据以及反驳对方提出之主张和证据的机会"①。在作出强制医疗决定的过程中,应当确保参与者的参与机会,否则精神病人的权利就会受到漠视,救济也无法实现。《刑事诉讼法》规定了基本的强制医疗程序规则,如人民法院审理强制医疗案件,应当通知被申请人或者被告人的法定代理人到场。被申请人或者被告人没有委托诉讼代理人的,人民法院应当通知法律援助机构指派律师为其提供法律帮助。审判人员组成合议庭进行审理。被决定强制医疗的人、被害人及其法定代理人、近亲属对强制医疗决定不服的,可以向上一级人民法院申请复议。《刑事诉讼法》还将强制医疗程序纳入检察机关诉讼监督的范围,从强化诉讼监督层面,确保强制医疗决定和执行的公正。最高人民法院的司法解释从保障符合强制医疗条件的精神病人享有普通刑事诉讼程序中同等的诉讼权利角度,要求人民法院审理强制医疗案件,明确指出"本章没有规定的参照适用公诉案件第一审普通程序和第二审程序的有关规定"。此外,无论是从程序正义上讲,还是从法律适用一般原则与特殊原则相结合的原则上讲,鉴于被申请人无责任能力,公安侦查阶段和检察审查阶段应当依据普通刑事诉讼程序的有关规定,保障涉案精神病人享有与犯罪嫌疑人同等的诉讼权利,例如为涉案精神病人提供法律援助,充分保障涉案精神病人及其法定代理人的辩护权等。

三、强制医疗程序的安全价值

法治要维护的秩序主要是指社会秩序,它意味着一种有序的社会状态。据 2004 年媒体披露的流行病学调查结果显示,近 10 年,全国安康医院累计收治肇事肇祸精神病人 75000 例,其中有杀人行为者占 30%。同时全国范围内精神病人的收治率还很低,

---

① 〔日〕谷口安平:《程序的正义与诉讼》,王亚新、刘荣军译,中国政法大学出版社 1996 年版,第 12 页。

据世界卫生组织的研究显示，中国的精神病人得到治疗的比例大概是30%。① 可以说，一方面不少精神病患者长期得不到有效治疗，另一方面精神病人暴力肇祸的事件已严重影响人民群众的安全感。我国两家民间公益组织发布的一份《中国精神病收治制度法律分析报告》（以下简称《报告》），通过对100多起真实案件、300篇新闻报道的分析，揭示了当前我国精神病治疗和司法实践中"该收治的不收治、不该收治的却被收治"的乱象。《报告》指出，一方面，许多应当被收治的患者由于无力支付医疗费，得不到治疗，或被家人长期禁锢，或流落街头，成为散落在社会中的"不定时炸弹"，威胁公共安全，同时这些患者本身的自由乃至生命安全也时常被侵害。另一方面，大量无病或无须强制收治的人，被与之有利益冲突的人强行送往精神病院，花费大量医疗资源，承受丧失人身自由、被迫接受本不该接受的治疗带来的痛苦。这种情况导致了原本稀缺的医疗资源的浪费，有限的资源主要用在了错误的人身上，需要治疗的又得不到资源。《报告》指出，精神病收治制度不完善和资源配置的错位，使公众随时面临双重风险和威胁：不仅面临受流浪精神病人随时袭击的风险和威胁，而且也随时面临"被收治"的风险和威胁。②

《刑事诉讼法》规定的强制医疗程序将实施暴力行为的精神病人强制医疗纳入司法轨道，有效解决当前刑事强制医疗的混乱局面，既避免一放了之，任凭精神病人继续威胁社会的安全与秩序，又避免一关了之，将其作为正常人关入监狱服刑，暂时规避释放精神病人对社会安全带来的风险。被强制医疗人的人身自由必然要受到一定的限制或剥夺，这既是基于被强制医疗的精神病人的人身危险性，出于社会防卫，维护公众人身安全的考虑，也

① 参见李娜玲：《刑事强制医疗程序研究》，中国检察出版社2011年版，第1页。
② 参见王俊秀、陈磊：《我国精神病收治乱象亟待整治》，载《中国青年报》2010年10月11日。

是出于有利于被强制医疗人健康恢复的角度考虑。强制医疗以人身危险性为基础，实施"犯罪行为"的精神病人，往往具有极大的攻击性和人身危险性，如果不对其采取有效的措施，将会继续肇事肇祸，但是，从理论上讲，实施暴力行为、危害公共安全或者严重危害公民人身安全的精神病人，并不必然具有未来再犯的危险性。根据精神病人的现实的社会危害性判定指向未来的人身危险性，是一个极为复杂的问题，作为强制医疗基础的人身危险性是根据未来之预测，未必能够客观地加以判断，故而其本质上存有侵犯人权的重大危险。强制医疗程序将人身危险性的判断职权赋予人民法院，可以淡化决定的行政色彩，消弭公众对强制医疗的质疑，恢复社会的安全与稳定。

第三节　强制医疗程序的基本原则

一、人权保障原则

我国《刑事诉讼法》第 2 条规定："中华人民共和国刑事诉讼法的任务，是保证准确、及时地查明犯罪事实，正确应用法律，惩罚犯罪分子，保障无罪的人不受刑事追究，教育公民自觉遵守法律，积极同犯罪行为作斗争，维护社会主义法制，尊重和保障人权，保护公民的人身权利、财产权利、民主权利和其他权利，保障社会主义建设事业的顺利进行。"该条规定首次明确提出了国家"尊重和保障人权"是刑事诉讼法目的和任务之一。

国家承担国际法项下的责任和义务，尊重、保护和兑现人权。尊重义务是指国家必须避免干预或限制人们享有人权。保护义务是指国家必须保护个人和群体的人权不受侵犯。兑现义务是指国家必须采取积极行动以便于人们享受基本人权。[1] 从宪法角

---

[1]　参见张伟：《人权在中国的法律保障》，载《红旗文稿》2015 年第 9 期。

度来看，刑事诉讼的人权保障目的具有广义和狭义两层含义：一是通过维护社会秩序保障全社会所有公民的人权免受犯罪行为的侵犯；二是尊重和保障所有参与刑事诉讼的公民尤其是被追诉人的合法权益。刑事诉讼人权保障的复杂性就在于，这两方面的人权保障目的之间的紧张关系。前者要求国家机关积极主动地运用国家权力追诉犯罪来保护社会利益；后者要求国家机关通过限制国家权力来保障所有诉讼参与人免受不必要的侵害。所以，惩罚犯罪和保障人权，是现代刑事诉讼法的两大基本任务和目的，就此层次而言，保障人权所指应当是保障被追诉人的基本人权。由于刑事诉讼法双重目的之间冲突的存在，必须在保护社会利益与保障被追诉人个人权益之间进行权衡，然而，"与上述个人利益和社会利益相关的最为棘手的问题乃是这样一个问题，即如果上述利益不能同时得到满足，那么应当如何来确定它们的先后位序与确定它们的相对重要性呢？对上述利益中的这个或那个利益的先后位序进行安排的时候，人们无疑要作出一些价值判断；然而，这些价值判断可以或应当根据什么东西来决定呢？"[1] 基于不同的价值观念和人权观念，有的国家偏重于惩罚犯罪，有的国家则偏重于被追诉人的利益。美国刑事诉讼价值观更重视对人权的保障。它认为，在同个人权利关系最大的领域即刑事程序领域，放走许多有罪的人，也比惩罚一个无辜者要好。[2] 倘若以此为标准，在当前"宁可错放，不可错判"的法治理性已经深深植入普通民众和司法人员的背景下，对《宪法》确认的刑事诉讼基本人权加以尊重和保障，应该已经成为刑事诉讼领域的主流价值观念。

司法人权保障的一个重要假设，是如果你自己处于法律上的

① ［美］博登海默：《法理学：法律哲学与法律方法》，邓正来译，中国政法大学出版社 1999 年版，第 399 页。

② 参见 ［美］罗纳德·德沃金：《认真对待权利》，信春鹰、吴玉章译，中国大百科全书出版社 1998 年版，第 262～263 页。

不利地位，成为被监视或被逮捕的人，成为法庭的被告，成为监狱的囚犯等，如何来保障和维护你自己的人权。[①] 在逻辑上，任何人都有可能成为犯罪行为的侵害对象，任何人都有可能成为刑事诉讼中的被追诉人。强调保护社会利益，实际上是保护明天可能成为犯罪行为侵害对象的全体社会成员；强调保护被追诉人个人利益，实际上是保护明天可能成为被告人的全体社会成员。但是，前者的可能性表现为包括你我在内的社会成员，所面对的是与我们同等的社会个体；后者的可能性则表现为作为个体的社会成员，所面对的是强大的国家机器，从这个意义来说，人们更应关心的是限制国家权力的滥用。在经验上，基于国家权力天然的扩张性，以及对社会秩序的普遍关注，实践中往往会过分重视惩罚犯罪、维护秩序，忽视甚至否定被追诉人权利，刑事诉讼被追诉人的人权随时面临着来自国家刑事司法权力强制性侦控手段滥用的威胁，存在被侵犯的可能。因此，刑事诉讼法应该突出强调保障被追诉人个人权利，以此保持对国家刑事司法权力运用的足够警惕，防止司法机关滥用职权，侵害公民的生命和自由权利。虽然担心犯罪的增加、确保社会安全等刑事诉讼中最为常见的普遍利益，甚至被有的学者视为"第一性的社会利益"。[②] 但是，要保护作为第一性的社会利益，刑罚并非唯一手段。减少犯罪总量和确保社会秩序，并不仅仅依靠国家的刑罚权，采用其他社会治理手段同样可以实现。刑法作为最后的保障法，只有当某种不法行为的社会危害溢出了道德谴责、民事制裁、行政处罚等规制功能，民事、行政法律制裁手段呈现功能不足，无力进行有效抑止，超出了社会最大限度的容忍的时候，才客观上不得已地需要刑罚来作为最后的、最严厉的制裁手段。早在我国明朝初期，方

---

① 参见李林：《完善人权司法保障制度意义重大》，载中国法学网。

② 美国学者庞德认为，"在历史上普遍安全是法律首先承认和保障的社会利益，正因为它是从正常人的原始本能产生出来的，所以它是可以被看作是第一性的社会利益。"参见［美］罗·庞德：《通过法律的社会控制法律的任务》，沈宗灵、董世忠译，商务印书馆1984年版，第88页。

孝孺就曾力主刑法或刑罚的"不得已",① 他说:"刑者非所以治民者也,不得已而后用。民知其不得已而后用,则乌忍犯之哉?"② 现代学者也指出,刑法只能以最重要的社会利益为保护对象,社会只有在迫不得已的情况下,才能规定并运用刑法(罚);刑事制裁只能作为迫不得已的"极端手段"。③

长期以来,精神病人遭受着被污名化、标签化的不公平待遇;精神病人暴力肇祸的事件屡屡发生,严重影响社会正常秩序和安宁。因此,如何兼顾尊重和保护精神病人的尊严和权利与保护社会安全、维护社会秩序就成了司法实践的难题。正如英国学者所指出的:"如何处理精神失常的犯罪人及其刑事责任认定问题是摆在刑法和精神健康法面前的一道难题。一方面,作为一种基本的概念,既然精神失常的犯罪人责任能力降低,那么他们就应该被宽恕或至少应更多地接受治疗,而不是处罚。然而另一方面,公共安全、社会防御和精神失常者犯罪所带来的可见风险等问题对政策的制定造成了很大的威胁,以至于现有的英国法律体系紧张地发现这个问题很难得到满意的解决。"④ 笔者认为,在封建传统文化重集体轻个人、重义务轻权利等观念仍有残留的背景下,应当坚持社会防卫与人权保障并重,人权保障为先的理念。以强制医疗案件是否公开审判为例,肯定说的理由是公开审判有利于监督审判权,保护当事人的权利;有利于实现社会防卫,保护社会公众的权利。就前者理由而言,审判是否公开与裁判是否公正并无必然的因果联系,刑事诉讼法明确规定了以公开审判为主,以不公开为辅的审判制度,法律规定特别情况下进行

① 胡剑锋:《"行政处罚后又实施"入罪的反思与限缩》,载《政治与法律》2014年第8期。

② (明)方孝孺:《逊志斋集》,宁波出版社2000年版,第90页。

③ 参见陈忠林:《意大利刑法纲要》,中国人民大学出版社1999年版,第7~8页。

④ 〔英〕麦高伟等:《英国刑事司法程序》,姚永吉等译,法律出版社2003年版,第404页。

不公开审判，体现了对当事人隐私权等人权的尊重和保护。那么前者理由就只剩下"保护当事人权利"了，但是我们既不能以替社会大众考虑为由而侵犯精神病人的权利，也不能以替精神病人考虑为由而侵犯其权利；就后者而言，通过公开审判让社会公众知晓某人是精神病人，以实现对其防卫的目的是站不住脚的，如果精神病人符合强制医疗的条件，此时无须公众对其防卫，国家会对其进行隔离防害，如果精神病人不符合强制医疗的条件，此时社会公众对其防卫就显得毫无意义。"己所不欲勿施于人"，从人权保障的假设理论看，如果我们自己本身是精神病人或者是精神病人的近亲属，会愿意让他人留下犯罪分子、精神病人两个坏名声的影响吗？当不公开审判无损自己而利于精神病人及其近亲属时，我们为什么不能在这个问题上保留求善避恶的自然情感呢？"己所不欲亦施于人"，非理性矣！"当别人的幸福无损于我们的幸福的时候，它便会增加我们的幸福。"[①]

公民在法律适用上一律平等，是司法人权保障的出发点，即使是违法犯罪的人也是人，依法享有基本人权和基本自由，在刑事诉讼中他们依法享有程序设计的各个方面和环节的权利。在强制医疗程序中，精神病人作为社会的一员，国家司法机关对他们应当给予和对其他公民一样的法律规定的各项人权尊重和保障措施，而不能因为他们是精神病人漠视他们的权利，无视他们存在的价值；也不能以为精神病人考虑为由随意限制或剥夺他们的权利，恣意行使权力；相反精神病人作为弱势群体，国家公权力理应给予他们更多的尊重和关怀，更注重保障他们的权利。强制医疗程序的尊重和保障人权宪法原则的贯彻，应当从以下三个层次上进行理解。首先，我国《刑事诉讼法》从强制医疗的人身自由的剥夺程度与普通刑事诉讼中逮捕羁押之间具有同一性上，贯彻了司法审查、裁判中立、平等参与、证明责任、救济程序等法

----

① ［法］卢梭：《爱弥儿：论教育》（下卷），李平沤译，人民教育出版社 1987 年版，第 398 页。

治国宪法性、公理性的基本原则，彻底根除以往对此类人员行政化强制治疗的秘密性、封闭性等种种弊端，这是对强制医疗适用对象人权保障的前提条件。其次，从法律适用一律平等上，把精神病人作为正常人一样看待，赋予其享有犯罪嫌疑人、被告人同等的诉讼权利。最后，从对于特别弱势群体应当给予特别保护的国家治理的公理性上，赋予其特别的诉讼权利。比如，审理期限规定为一个月，符合诉讼及时的要求；审判实行合议制度，符合兼听合议的要求。又如，强制医疗期限的不确定性，无论被强制医疗人刑事不法多么严重，已被强制医疗多少时间，当其已不具有人身危险性时，就应当及时解除；赋予其近亲属享有申请解除强制医疗的权利等。

二、刑事法定原则

刑事司法领域是国家权力与个人权利最容易发生冲突的领域，因此政治领域的法治原则必然延伸至刑事司法领域，要求实现刑事司法权的法定化，也就形成了刑事司法权力法定原则。由于国家刑事司法权实际上包含了实体层面的刑事处罚权和程序层面的刑事追诉权，因此刑事司法权力法定原则也必然涵括实体意义上的罪刑法定原则与程序意义上的程序法定原则两项要求。[①]

刑事程序法定原则是现代刑事诉讼的基本要求，是实现法治的必由之路。刑事程序法定原则，是指国家刑事司法机关的职权及其追究犯罪、惩罚犯罪的程序，都由立法机关所制定的法律即刑事诉讼法（广义上）加以明确规定，刑事诉讼法没有明确赋予的职权，司法机关不得行使；司法机关也不得违背明确设定的程序规则而任意决定诉讼的进程。[②] 鉴于国家权力的扩张本性，为了有效抑制国家刑事司法权的膨胀和扩张，防止公民个人权利

---

① 参见谢佑平、万毅：《刑事诉讼原则：程序正义的基石》，法律出版社 2002 年版，第 108 页。

② 参见谢佑平：《程序法定原则研究》，中国检察出版社 2006 年版，第 30 页。

遭受或容易遭受国家权力的侵犯，凡是涉及国家司法机关的职权配置和犯罪嫌疑人、被告人权利保障的事项，都应当由立法机关通过法律的形式加以明确规定，实现侦查机关、检察机关、审判机关的权利法定化和犯罪嫌疑人、被告人权利的法定化。其他任何机关、团体或个人不能以其他任何形式作出规定，司法机关也不能通过制定司法解释的形式变相进行"二次立法"。①

根据刑事诉讼的架构，世界上各法治国家普遍通过法律规定了侦查程序、公诉程序、审判程序的诉讼原则。在大陆法系国家，刑事程序法定原则最先由法国 1789 年《人权宣言》第 7 条加以规定，"除非在法律规定情况下，并按照法律规定程序，不得控告、逮捕和拘留任何人"。1791 年法国宪法对此加以确认，随后被大陆法系其他国家所吸收。从德国基本法第 1 条至第 20 条中，可以直接推出法治国家程序原则，即程序法定原则。②《日本国宪法》第 31 条规定，"不经法律规定的手续，不得剥夺任何人的生命或自由，或课以其他刑罚"。该规定要求不仅在内容上，而且在形式上，也都应当通过国家立法机构制定的狭义法律来规定刑事程序。③《俄罗斯联邦宪法》第 22 条规定，"每个人都有自由和人身不受侵犯的权利；只有根据法院的决定才允许逮捕、关押和监禁；在法院作出决定之前不得将人关押 48 小时以上"。《意大利宪法》第 13 条规定，"除非根据司法当局的说明理由的命令，并仅在法定场合和按照法定程序，不得以任何形式进行拘禁、检查和搜身，也不得对人身自由加以任何限制"；另外，《加拿大宪法》第 9 条、《比利时宪法》第 7 条等大陆法系国家的宪法，都对程序法定原则作了明确规定。同时，大陆法系国家不仅在宪法中对于程序法予以原则性规定，而且其刑事诉

---

① 樊崇义主编：《刑事诉讼法》，中国政法大学出版社 2012 年版，第 78 页。

② 参见［德］约阿希姆·赫尔曼：《德国刑事诉讼法典》（译本引言），李昌珂译，中国政法大学出版社 1995 年版，第 12 页。

③ 参见宋英辉：《日本刑事诉讼法简介》，载《日本刑事诉讼法》，宋英辉译，中国政法大学出版社 2000 年版，第 2 页。

讼法典也通过严密、细致的程序性规范的规定具体贯彻了刑事程序法定的原则。此外，刑事程序法定原则不仅为法治国家所确认，而且也得到了国际社会有关法律文件的认可，已经成为国际人权保障法的一项基本准则。如联合国《公民权利和政治权利国际公约》第 9 条规定，"每个人都享有人身自由与安全的权利，任何人不得被任意逮捕或羁押，除非依据法律所规定的理由并遵守法定的程序，任何人不得被剥夺自由"；《欧洲人权公约》第 5 条第 1 款也有类似的规定。可见，刑事程序法定原则确实已经成为现代法治国家所普遍遵守的法治原则，在刑事司法领域发挥着重要的作用。[①]

作为宪法层面的刑事法定原则，实体意义上的罪刑法定原则与程序意义上的程序法定原则是相伴而生的，共同构成了法定原则的内容。在刑事强制医疗领域，只有切实地贯彻罪刑法定原则和程序法定原则，才能有效地平衡和协调国家权力与个人权利之间的冲突，保障公民的自由和人权。

首先，根据罪刑法定原则的要求，明确强制医疗的适用条件。强制医疗涉及公民的人身自由，根据《立法法》的规定作为公民基本权利的程序只能由立法机关制定的法律来规范。把强制医疗作为保安处分的大陆法系国家，保安处分是被确立在刑法之中，成为与刑罚并列的刑事制裁体系，一如前述，我国的强制医疗在《刑法》当中也有明确规定，不是刑事处罚，但同样具有保安处分的性质，是刑事制裁体系中的一种，它应当和刑罚一样受到罪刑法定原则的制约。在将强制医疗作为刑事制裁体系中的一种措施时，罪刑法定原则之"刑"应当理解为刑事制裁措施。因此，适用强制医疗措施，就必须根据立法机关通过法律明确规定的强制医疗适用条件和程序规范来进行，以防止对不符合《刑法》之中强制医疗适用条件的公民施加强制医疗，侵犯公民的人身权利。众所周知，罪刑法定原则具体内容当中的实质侧面

---

① 参见谢佑平：《程序法定原则研究》，中国检察出版社 2006 年版，第 30 页。

包括两方面的要求，即刑事制裁的明确性和刑事制裁的适正性。后者又包含两方面的要求：禁止制裁不当制裁的行为；禁止罪行与制裁之间不均衡。

在强制医疗领域，要求适用条件的明确性，是因为明确性是限制国家权力、保障公民自由的基本要求。不明确的强制医疗适用条件必然导致国家权力适用范围的扩大，为国家权力通过强制医疗恣意侵犯公民自由找到形式上的法律依据；特别是在强制医疗程序尚不完备的情况下，作为国家管理权力的行政权力，其运行逻辑的科层制，强调以下级服从上级的命令为己任，地位不平等的行政相对人往往会成为行政机关滥用职权侵害的对象。要求适用条件的适正性，是防止国家权力过度地侵害公民的自由。如前所述，刑法只有在不得已的情况下才使用，作为刑事制裁体系之一的强制医疗也是如此。如果精神卫生法在其领域内能够充分地保护法益，强制医疗就没有适用的余地。如果强制医疗适用的范围过宽，比如将尚未达到犯罪程度的精神病人强制医疗，或者将具备家庭监护治疗实质能力的精神病人强制医疗等，对国家和公民个人都会弊多利少。

其次，根据程序法定原则的要求，明确强制医疗的程序规范。在立法方面，程序法定原则的提出，实际上，一方面是主张通过立法机关制定的法律来明确规定司法机关的权限及其追究犯罪、惩罚犯罪的程序，形成"以权力制约权力"的权力制衡机制。另一方面是主张法律明确规定犯罪嫌疑人、被告人在刑事诉讼中所享有的基本权利，形成"以权利制约权力"的权利制衡机制。在司法方面，程序法定原则要求侦查机关、检察机关、审判机关以及所有当事人进行刑事诉讼活动，都必须遵守法定的程序。

强制医疗事关公民的人身自由，强制医疗的程序规则只能由立法机关来掌控。如果由其他机关自行制定强制医疗的程序规则，那么其他机关必然会利用权力从有利于自己的角度设计强制医疗的程序规则，从而造成其他权力的膨胀和扩张，侵害被强制医疗人的人权，造成强制医疗制度价值的落空。同时，诉讼中的权力内部之间冲突意味着互约体系的形成。一方面，不同权力的范围界分给彼此之间的权力起到一种限制作用；另一方面，当一种权力被滥用时，其他权力能够对该权力的滥用起到一种纠错功能。① 前者如《刑事诉讼法》规定强制医疗由公安机关立案侦查、检察院提出申请、人民法院审理决定，遵循的规定，贯彻了侦查权、检察权、审判权由专门机构依法行使的原则。后者如《刑事诉讼法》重申了人民检察院对强制医疗的决定和执行实行监督。程序的核心功能在于制约权力和保障权利。虽然程序中的权力对象也要遵守程序的规定，但是程序主要是用来规范国家权力和引导国家权力的。② 从刑事诉讼法具有的"被告人权利的大宪章"的特征而言，制约权力的目的是保障权利。司法机关的权力法定化，从制约权力的角度来看，实际上是对司法权力的制约，司法机关不得行使法定权力之外的权力。在刑事程序中，相对于国家司法机关，犯罪嫌疑人、被告人是处于不利地位的人，而同时又患有精神障碍的精神病人则更处于弱势地位，因此，对精神病人的诉讼权利的尊重和保护，在整个刑事程序中都应当得到特别的强调和重视，强制医疗程序中的精神病人除了其享有刑事普通程序中犯罪嫌疑人、被告人身份的法定权利之外，还享有法律赋予的特别权利。比如，即使出于防止精神病人继续危害社会，保障诉讼活动的顺利进行，公安机关也不得对其采取刑事强制措施，同时采取的临时的保护性约束措施应当采用有利于精神病人身心健康的方式方法。又如，被强制医疗人在接受一段时间的强制医疗后，其本人及其近亲属有权向原来作出强制医疗决定的人民法院提出解除强制医疗的申请等，这就使精神病人获得了

---

① 参见伍浩鹏主编：《刑事诉讼中权力与权利的冲突与平衡——以当事人诉讼权利保护为分析视角》，湘潭大学出版社 2012 年版，第 24 页。

② 参见田心则编著：《刑事诉讼中的国家权力与程序》，中国人民公安大学出版社 2008 年版，第 111 页。

抵御国家强制医疗权力侵犯的手段，从而有利于制约国家司法机关的权力，维护精神病人自身权益。

三、比例原则

比例原则基于对国家权力限制的考虑，设定国家行为干预人民权益的界限，要求国家权力行使目的和实现手段之间比例相称，力图寻求公共权力与公民权利之间微妙而理性的平衡，完成对法律内在合理性的追求。比例原则与基本权利的保护密不可分，被称为"限制的限制"，它以其自身特有的灵活性成为自由裁量的权力对公民权利过度侵害的天然屏障。比例原则是源于大陆法系国家的一个重要法概念，是成文法国家用来控制国家权力、保护公民权利的卓有成效的武器之一。目前已逐渐被判例法国家所重视和采纳。比例原则通过其自身的三项亚原则，在承认国家权力对公民权利干预合理性的前提下，要求这种干预必须是必要的和最小限度的，要求目的与手段之间"符合比例"，进而力图寻求公共权力与公民权利之间理性而微妙的平衡。这种努力特别地体现在权力最易被滥用的自由裁量领域。[①]

比例原则所调整的主要有两类法律关系。第一，国家活动中的目的与实现目的的手段之间的关系；第二，公民的自由权利与公共利益需要的关系。比例原则体现了实质性法治国的要求。[②]比例原则的内涵包括妥当性原则、必要性原则、狭义比例原则（又称均衡原则）。[③]在刑事领域，比例原则具有立法与司法两个

[①]　参见许玉镇：《比例原则的法理研究：私人权益控制政府权力的法理纬度》，中国社会科学出版社2009年版，第51页。

[②]　参见胡建淼：《论公法原则》，浙江大学出版社2005年版，第541页。

[③]　参见李娜玲：《刑事强制医疗程序研究》，中国检察出版社2011年版，第158页；许玉镇：《比例原则的法理研究：私人权益控制政府权力的法理纬度》，中国社会科学出版社2009年版，第54~75页；胡建淼：《论公法原则》，浙江大学出版社2005年版，第538~539页。

层级上的含义。在立法的层级上，比例原则是指立法机关在制定限制公民权利的法律规范时，必须考虑其对公民权利的限制是否有必要，公共利益与公民权利是否成比例。在司法层级上，比例原则的含义主要是制约司法机关在行使国家司法权力特别是涉及侵及公民权利时，不仅要有法律依据，而且还必须选择对公民权利的侵及最小的方式，它特别强调在实施司法权力时手段与目的之间，应该存有一定的比例关系。

精神病人虽然丧失理性，他们同样享有宪法所赋予的基本权利，也应该得到司法救济的尊重和救济，强制医疗涉及精神病人的人格尊严和人身自由，应受到比例原则和正当程序的约束。正如国际人权法学者诺瓦克所说："人身自由的基本权利的奋斗理想并不是完全废除剥夺自由的国家措施；更确切地说，它仅仅代表一种程序性保障。人们不赞成的并不是剥夺自由本身，而是任意的和非法的剥夺。它使国家立法机关有义务准确地界定剥夺自由的情况和应该适用的程序，并使独立的司法机关有可能在行政机关或执行公务人员任意或非法剥夺自由时采取迅速的行动。"①从 2012 年《刑事诉讼法修正案（草案）》说明看，"为保障公共安全，维护社会秩序"是强制医疗制度的社会防卫功能的价值追求。根据《中国精神障碍分类方案与诊断标准（第三版）》（CCMD‑3）的分类，精神障碍分为 10 大类，100 种。有可能实施触犯《刑法》行为的精神病人有很多种，精神病人可能实施触犯《刑法》的犯罪类型也有很多种，"司法实践上，确有不少之犯罪系由精神病者所实施，例如放火、妨害风化、杀人、侵害尸体、伤害、窃盗、诬告等罪之行为人，属于精神异常者，则屡有所见"②。《刑事诉讼法》第 284 条对强制医疗的适用条件从四

---

① 参见［奥］曼弗雷德·诺瓦克：《民权公约评注——联合国〈公民权利和政治权利国际公约〉》（上），毕小青等译，生活·读书·新知三联书店 2003 年版，第 159～160 页。

② 黄丁全：《刑事责任能力研究》，中国方正出版社 2000 年版，第 152 页。

个方面体现了比例原则，一是要求强制医疗适用对象所犯之罪行系实施暴力行为危害公共安全或者严重危害公民人身安全的，也即强制医疗措施应当与社会危害性相适应，从而将实施的行为不具暴力性的，尚未危害公共安全或者严重危害公民人身安全的排除强制医疗之外；二是要求适用对象依法不负刑事责任，将限制责任能力的，犯罪之前患有或犯罪之后患上精神病的排除在外；三是要求适用对象有继续危害社会的可能，也即强制医疗措施应当与人身危险性相适应，从而将不具继续危害社会可能的排除在外；四是规定对于符合前述三条件的"可以予以强制医疗"，至于是否施以强制医疗则由司法机关根据必要性原则进行综合考量。

强制医疗适用条件中的必要性原则是强制医疗适用条件比例原则运用的重要内容，它需要在相同的目的之下，进行强制医疗与非强制医疗之间的比较选择。必要性原则的基本建构，是以目的—手段关系的架构为逻辑上的出发点而以公民权利对抗国家侵害的防卫功能为基本价值理念，[①] 应当选择对公民基本权利侵害最少的手段。强制医疗的强制性与刑罚中的监禁刑是相似的：两者都是剥夺或者限制了适用对象的人身自由，两者的差异性除了执行场所不一之外，被强制医疗的还需要接受甚至有的被强制医疗人会感觉到是被强制性地接受他们可能感觉痛苦的治疗；强制医疗期限的不确定性，又使强制医疗期限不像监禁刑那么固定、严格；即使出院，解除强制医疗人的权利也可能面临因为精神病人而受到诸多的限制。强制医疗的强制性比刑罚中的监禁刑有过之而无不及。因此，从强制医疗作为一种国家权力的意义上，国家强制医疗权只有在必要的条件下才能采用，如果暴力犯罪精神病人的人身危险性可以通过其他最不具有强制性的手段可以排除，就没有必要采取对其施以强制医疗。非自愿住院，只有在极

---

① 参见许玉镇：《比例原则的法理研究：私人权益控制政府权力的法理纬度》，中国社会科学出版社 2009 年版，第 65 页。

为必要的条件下才可以采取。这已经成为一项国际人权准则。联合国《保护精神病患者和改善精神保健的原则》，欧洲理事会《关于作为非自愿患者安置的精神障碍患者法律保护的建议》、《关于精神病学和人权的 1235 号建议》、《关于保护精神障碍患者人权和尊严的建议》，世界精神卫生联合会的《人权与精神卫生宣言》，世界精神病学协会的《夏威夷宣言》、《马德里宣言》和《关于精神疾病患者权利和法律保障的声明和观点》，无不强调非自愿住院只可在特殊条件下采取，精神障碍患者有权在最少限制的环境中接受治疗，或者说对精神障碍患者的治疗应当以对其自由最少限制的方式进行。①

《刑事诉讼法》第 285 条第 3 款规定，对实施暴力行为的精神病人，在人民法院决定强制医疗之前，公安机关可以采取临时的保护性约束措施。保护性约束措施属于一种强制性的措施，既有控制的一面，防止其继续实施危害社会的行为，也有保护的另一面，防止被害人一方或者其他人将其伤害，必要时还应当给予一定的治疗。因此，保护性约束措施具有社会防卫性、自由限制性、人身保护性的特点。保护性约束措施的强制性也有强弱之分，强制隔离、派人监管、临时送入精神病院救治等都是约束措施，公安机关在采取保护性约束措施时，必须注意保护性约束措施的手段适当性。根据《公安机关办理刑事案件程序规定》（以下简称《办理刑事案件程序规定》）第 333 条的规定，送入精神病院救治只在必要时才能采用，也就是说如果采用其他比较轻微措施可以达到保护性约束的目的，就不应当对其采用送入精神病院救治的措施。同时，在实施保护性约束措施时，允许侦查人员使用武力等强制性方法。但是即便如此，为实施保护性约束措施而使用的武力等方法，也不能超过必要的限度，不能为保护性约束措施而滥用武力，造成暴力执法。对此，《办理刑事案件程序

---

① 参见刘白驹：《非自愿住院的规制：精神卫生法与刑法》，社会科学文献出版社 2015 年版，第 317～318 页。

规定》第334条规定了在采取临时的保护性约束措施时，应当"注意约束的方式、方法和力度，以避免和防止危害他人和精神病人的自身安全为限度"，还规定"对于精神病人已没有继续危害社会可能，解除约束后不致发生社会危险性的，公安机关应当及时解除保护性约束措施"。对于后者，实际上系必要性原则在时间方面的适当性的考量，即保护性约束措施的目的已经完成，就应当立即解除。但是，保护性约束措施不仅是为了疑似精神病犯罪人发生危害或受到危害，而且也是为了便于观察、评估和鉴定其精神状态。如果仅因已经没有继续危害社会可能就将精神病人释放，任由他们自由活动，有可能不知所踪。因此，解除保护性约束措施之时，必须交由其家属或者监护人看管。对没有或者找不到家属、监护人的，应当维持保护性约束措施。① 实际上，此时交由其家属或者监护人看管或者继续维持保护性约束措施同样都贯彻了比例原则，在没有或者找不到家属、监护人的，为了保障诉讼的顺利进行，维持保护性约束措施是必需的，也是最低限度地侵及疑似精神病人的权益。

四、严格遵守刑事诉讼的原则

严格遵守刑事诉讼的原则，是指公安机关、人民检察院、人民法院进行强制医疗程序时，除必须严格遵守依法不负刑事责任的精神病人的强制医疗程序的规定外，还必须严格遵守《刑事诉讼法》规定的其他原则和程序。因为强制医疗程序并非独立于刑事诉讼程序之外的一种程序，只是刑事诉讼程序中的一种特别程序。这一程序除审判的对象和诉讼的目的与刑事诉讼程序有所区别外，其他的内容都是完全相同的。如两个程序都要查明被告人是否实施了违反《刑法》的行为，该项行为发生的时间、地点和行为的性质，发展变化的过程及造成的危害结果等。这种

---

① 参见刘白驹：《非自愿住院的规制：精神卫生法与刑法》，社会科学文献出版社2015年版，第572页。

内容的共同性或同一性，为强制医疗程序中适用刑事诉讼法规定的原则和程序奠定了物质基础。①

遵循刑事诉讼的原则，包括两方面的内容：一是除强制医疗程序特别规定之外的，应当遵守刑事诉讼的基本制度；二是强制医疗程序的特别规定应当遵守刑事诉讼的基本原则和原理。《刑事诉讼法》第3条第2款规定："人民法院、人民检察院和公安机关进行刑事诉讼，必须严格遵守本法和其他法律的有关规定。"这一规定确立了严格遵守法律程序的原则，是国际通行的程序法定原则在我国《刑事诉讼法》中的具体体现。强制医疗程序是刑事诉讼的特别程序，除遵守强制医疗程序的特别规定外，应当遵守刑事诉讼的基本原则和程序规则。根据《刑事诉讼法》第一编第一章的规定，刑事诉讼的基本原则包括：（1）第3条第1款的侦查权、检察权、审判权由专门机构依法行使的原则；（2）第3条第2款的程序法定原则；（3）第5条的人民法院、人民检察院独立行使职权的原则；（4）第6条的依靠群众和以事实为依据，以法律为准绳的原则；（5）第6条的公民在适用法律上一律平等的原则；（6）第7条的分工负责、互相配合、互相制约的原则；（7）第8条的人民检察院依法对刑事诉讼实施法律监督的原则；（8）第9条的用民族语言文字进行诉讼的原则；（9）第11条的被告人有权获得辩护的原则；（10）第12条的任何人未经依法审判，不得确定为有罪的原则；（11）第14条的保障诉讼参与人诉讼权利的原则；（12）第15条的依法定情形不予追诉的原则。

强制医疗程序涉及当事人的刑事责任问题，无论是由公安机关启动还是检察院或者法院启动强制医疗程序，都需要公安机关的刑事立案侦查和移送人民检察院审查，并需要人民检察院提出申请或提起公诉，由人民法院进行审理决定。因此，强制医疗程序应当遵守《刑事诉讼法》的上述基本原则，例如《刑事诉讼

---

① 参见孙华璞：《刑事审判学》，中国检察出版社1992年版，第438页。

法》第 285 条规定的由公安机关启动侦查，检察院提出强制医疗申请，人民法院审理决定的规定，贯彻了侦查权、检察权、审判权由专门机构依法行使的原则和分工负责、互相配合、互相制约的原则；又如根据人民检察院依法对刑事诉讼实施法律监督的原则，《刑事诉讼法》第 289 条再次重申了人民检察院对强制医疗的决定和执行实行监督；再如没有委托诉讼代理人，《刑事诉讼法》第 286 条规定法院应当通知法律援助机构指派律师提供法律帮助，体现了保障诉讼参与人诉讼权利的刑事诉讼原则等。同时，根据强制医疗程序的特殊性，在强制医疗程序中没有特别规定的，还应当遵守刑事诉讼的程序规定，如当事人有权提出请求和申请回避，证据裁判规则和审判制度等。

　　有观点认为，审判公开、两审终审也是强制医疗程序应该遵循的基本原则。[①] 刑事诉讼基本原则是法律规定的贯穿于刑事诉讼全过程，人民法院、人民检察院、公安机关和诉讼参与人进行或参与刑事诉讼必须共同遵循的各项基本准则。而审判公开、两审终审、人民陪审等制度是人民法院审判刑事案件必须遵循的基本准则，属于刑事诉讼基本审判制度的范畴。刑事诉讼基本原则与刑事诉讼基本审判制度两者存在一定的区别。因此，《刑事诉讼法》对强制医疗程序的审判制度，可以根据特殊性作出与普通刑事诉讼不同的规定。从国外的立法例来看，大多数国家也都规定了这一原则。如《苏联刑事诉讼法》第 403 条第 2 款规定："采用医疗性强制方法的诉讼程序，除依照本法典的一般规定外，还应依照下列各条的规定办理。"《德国刑事诉讼法》第 429 条 b 规定："除另有规定外，保安处分参照适用刑事诉讼程序的原则。"《苏联刑事诉讼法》规定，强制医疗程序的适用应当依照刑事诉讼的一般规定，并适用强制医疗程序的特殊规定；《德国刑事诉讼法》规定，强制医疗程序首先适用特殊规定，特殊

　　[①] 参见张晓凤：《我国刑事强制医疗程序定位探析》，载《中国刑事法杂志》2015 年第 2 期。

规定之外的适用一般规定，这两条规定制定的依据都是法律适用中一般规则与特殊规则相结合的原则。实际上，最高人民法院《关于适用〈中华人民共和国刑事诉讼法〉的解释》（以下简称《刑事诉讼法解释》）第539条更为明确地规定："审理强制医疗案件，本章没有规定的，参照适用公诉案件第一审普通程序和第二审程序的有关规定。"本条文是补充性条文①和兜底性规定②。

---

①　参见樊崇义主编：《〈最高人民法院关于适用《中华人民共和国刑事诉讼法》的解释〉释义与实用指南》，中国民主法制出版社2013年版，第707页。

②　参见江必新主编：《〈最高人民法院关于适用《中华人民共和国刑事诉讼法》的解释〉理解与适用》，中国法制出版社2013年版，第453页。

第二章　当代强制医疗制度考察

第一节　当代强制医疗制度之模式

在概念上，非自愿性住院是相对自愿住院而言的。根据实施的目的和程序的性质，非自愿性住院可以分为刑事性非自愿住院和民事性非自愿住院。当代我国精神病人处遇制度的语境下，刑事性非自愿住院即为《刑事诉讼法》规定的强制医疗，民事性非自愿住院即为《精神卫生法》规定的非自愿住院。刑事性非自愿住院的适用程序一般由《刑法》、《刑事诉讼法》等刑事法律规定，但也有国家通过《精神卫生法》等其他法律规定的。刑事性非自愿住院的适用主要有保安处分模式和精神卫生法模式。

一、保安处分模式

德国、意大利、西班牙、葡萄牙、希腊、奥地利、瑞士、荷兰、匈牙利、捷克、挪威、保加利亚、俄罗斯、丹麦、巴西、墨西哥等国的刑法规定，对无刑事责任能力或部分刑事责任能力的精神障碍犯罪人可以予以强制住院的保安处分，或者具有保安处分性质的预防性措施（挪威）、强制治疗措施（保加利亚）、医疗性强制措施（俄罗斯）或看护管治（丹麦）。我国台湾地区"刑法"（基本沿用1949年以前民国时期刑法）也规定了类似的保安处分，叫作"令入相当处所，施以监护"。

加拿大的刑事法律体系不同于大陆法系诸国，也不同于英美。《加拿大刑事法典》是一部包括实体法与程序法的综合刑事法典。它既规定了无鉴别知晓能力的精神障碍犯罪人不负刑事责任，需要拘禁于医院，又规定了拘禁处置的程序。不过，它没有将拘禁处置称为保安处分。

作为一种保安处分的非自愿住院不是刑罚，而是对具有人身危险性的精神障碍犯罪人，以住院治疗的方式消除其危险性，防止其继续实施危害行为，而采取的一种刑事强制措施。在上述国家或地区，刑事性非自愿住院由法院决定，刑事诉讼法一般为此规定了特别程序。它们的精神卫生法通常不规定精神障碍犯罪人的强制住院问题。但是，精神障碍犯罪人在医院中的治疗和待遇，一般适用精神卫生法，只是他们的权利可能受到更多限制。

对认定无刑事责任能力的精神障碍犯罪人，只可能存在执行强制住院保安处分问题，而没有执行刑罚问题。而对认定为部分刑事责任能力的精神障碍犯罪人，则一般是刑罚与强制住院保安处分并处，如果刑罚是监禁刑，在执行上需要处理两者的关系。在执行顺序上，有些国家是先执行强制住院保安处分，有的国家是先执行监禁刑（如意大利、捷克）。德国是一般先执行保安处分，但如果先执行刑罚更利于实现处分目的，法院也可以命令先执行刑罚。先执行强制住院保安处分的国家，多规定强制住院期间可折抵监禁刑（如奥地利、葡萄牙、瑞士、挪威、俄罗斯、保加利亚），或部分折抵监禁刑（如德国）。还有国家，允许法院在宣判时以强制住院保安处分代替刑罚（如丹麦）。

强制住院保安处分的期限，各国规定也不一致。（1）刑法规定原则期限。例如，西班牙规定，强制住院的期限不得超过假设的未被免除刑事责任而应当判处的刑罚的期限，判决时应确定该期限的上限。意大利根据不同犯罪的刑期，规定不同的强制住院期限的下限。《意大利刑法典》第222条规定："在因精神病、酒精或麻醉品慢性中毒或者又聋又哑被开释的情况下，一律适用收容于司法精神病院，时间不少于2年。""如果法律为所实施的行为规定处以无期徒刑，收容于司法精神病院的最短持续期为10年；如果依法应判处最低不少于10年的有期徒刑，收容的最短持续期为 5 年。"墨西哥规定强制住院期限不超过相应犯罪的刑罚最高期限。（2）刑法规定强制住院的最高期限，如丹麦。（3）法院确定期限。即刑法规定，强制住院的具体期限由法院确定，如挪威。（4）不规定期限。在德国、奥地利、希腊、匈牙利、捷克、巴西等国，根据刑法规定，强制住院期限的长短取决于其目的的实现。它们的刑法还规定，对强制住院应定期审核，撤销强制住院由法院决定。

二、精神卫生法模式

少数国家如法国、英国的刑法只是规定无刑事责任能力或仅有部分刑事责任能力的精神障碍犯罪人不负刑事责任或者承担部分刑事责任，但没有具体规定如何处置这些精神障碍犯罪人，而是在精神卫生法中对精神障碍犯罪人的强制住院问题作出规定。对精神障碍犯罪人实施强制住院是否由法院决定，还看精神卫生法如何规定。芬兰刑法比较特别，它规定了强制住院，但同时规定是否采取强制住院，应根据精神卫生法确定。《芬兰刑法典》第三章第 4 条第 5 款规定：对于因精神状况而被判决免除刑罚的犯罪人，除非明显不必要，法院应当根据精神卫生法的有关规定，提请澄清该人需要治疗的问题。

日本别出心裁。如前所述，原先它是通过《精神保健福祉法》（以及之前的《精神卫生法》、《精神保健法》）来解决心神丧失或心神耗弱犯罪人的强制住院（措置入院）问题的，2003年后，它在《刑法》、《精神保健福祉法》之外，制定《医疗观察法》，对发生重大他害行为的心神丧失或心神耗弱犯罪人的强制住院问题作出了规定。但是，发生非重大的他害行为的心神丧失或心神耗弱犯罪人的强制住院仍然适用《精神保健福祉法》，前者由法院决定，后者由都道府县知事决定。

还须指出，虽然刑事性非自愿住院在整体上属于刑事法律范畴，但精神卫生的基本原则对其也是适用的。联合国《保护精神病患者和改善精神保健的原则》（以下简称《原则》）规定：

"本《原则》适用因刑事犯罪服刑或在对其进行刑事诉讼或调查期间被拘留的并被确认患有精神病或被认为可能患有此种疾病的人。"它还规定，所有此类人士应得到《原则》规定的最佳可得护理。本《原则》应尽可能完全适用此类人士，仅在必要的情况下可有有限的修改和例外，此种修改和例外不得妨害此类人士根据《世界人权宣言》、《经济、社会、文化权利国际公约》、《公民权利和政治权利国际公约》以及《残疾人权利宣言》和《保护所有遭受任何刑事拘留或监禁的人的原则》等文书享有的权利。①

第二节　中外强制医疗程序之比较

通过考察上述刑事性非自愿住院的异同和一些国家或地区的有关规定，这些国家或地区关于刑事性非自愿住院的法律体系是比较完备的。关于精神病人犯罪的刑事责任、鉴定程序、保安措施的实体和相关程序，或规定在刑法典中（如加拿大），或规定在刑事诉讼法中，还有相应的精神卫生法予以调整。不仅法律体系明晰，而且内容完备，不仅明确了适用条件和对象，还包含了与精神病人犯罪处遇有关的方方面面。在我国，《刑事诉讼法》规定了强制医疗特别程序，最高人民法院、最高人民检察院、公安部也相继出台司法解释对强制医疗程序进一步细化，然而与域外强制医疗程序的规定比较，仍有诸多差异。下面仅以强制医疗适用条件、临时的保护性约束措施、审理程序等进行简要的对比分析。

一、强制医疗适用条件的差异

我国《刑事诉讼法》第 284 条对强制医疗的适用条件进行

---

① 参见刘白驹：《非自愿住院的规制：精神卫生法与刑法》，社会科学文献出版社 2015 年版，第 299～306 页。

了严格的限定，规定："实施暴力行为，危害公共安全或者严重危害公民人身安全，经法定程序鉴定依法不负刑事责任的精神病人，有继续危害社会可能的，可以予以强制医疗。"即强制医疗必须符合四方面的条件：一是实施暴力行为，危害公共安全或者严重危害公民人身安全；二是经法定程序鉴定依法不负刑事责任的精神病人；三是有继续危害社会的可能；四是有强制医疗的必要性。由此可见，我国强制医疗的适用条件极为严格，不仅限定了案件的种类，而且限定了具体的适用对象，仅适用于犯罪时无刑事责任能力的精神病人，不包括犯罪时负部分刑事责任的精神病人，在实施犯罪时精神正常而在诉讼过程中因患有精神疾病失去受审能力的精神病人，以及服刑期间患有精神疾病的罪犯。

　　根据国外的立法规定，强制医疗的适用对象并不仅限于无刑事责任能力的精神病人，还包括限制责任能力的精神病人、无受审能力的精神病人以及服刑期间患有精神疾病的罪犯。对于行为人只要经相关医院鉴定系精神障碍的犯罪人，具有人身危险性或再犯可能性，就应当启动强制医疗程序。例如，在英国，强制医疗的适用条件一般包括：有病无罪的人，无受审能力后被安排到医院进行治疗的，以及在监狱服刑的罪犯因犯精神病被转到医院的。在审判阶段，法院经过审理认为被告人因犯精神病而无罪，而被告人又具有较高的危险性，法庭便会将他判决到医院接受治疗并且一定会附上出院的限制令，其目的是保证公共的安全。关于精神变态者能否适用强制医疗的问题，2002年的精神卫生法草案作了规定。在该法中，取消了对住院病人可治性的要求，拓宽了精神障碍的范围。根据此项法律，刑事法庭对精神变态者也可以发住院令，而过去，更多的精神变态者是去监狱服刑。对于无受审能力的精神病被告人，法庭通常按照简易判决的方式裁决其进入医院进行治疗，直至被告人恢复受审能力后再接受法庭审判。强制医疗障碍的被告人去医院住院，必须还要考虑到医院的住院条件。从20世纪70年代开始，不论是中等警戒还是高度警戒的医院床位都比较紧张。若在合理的期限内确实没有床位空出来，法庭可能要改成另一种处理方式，如为了治疗改成缓刑；若确定了拘留是必不可少的，法庭可判他去服刑。若到医院住院的判决令因客观条件未能立即生效，则可将被告转移和拘留在"安全的地方"（警察局、监狱、还押中心或其他的医院），以等到能住院为止。[①]

在美国，对于精神病人违法犯罪行为，一般是分两种情况作不同处理，一种是"有病有罪"，另一种是"有病无罪"。对于"有病有罪"的精神病违法者，过去，美国隔离危险性精神病人采取的措施是将他们长期安置在精神病医院。但是数十年之后，政府在巨大的经济压力之下，不得不对法律和政策作出相应的改进，把安置病人的地点由精神病医院转至监狱。对于被鉴定为精神障碍犯罪的服刑者，在监狱服刑一定期限后可以假释。认定服刑者是精神障碍犯罪者，必须由州矫正局和精神保健局分别进行鉴定，当两者均作出是精神障碍犯罪者的鉴定结论时，便由假释审查委员会作出决定假释的附加条件，宣布该罪犯接受治疗的命令。[②] 根据《美国模范刑法典》第4.08条的规定，被告人因排除刑事责任的精神疾病或者缺陷被认定无罪时，法庭应命令将被告人交付于心理卫生总监（公共卫生总监），以便为关押、看护和治疗而将被告人民事拘禁于适当机构。"只要被裁定'因精神病而免罪'的人不仅有精神上的问题，而且对自己和他人都会造成危害，他就有可能被关押。但是，应当注意，如果他的精神状态恢复正常（即使他对自己或他人还是有一定的危险性），他就有权获得释放。"[③]

在加拿大，对违法精神病人的处置是在审判阶段进行。归纳

---

① 参见何恬：《重构司法精神医学——法律能力与精神损伤的鉴定》，法律出版社2008年版，第170~175页。

② 参见郭建安、郑霞泽主编：《社区矫正通论》，法律出版社2004年版，第221~222页。

③ ［美］约书亚·德雷勒斯：《美国刑法精解》，王秀梅译，北京大学出版社2009年版，第324~326页。

起来裁决有 3 种类型：非法定精神病而有罪、因精神失常不负刑事责任或者不适宜承受裁判。其中后两种类型涉及强制医疗问题。法庭或者审查委员会按照第 672.45 条第（2）款或第 672.47 条作出处置时，应当考虑保护公众免受危险分子侵害的需要、被告人的精神状况、被告人重返社会和被告人其他需要，作出下列使被告人承担的法律义务最少、强制性最低的处置之一：（1）已经对被告人作出因精神失常不负刑事责任的裁决且法庭或者审查委员会认为被告人对社会安全不构成严重威胁的，以裁定指示将被告人无条件释放；（2）以裁定指示将被告人按照法庭或者审查委员会认为适当的条件予以释放；（3）以裁定指示将被告人按照法庭或者审查委员会认为适当的条件拘禁在医院。作出不宜审理的裁决且法庭没有按照第 672.45 条对被告人作出处置的，根据检察官的申请，法庭可以裁定指示于不超过 60 日的期间内按照法庭认为适当的条件对被告人进行治疗，被告人未在医院拘禁的，指示将被告人交付确定的人员或者医院。①

在俄罗斯，刑法将适用强制医疗措施的对象分为：无刑事责任能力状态下实施刑法分则规定的行为的人员；在实施犯罪之后发生精神病，因而不可能对之处刑或执行刑法的人员；实施犯罪并患有不排除刑事责任能力的精神失常的人员。对于上述人员，只有在其因精神病可能造成其他重大损害，或对本人或他人构成危险时，法院才可以对其适用治疗性强制方法；如果其精神状态不构成危险，则法院可以将必要的材料移送卫生机关，以便决定依照俄罗斯联邦卫生立法规定的程序进行治疗和将他们送往社会保障性精神病防治机构。②

---

① 参见《加拿大刑事法典》，罗文波、冯凡英译，北京大学出版社 2008 年版，第 438～462 页。
② 参见李娜玲：《刑事强制医疗程序研究》，中国检察出版社 2011 年版，第 43 页。

应该说，《刑事诉讼法》将强制医疗纳入司法审查，将程序正义以看得见的方式贯穿于具体程序规定当中，并赋予当事人参与权、救济权，有效破除了以往对精神病人处置的行政化，具有划时代的意义。我国强制医疗适用条件的限制性规定，只是法治渐进式发展的一个过程，由于我国对于强制医疗司法审查缺乏经验，最初就将所有肇祸的精神病人都规定必须经司法审查的话，对司法实务部门的压力过大。因此现阶段只将一部分争议较小、强制医疗必要性明显的情形纳入司法审查范畴，而其他的肇祸精神病人可经由将来的《精神卫生法》规定的"非自愿住院医疗"程序送院医疗。在强制医疗司法审查制度成熟之后，再将其他肇祸精神病人纳入司法审查制度。[①]

二、临时的保护性约束措施制度的差异

许多法治国家和地区也都以法律的形式对留置鉴定加以明确规定。如《德国刑事诉讼法典》第 81 条第 1 款规定："为了准备对被指控人的精神状态作鉴定，在听取鉴定人、辩护人意见后，法院可以命令将被指控人移送公立精神病院，在那里对他进行观察。"《日本刑事诉讼法》第 167 条第 1 款规定："对被告人的精神或者身体进行鉴定而有必要时，法院可以规定期间，将被告人留置在医院或其他适当的场所。"《俄罗斯刑事诉讼法典》第 435 条规定："如果确定被选择羁押作为强制处分的患有精神病，根据检察长的申请，法院应依照本法典第 108 条规定的程序作出将该人安置到精神病住院机构的裁判。对未被羁押的人，法院应依照本法典第 203 条规定的程序安置到精神病住院机构。"其第 203 条第 1 款规定："如果在指定或进行法医学鉴定或司法精神病学鉴定时发现有必要对犯罪嫌疑人、刑事被告人进行住院观察，则可以将犯罪嫌疑人、刑事被告人安置到医疗住院机构或

---

① 参见吴真：《刑诉法修改后强制医疗司法审查及检察职能试想》，载《犯罪研究》2012 年第 6 期。

精神病住院机构。"我国台湾地区的"刑事诉讼法"第 203 条第 3 款也规定："因鉴定报告心神或身体之必要,得预定期间,将被告送入医院或其他适当之处所。"美国《纽约州刑事诉讼法》第 730·20 条第 2 项规定："当法庭发出要求对被告人精神状态进行司法鉴定的诊察令时,如果被告人因保释或具结获得了释放而不在押,那么法庭可以命令按门诊病人的方式进行审查。如果院长认为了进行有效的审查,有必要把被告人送入医院,那么,法庭可以命令把被告人送进由院长指定的医院,一直到审查结束为止。"[①] 我国立法机构一方面考虑对精神病人的鉴定需要很长时间,且人民法院决定强制医疗也需要一定的时间,实施暴力行为的精神病人本身是非常危险的,如果不采取措施予以控制,放任其在社会上,可能会给社会和他人造成更大的危害,也可能危及其自身安全;另一方面考虑到对精神病人采取的措施应当以治疗和改善其精神状况为目的,不适合采用《刑事诉讼法》规定的拘留、逮捕等强制措施,避免给精神病人带来更大的精神伤害和痛苦。[②] 2012 年《刑事诉讼法》第 285 条第 3 款规定了一种特殊的临时的保护性约束措施(为行文简洁,以下简称临时约束措施):"对实施暴力行为的精神病人,在人民法院决定强制医疗前,公安机关可以采取临时的保护性约束措施。"比较我国的临时约束措施和域外的留置鉴定制度,它们具有以下特点:

共同点:(1)目的都有为了鉴定精神病人的精神状态,以确定其是否具有刑事责任能力。(2)都强调了比例原则,《办理刑事案件程序规定》第 333 条明确在"必要时,可以将其送精神病医院接受治疗",体现了临时约束措施的"临时"性要求,即尽量减少保护性约束的适用。只有在被申请人的确具有继续危

---

① 李娜玲:《刑事强制医疗程序研究》,中国检察出版社 2011 年版,第 173 页。
② 郎胜主编:《中华人民共和国刑事诉讼法释义(最新修正版)》,法律出版社 2012 年版,第 631 页;孙谦主编:《新刑事诉讼法条文精解与案例适用》,中国检察出版社 2012 年版,第 412～413 页。

害公共安全或者严重危害公民人身安全的情形下才对其进行约束。①《办理刑事案件程序规定》第334条对临时约束措施的方式、方法和力度提出要求，要求以避免和防止危害他人和精神病人的自身安全为限度。并规定，"对于精神病人已没有继续危害社会可能，解除约束后不致发生社会危险性的，公安机关应当及时解除保护性约束措施"。《德国刑事诉讼法典》规定："案件重大程度和可能判处的刑罚、矫正及保安措施若与命令不相称的，法院不允许作出移送精神病院进行观察的决定。"（3）都规定了决定主体。我国的临时约束措施决定主体只能是县级以上公安机关负责人，只有经过其批准，才能采取临时的保护性约束措施。域外的留置鉴定决定主体则是法官。（4）都对约束和留置期间提出要求。临时约束措施的"临时"性除了前述的"必要性"之外，还意味着临时只能是较短的时间。域外有的明确规定了留置鉴定期间，如德国法规定不超过6个星期，我国台湾地区规定最长不超过2个月。②

不同点：（1）在目的性方面，我国的临时约束措施除了与域外的留置鉴定制度在具有相同目的特性之外，选择精神病院作为临时约束场所的，临时约束措施还有对精神病人进行治疗和保护其自身安全、社会防卫的目的。（2）在决定权方面，我国的临时约束措施仍然具有行政化色彩，继续将其放置在公安机关，由县级以上公安机关的负责人批准。检察机关在审查起诉过程中，人民法院在审理刑事案件过程中，决定适用强制医疗程序的，通知公安机关对精神病人采取临时约束措施，批准执行的仍然只能是公安机关的负责人。而域外的留置鉴定制度强调的是诉讼化，留置鉴定的决定权只能归于法官。（3）在监督方面，由

---

① 参见陈卫东、柴煜峰：《精神障碍患者强制医疗的性质界定及程序解构》，载《安徽大学学报（哲学社会科学版）》2013年第1期。

② 参见李娜玲：《刑事强制医疗程序研究》，中国检察出版社2011年版，第173页。

于临时约束措施的社会防卫性、自由限制性、人身保护性等属性，《人民检察院刑事诉讼规则（试行）》（以下简称《刑事诉讼规则》）规定了对临时约束措施的监督。《刑事诉讼规则》第546条规定："人民检察院发现公安机关对涉案精神病人进行鉴定的程序违反法律或者采取临时保护性约束措施不当的，应当提出纠正意见。公安机关应当采取临时保护性约束措施而尚未采取的，人民检察院应当建议公安机关采取临时保护性约束措施。"第547条第1款规定："人民检察院发现公安机关对涉案精神病人采取临时保护性约束措施时有体罚、虐待等违法情形的，应当提出纠正意见。"而域外缺乏对留置鉴定监督的规定。

三、强制医疗审理程序的差异

日本法学家棚濑孝雄认为，围绕对立的主张和论点进行争议的当事人中间存在一个具有权威的第三者，通过这样的三方相互作用把当事人争论引导收敛到一个合理解决上的社会机制，就是审判。[①] 我国《刑事诉讼法》中的刑事强制医疗程序被赋予了普通诉讼程序的形态，并贯彻了司法最终裁判原则。将强制医疗的决定权交由法院行使，从行政化走向司法化，其意义不能等闲视之。[②] 法庭审判是审判程序的中心，一般来说，法庭审判程序分为开庭、法庭调查、法庭辩论、被告人最后陈述、评议和宣判五个阶段。国外强制医疗案件的审理程序，具有以下特点：

1. 是否可以缺席审判。许多国家规定，必要时可以对被告人缺席审理。如《奥地利刑事诉讼法》第430条规定："如精神异常违法者的状况不允许在规定期限内出席庭审或出席有可能严重危害其健康，庭审则需在精神异常违法者缺席情况下进行。"

---

① 参见［日］棚濑孝雄：《纠纷的解决与审判》，王亚新译，中国政法大学出版社1994年版，第256页。
② 参见陈光中、王迎龙：《创建刑事强制医疗程序促进社会安定有序》，载《检察日报》2012年4月11日。

德国也有类似规定：如被告人不出庭，可以在法庭上宣读他以前的陈述。当然，如精神病被告人健康状况允许，也可以传唤到庭加以讯问。

2. 是否必须有被告人的辩护人、法定代理人参加。为保护被告人合法利益，各国通常规定，在审理此类案件时，被告人必须有辩护人或法定代理人出庭以代行其诉讼权利，必要时甚至可以违背被告人的意志表示以维护其利益。如《奥地利刑事诉讼法》第430条第3款规定："在整个庭审期间，必须有精神异常违法者的辩护人出席，该人有权对原告的请求采取有利于精神异常违法者（即使违反其意志）的态度，否则无效。"该法还规定，应当将原告关于适用强制医疗措施的请求和法院所有决定告诉精神异常违法者本人一样告诉其法定代理人，法定代理人行使被告人的申诉、上诉等权利。

3. 是否必须有精神病鉴定人出庭作证。强制医疗审理程序中，《苏俄刑事诉讼法》第407条规定要传唤鉴定人、被告人、证人到庭。《奥地利刑事诉讼法》第429条规定："必须邀请一名鉴定人出席庭审，否则无效。"南斯拉夫、美国、德国等也有类似规定。[1] 《德国刑事诉讼法典》第415条之（五）规定："在审判中要对鉴定人就被指控人的状况予以询问。鉴定人如果还未对被指控人作过检查的，在审判前要给予他作检查的机会。"可见，在德国的强制医疗程序中，是要求鉴定人必须出庭作证的。[2]

4. 法庭审理的最后程序是否宣判。根据各国刑事诉讼法的规定，采取强制性医疗措施的法庭审理的最后程序即由法庭对精神病被告人是否适用医疗性的强制措施进行宣判。这种法庭宣判

---

[1] 参见刘家琛、郝银钟主编：《刑事审判学》，群众出版社2002年版，第412页。

[2] 参见韩旭：《论精神病人强制医疗程序的构建》，载《中国刑事法杂志》2007年第6期。

主要有两类，其中一类是适用强制性医疗措施。其条件是法庭认定行为人于实施危害社会行为时无责任能力，则免除其刑事责任，符合采用医疗性强制措施的法定条件时，则对被告人实行强制医疗，并指出采用何种强制医疗的方法。①

5. 是否规定了上诉程序。各国一般都规定了对于法庭作出的强制医疗判决或裁定可以上诉。如《奥地利刑事诉讼法》第433 条、第 435 条规定，对精神异常违法者所作的判决，可通过上诉加以反对。《罗马尼亚刑事诉讼法》第 162 条规定：对法院确定的医疗措施可以单独上诉，但上诉期间不能中止执行保全措施。②

我国强制医疗案件的审理程序与其他国家和地区比较，就以上五方面，既有共同之处，也有本国特点：其一，是否可以缺席审判方面，我国《刑事诉讼法》对于人民法院审理强制医疗案件是否可以缺席审判，并无明确的规定，但是《刑事诉讼法解释》第 530 条对是否可以"缺席审理"作了明确规定："被申请人要求出庭，人民法院经审查其身体和精神状态，认为可以出庭的，应当准许。出庭的被申请人，在法庭调查、辩论阶段，可以发表意见。"其二，是否必须有被告人的辩护人、法定代理人参加方面，我国《刑事诉讼法》第 286 条第 2 款也明确规定，"人民法院审理强制医疗案件，应当通知被申请人或者被告人的法定代理人到场"。其三，是否必须有精神病鉴定人出庭作证方面，我国《刑事诉讼法》和《刑事诉讼法解释》对此无明确规定。其四，法庭审理的最后程序是否宣判方面，《刑事诉讼法解释》第 533 条规定，人民法院对强制医疗案件进行审理后，符合强制

---

① 如日本刑法修正草案规定："保安处分下列二种由法院进行宣判：一、治疗处分；二、禁戒处分。""保安处分在同有罪判决或依照第 16 条第 1 款（责任能力）新规定的情由确定的无罪判决一起宣判。但是，具备保安处分的要件时，即使对行为人不进行刑事追究，也加以经过一定的单独手续进行宣判。"

② 参见陈光中主编：《外国刑事诉讼程序比较研究》，法律出版社 1988 年版，第 483 页；刘家琛、郝银钟主编：《刑事审判学》，群众出版社 2002 年版，第 413 页。

医疗条件的,以判决的形式宣告被告人不负刑事责任,然后以决定的形式作出强制医疗的决定。其五,是否规定了上诉程序方面,我国《刑事诉讼法》第287条规定,被决定强制医疗的人、被害人及其法定代理人、近亲属对强制医疗决定不服的,可以向上一级人民法院申请复议。复议不是上诉,复议的程序价值主要体现于其行政性特征,如果把复议理解为案件审理中的上诉程序是不准确的。[①]

第三节 强制医疗程序适用现状分析

2012年《刑事诉讼法》施行以来,强制医疗制度的执行比较顺利,各地审理了不少强制医疗案件。例如,2013年,浙江法院共收到检察机关提起的强制医疗申请案件37件,已审结35件,均作出了强制医疗决定。收到精神病人家属提起的解除强制医疗申请案件1件,法院决定解除。审结的35起案件有三个特点:一是暴力行为严重危害人身安全(所谓"武疯子"行凶)的情况突出。其中,杀人或者故意伤害致死人命的13件,占37.1%;致人重伤的8件,占22.9%;致人轻伤的6件,占17.1%;其他如放火、持刀抢劫、伤害并妨害公务的8件,占23.5%。二是精神病人亲属的人身安全受到危害的情况较多。三是被鉴定为精神分裂症的比例很高。[②] 又如,2013年1月至9月,山西省检察机关共办理31起强制医疗案件,案件具有以下特点:一是犯罪行为的暴力性。暴力性集中体现在故意杀人、故意伤害两类案件中。其中故意杀人案件13起,故意伤害13起,

---

① 参见刘方:《精神病人强制医疗程序:非刑事处分诉讼方式》,载《检察日报》2012年5月2日。

② 参见余建华、孟焕良:《浙江审结35起"武疯子"强制医疗案》,载《人民法院报》2013年12月23日。

强奸案件 2 起，抢劫、爆炸、放火案件各 1 起。二是危险结果的严重性。31 起精神病人强制医疗案件总共造成 19 人死亡、15 人受伤（多为重伤）、2 人被强奸，以及爆炸、抢劫、抢夺造成的财产损失等。而且绝大多数案件中，受伤、死亡者为涉案精神病人的监护人或直系近亲属。三是鉴定意见认可度较高。从案件处理结果上来看，大多数案件经过 1 至 2 次鉴定后，鉴定意见均能令诉讼各方信服。①

　　但是，如前所述，《刑事诉讼法》关于强制医疗的特别程序规定过于原则，虽然最高人民法院、最高人民检察院、公安部出台的相关司法解释和程序规定对该程序进行了细化，实践中仍存在诸多问题。各地检察机关为积极实施《刑事诉讼法》，对强制医疗程序的适用和监督进行了有效的调研探索，例如吉林省检察院公诉部门通过对 2013 年 1 月至 3 月吉林省检察机关办理的强制医疗案件进行分析，形成了《吉林省检察机关公诉部门办理强制医疗案件经验做法和存在问题及应对》②，山西省检察院李哲通过对 2013 年 1 月至 9 月的山西省检察机关办理的强制医疗案件进行分析，形成了《对精神病人强制医疗案件法律监督的调查》③，亦有论者主持了《刑事强制医疗检察监督机制研究》、《强制医疗执行监督问题调研》、《强制医疗程序调研》等研究课题④。下文仅以上述调研成果为实证研究对象，对强制医疗程序适用中存在的问题进行梳理和概述，对这些问题的解决方法以及

---

　　① 参见李哲：《对精神病人强制医疗案件法律监督的调查》，载《人民检察》2014 年第 6 期。

　　② 资料来自吉林省检察系统内网。

　　③ 参见李哲：《对精神病人强制医疗案件法律监督的调查》，载《人民检察》2014 年第 6 期。

　　④ 笔者先后主持或执笔浙江省法学会、浙江省检察院的《刑事强制医疗检察监督机制研究》、《强制医疗执行监督问题调研》、《强制医疗程序调研》等课题。阶段性研究成果参见吕益军、胡剑锋：《强制医疗执行监督面临的问题与对策》，载甄贞主编：《贯彻新刑事诉讼法与完善诉讼监督制度》，法律出版社 2014 年版，第 537～544 页。

实践中的其他问题详见本书相关章节。

一、公安司法人员对强制医疗案件的证据调查方面

由于公安司法人员法医专业知识缺乏，鉴定意见调查的形式倾向明显。首先，强制医疗案件的证据调查主要围绕涉案精神病人的刑事责任能力及对社会构成再危害的可能性展开，这是证据调查和证据证明的新领域。面对这种转变，公安司法机关在取证意识、取证手段和证明方式上都存在不同程度的不适应。其次，认定涉案精神病人作案时的精神状态和刑事责任专业性极强，专业陪审员和有专门知识的人出庭制度等执行得不够到位，强制医疗案件的申请和决定难免因办案人员法医专业知识缺乏而存在局限。司法实践中，如果被害人家属对鉴定意见没有明显异议并提供一定证据作为支撑，该类案件的庭审和决定基本上流于形式，决定结果基本上可以预见。

二、检察机关对强制医疗适用条件的把关方面

《刑事诉讼法》规定"可以"实施强制医疗，实质上是鼓励司法机关优先考虑由家属或监护人看管和治疗，只有在涉案精神病人看管缺位或无力防止其继续危害社会的情况下，才应申请强制医疗。由于相关规定对"有继续危害社会可能"的模糊界定，尤其面对责任倒查的考核机制，不少办案人员认同走程序移送法院裁决的办法，导致检察机关无法对强制医疗程序的入口门槛进行严格控制。

三、检察机关对强制医疗启动程序的监督方面

检察机关对强制医疗启动程序的监督不够全面有力。目前检察机关对公安机关移交的强制医疗案件的监督，主要集中在侦查程序的形式合法化方面，对公安机关不应移送的强制医疗案件缺乏有效监督。司法实践中，检察机关在侦查监督和审查起诉阶段

发现应当强制医疗而公安机关按普通刑事案件处理的情况，通常比较容易处理。但对于公安机关移送的强制医疗案件，如果检察机关发现涉案精神病人可能存在"被精神病"、"假精神病"等情形的，往往只能退回公安机关补充侦查。如果公安机关推诿、不配合，检察机关缺少有效的监督手段。

四、临时的保护性约束措施的执行和监督方面

一是临时约束措施的执行缺乏明确规范。在立法规范方面，《刑事诉讼法》对临时约束措施仅作原则规定，《办理刑事案件程序规定》亦未加以细化，临时约束措施的适用条件、审批程序、实施地点和方式、方法不够明确，公安机关执行时，卫生部门是否需要提供协助？公安机关采取临时约束措施是否需要告知检察机关审查起诉部门和监所检察部门？公安机关在具体案件操作中有失规范，公诉部门依法监督也缺乏抓手。目前，对于精神病人医疗、戒毒人员强制隔离戒毒以及普通病人医疗过程中的"保护性约束措施"的立法，主要包括法律、法规、部门规章和地方政府规章以及少量的司法解释。但是，综观这些规范性文件以及《精神卫生法》关于精神病人"保护性医疗措施"的有关规定，除了2009年湖南省劳动教养工作管理局、湖南省戒毒管理局制定实施的《湖南省强制隔离戒毒工作实施办法（试行）》之外，均未对保护性约束措施或者保护性医疗措施的范围和强度予以明确。

二是临时约束措施的费用保障等存在问题。临时约束措施需要辅以场所、人员、医疗手段等一系列保障工作。实践中有关部门出台的强制医疗程序适用规范也仅对被法院决定强制医疗后的费用承担问题进行原则性的规定，对前置于强制医疗的临时约束措施费用则完全没有涉及。司法实践中，存在有的公安机关不愿垫付、家属无力支付，导致涉案精神病人不能被送入医疗机构或者中途停止治疗的情形，当事人人身权益无法得到有效的维护。

三是对临时约束措施的监督消极滞后。检察机关对公安机关采取的临时约束措施的监督主要包括采取和解除时间、是否足以有效、是否有殴打体罚虐待情形等内容。通常情况下，检察机关对公安机关采取的临时约束措施的监督，主要是通过侦查监督和审查申请阶段的事后书面审查进行，无法及时有效地对此类措施的合法、得到与否进行监督。

五、强制医疗决定执行方面

一是交付执行强制医疗决定的期限不明确。公安机关自收到强制医疗执行通知书时起，应当在多长时间内将被强制医疗人送交强制医疗？公安机关在交付强制医疗的过程中，是否可以采取恰当的强制约束、控制措施？虽然，《刑事诉讼规则》第 662 条规定，人民检察院对强制医疗的交付执行活动实行监督，发现交付执行机关未及时交付执行等违法情形的，应当提出纠正意见。但是，对于强制医疗执行交付的"及时性"问题，《刑事诉讼法》和《办理刑事案件程序规定》对此并无明确规定。基于刑事强制医疗制度的价值取向在于保障精神病人的权利和自由，根据强制医疗的决定期限，应当尽快作出决定，及时对他们进行治疗，更有利于他们健康的恢复①的立法精神，公安机关交付执行的期限是否可以参照逮捕决定立即执行的有关规定。

二是执行驳回强制医疗申请决定的期限不明确。对申请强制医疗的案件，人民法院根据《刑事诉讼法解释》第 531 条第 2 项作出驳回强制医疗申请决定的，公安机关是否应当及时解除临时约束措施，《刑事诉讼法》和《办理刑事案件程序规定》对此也并无明文规定。《办理刑事案件程序规定》第 334 条第 2 款规定，对于精神病人已没有继续危害社会可能，解除约束后不致发生社会危险性的，公安机关应当及时解除临时约束措施。但是，

---

① 参见郎胜主编：《中华人民共和国刑事诉讼法释义》，法律出版社 2012 年版，第 635 页。

对人民法院作出的驳回申请决定，公安机关是否应当参照执行该规定，及时解除临时约束措施？

三是强制医疗定期诊断评估的期限不明确。精神病人在经过一定时期的治疗后，随着病情的好转可能并不需要再继续接受强制治疗，定期复核机制能够最大限度地防止对被强制治疗者权利的过分限制。[1] 虽然，《刑事诉讼法》第 288 条第 1 款规定，"强制医疗机构应当定期对被强制医疗的人进行诊断评估"。但是这一规定过于原则，没有明确定期诊断评估的期限，《精神卫生法》也没有明确定期复诊的期限。定期诊断评估的期限明文规定之后，监所检察部门才能依据《刑事诉讼规则》第 664 条，对医疗机构没有依照规定定期诊断评估的，提出纠正意见。

六、检察机关执行监督的对象方面

从有利于执行的角度来说，应当由公安机关负责移送到指定的接收医院，检察机关负责监督。但司法实践中，由于缺乏专门的执行临时约束措施的医疗场所，以及涉案精神病人家属和经费等问题，存在不少尚未交付执行案件，有的涉案精神病人仍然在看守所和拘留所执行。即便是明确了各地执行主体，如果采用派驻检察室形式对强制医疗进行监督，也缺乏相应的顶层设计和司法资源配备。

强制医疗执行机构兼具医学治疗和强制监管两方面的职能属性，但是《刑事诉讼法》、《精神卫生法》以及其他法律法规对于强制医疗执行机构的资质条件，被强制医疗人与普通精神病人是否必须区别对待、隔离看管，以及对强制医疗机构的确定等都没有明确的规定。审判实践中，法院的《强制医疗决定书》无须载明强制医疗机构的具体名称，执行环节公安机关和检察机关在选择强制医疗机构上就会产生分歧。同时，由于

---

[1]　参见姚丽霞：《以法律层面的立法完善精神病人强制医疗程序》，载《法学评论》2012 年第 2 期。

强制医疗机构的监管医疗条件的标准不明确，对于监管条件是否足以达到消除隐患，是见仁见智的。乡镇卫生院精神病康复中心是否符合监管医疗条件，对被强制医疗人是否一律纳入公安机关下属的安康医院，省级公、检、法、司、卫、民等部门是否可以联合提出强制医疗执行机构的资质条件，明确硬件设施建设、医护人员配置、安全防范措施等方面的标准化条件，在强制医疗案件管辖地的地市辖区内没有精神病院，是否就近送治等问题，都是亟待解决的。

七、检察机关法律监督机制方面

强制医疗程序的检察监督，从决定作出到决定执行的程序衔接及部门协同有待进一步明确和细化。

一是监所检察部门与案件管理部门之间。《刑事诉讼规则》规定向人民法院提出强制医疗的申请以及对强制医疗决定的监督由公诉部门办理；也明确了强制医疗执行监督由监所检察部门负责，但在强制医疗决定的司法效力实现即决定的及时纳入执行程序及其监督方面，案管部门、公诉部门与监所部门的程序衔接和协调尚存在一定不配套及不协调之处。有可能使部分案件在公诉部门审查阶段，监所检察部门不能及时对临时保护性约束措施进行监督，也可能使部分案件在强制医疗决定作出后不能及时对交付执行情况进行监督。

二是监所检察部门与检察技术部门之间。由于认定涉案精神病人作案时的精神状态及刑事责任专业性极强，因此在公诉部门办理相关案件时，以及监所检察部门在执行监督过程中，难免会因专业知识的缺乏而存在障碍和局限，影响办案质量和监督效果。

三是不同检察机关的监所检察部门之间。《刑事诉讼规则》明确了检察机关的监所检察部门对强制医疗的执行进行监督，但是作出强制医疗决定的法院所在地和强制医疗机构所在地不一致时，强制医疗机构所在地的检察机关与强制医疗机构的主管部门不同级时,具体由哪一个、哪一级的检察机关进行监督并未涉及,这将会给执行监督带来一定的困难。

八、精神病司法鉴定自身主观性较强,执法办案出现新的风险点

一是精神病人强制医疗程序的"异化",即精神正常的人"被精神病"而执行强制医疗,以及犯罪分子"装精神病"或找精神病人"顶包"而逃避刑事法律制裁。

二是案件被害人或其家属不认同相关法医精神病鉴定意见及出现结论不同的鉴定意见时,引发涉法涉检信访。

第三章　强制医疗适用条件

为落实《刑法》第 18 条强制医疗制度的规定，《刑事诉讼法》第 284 条规定："实施暴力行为，危害公共安全或者严重危害公民人身安全，经法定程序鉴定依法不负刑事责任的精神病人，有继续危害社会可能的，可以予以强制医疗。"这一条款的内容具有实体法性质，规定了强制医疗的适用条件或对象，表明了立法者对强制医疗程序适用的审慎态度。[1] 对强制医疗适用条件的审查和把握，是检察机关审查公安机关移送的强制医疗案件，对符合强制医疗适用条件的作出提出申请决定、不符合强制医疗适用条件的作出不提出申请决定、证据不足的退回公安机关补充侦查的前提，也是检察机关认为人民法院作出的强制医疗决定或者驳回强制医疗申请的决定不当时，进行检察监督的前提。简言之，对强制医疗适用条件的审查和把握，是强制医疗实体监督的主要内容。

第一节　强制医疗适用的客观要件

行为人实施了暴力行为，危害公共安全或者严重危害公民人身安全，是强制医疗适用的客观要件。《刑事诉讼规则》第 539 条和《刑事诉讼法解释》第 524 条分别重申了强制医疗的适用条件，并明确危害公共安全或者严重危害公民人身安全的暴力行

---

[1]　参见汪建成：《论强制医疗程序的立法构建和司法完善》，载《中国刑事法杂志》2012 年第 4 期。

为必须"达到犯罪程度"。

一、犯罪行为的暴力性

(一) 暴力行为的概念

我国刑法分则将"暴力"作为犯罪行为的明示规定有近 30 处，如以暴力手段实施的抢劫、强奸、妨害公务等，这还不包括隐含"暴力"的其他条款，如以暴力手段实施的杀人、伤害等。对于"暴力"的概念，我国现行《刑法》及司法解释都没有对之作出明确的阐释。

强制医疗适用条件之客观要件的暴力性，具有实体法的意义。刑法学界对暴力行为的学理解释，具有代表性的有张明楷教授的四分法[①]，林亚刚教授的三分法[②]。对于强制医疗语境下的"暴力行为"的概念，目前比较权威的解释认为，"暴力行为"是指以人身、财产等为侵害目标，采取暴力手段，对被害人的身心健康和生命财产安全造成极大的损害，直接危及人的生命、健

---

①　张明楷教授认为，"暴力"一词在不同场合具有不同含义。最广义的暴力，包括不法行使有形力的一切情况，其对象不仅可以是人 (对人暴力)，而且可以是物 (对物暴力)。广义的暴力，是指不法对人行使有形力的行为，但不要求直接对人的身体行使，只要对人的身体以强烈的物理影响即可，如在他人身边播放高分贝噪声。狭义的暴力，是指对人的身体不法行使有形力，但不要求达到足以抑制对方反抗的程度，如打人一耳光。最狭义的暴力，是指对人行使有形力，并达到了足以抑制对方反抗的程度，但不要求直接对人的身体行使有形力。张明楷：《刑法学》，法律出版社 2011 年版，第 619 页。

②　林亚刚教授认为暴力可以分为三种：广义的、狭义的、最狭义的暴力。所谓广义的暴力是指非法实施有形物理力的所有类型 (包括威胁使用暴力)，其暴力对象可以是人也可以是物，可以针对被害人本人也可以针对在场的其他人，暴力的内容可以包括一般的殴打、轻微伤害到最严重的故意杀人、故意伤害。所谓狭义的暴力是指对人身施加有形物理力，即不包括对物体施加的有形力，在程度上不要求对人身造成一定的伤害结果。最狭义的暴力指对人身施加的有形物理力，不包括对物施加，暴力程度上则强于狭义的暴力，要求达到足以抑制被害人反抗的程度。林亚刚：《暴力犯罪的内涵与外延》，载《现代法学》2001 年第 6 期。

康及公共安全的行为，如放火、爆炸等。① 刑法学上这一关于暴力行为的解释，是基于具有刑事责任能力的人在不同类型化犯罪中的抽象意义上的样式。而强制医疗程序中的"暴力行为"必须考虑无刑事责任能力这一行为主体的特征。因此，我们认为，这一关于"暴力行为"的定义值得商榷。

首先，从暴力行为的"目标"性上分析。目标是个人、部门或整个组织所期望实现的成果，它是前进的一个方向。从目标的内在推动力而言，与犯罪学上的"需要"、刑法学上的"目的"相同。而"需要"与"目的"，通常情况下是指具有认知能力的个人或者组织的一种内在需求或价值追慕。精神病患者暴力行为与精神正常者的犯罪行为最本质的区别在于作案动机上的差异。精神病患者的作案动机一般不明显，即使有一定动机，与后果也很不相称。② 这种动机通常被称为病理性动机。与后果不相称，是指精神病人在恢复辨别和控制能力时，对其丧失辨认能力或控制能力时的暴力后果往往追悔莫及。因此，把精神病学上的病理性动机与犯罪学、刑法学上的犯罪动机、犯罪目的相提并论，是存在一定问题的。对于行为时没有辨别能力或者控制能力的精神病人来说，一般不存在以侵害人身、财产为"目标"而实施的暴力行为，仅仅存在暴力行为的指向对象。

其次，从暴力行为的"侵害"性上分析。一般意义上理解，侵害的指向对象更多的是指他人之人身、他人之财物。当侵害的指向对象为自己的人身时，我们称之为自伤；当侵害的指向对象为自己的生命时，称之为自杀；当侵害的指向对象为自己的财产时，称之为自损。也有将损害自己的人身、生命、财产的统称为自损的。虽然，从我国目前刑法理论来讲，除个别情况——如战

---

① 参见郎胜主编：《中华人民共和国刑事诉讼法释义》，法律出版社 2012 年版，第 627 页；孙谦主编：《新刑事诉讼法条文精解与案例适用》，中国检察出版社 2012 年版，第 410 页。

② 参见王小团：《精神病人暴力行为特点及预防》，载《江苏警官学院学报》2003 年第 4 期。

时自残等之外，并未将纯粹的自损行为规定为犯罪；但是，当自损行为危害到他人的生命、健康以及公共安全时，自损行为符合犯罪构成的行为不法要件。

最后，暴力手段与被定义项之间有循环论证之嫌。汲取张明楷教授"最广义的暴力"概念中的"有形力"元素，将定义项的"暴力手段"替换为"有形强制力"，如此一来，还可以区别于"精神暴力"、"网络暴力"、"冷暴力"。此外，定义项中暴力行为"对被害人的身心健康和生命财产安全造成极大的损害，直接危及人的生命、健康及公共安全"，实际上涉及暴力行为的程度，与强制医疗适用条件中的"危害公共安全或者严重危害公民人身安全"有重复之嫌。

综上所述，我们认为，"暴力行为是指对人身、财产实施的有形强制力的行为"。"危害公共安全或者严重危害公民人身安全"的"暴力行为"主要集中在刑法分则第二章危害公共安全罪和第四章侵犯公民人身权利罪中，主要包括放火、决水、爆炸、投放危险物质、破坏交通工具、交通设施、劫持航空器、船只、汽车等危害公共安全的犯罪以及杀人、伤害、强奸、绑架、抢劫等侵犯公民人身权利的犯罪。[1]

（二）暴力行为的对象

最广义的暴力，包括不法行使有形力的一切情况，其对象不仅可以是人（对人暴力），而且可以是物（对物暴力）。[2] 但对于强制医疗而言，是否包括对物的暴力，有学者认为，根据立法行文旨意，其显然是指危害其他公民而不包括行为人自身的人身安全，而且对于行为人侵犯公共财产安全的行为也不包括在内。[3] 笔

---

[1] 参见张军、江必新主编：《新刑事诉讼法及司法解释适用解答》，人民法院出版社 2013 年版，第 455 页。

[2] 参见张明楷：《刑法学》，法律出版社 2011 年版，第 619 页。

[3] 参见朱晋峰、宫雪：《强制医疗程序的诉讼化建构——基于强制医疗程序行政化色彩的分析》，载《证据科学》2013 年第 2 期。

者认为，对于暴力行为的对象应当包括行为人自身，前文已有略述。此处结合案例再加以分析。虽然就一般情况而言，对于行为人只是单纯对自身的人身权利、财产权利进行侵害，我国《刑法》并没有将其入罪处理，但是如果行为人燃烧自己身体或者燃烧自己所有的财物，逾越了相应的界限，危害公共安全，这时行为人的举止就受到了《刑法》的禁止，符合放火罪的客观要素。

【案例 1】 浙江省绍兴市越城区办理的汪某强制医疗案。2012 年 6 月 4 日上午 10 时许，汪某因精神分裂症发作欲自杀，便在浙江省绍兴市越城区某幢某室自己家中，用煤气灶点燃蜡烛后，用蜡烛将自己卧室内的窗帘布引燃，后因群众发现后及时报警，消防队员及时赶到将火扑灭并制止其自杀行为。同日上午 11 时 40 分许，汪某在其家中被公安机关依法传唤到案。经浙江省精神病鉴定委员会鉴定，汪某患有精神分裂症，作案时处于发病期，法律能力评定为无刑事责任能力。据此，越城区检察院对汪某作了绝对不起诉决定，经与侦查机关和法院沟通联系后，将汪某送绍兴市第七人民医院治疗，并于 1 月 5 日向越城区人民法院提出对汪某进行强制医疗的申请。①

【案例 2】 江苏省武进区办理的郑某强制医疗案。2013 年 1 月 16 日清晨，安徽来武进打工的男子郑某，在其暂住地因精神障碍突发厌世轻生念头，点燃煤气罐、焚烧被褥、电视机等物，意图自焚，引发的火情致房东经济损失数千元，并危及周围居住人员生命、财产安全。经鉴定，郑某属急性短暂性精神病，作案时属发病期，无刑事责任能力。武进区检察院重点对郑某继续危害的可能性进行综合审查后，对郑某作出不提出强制医疗申请的决定。②

案例 2 虽然对郑某作出不提出强制医疗申请的决定，但是排

---

① 资料来自浙江省检察系统内网。

② 参见卢志坚、凤立成、武检轩：《"三问四听"把住强制医疗申请关》，载《检察日报》2013 年 3 月 6 日。

除郑某的主体身份因素，武进区检察院对其引发的火情致经济损失数千元，并危及周围人员生命财产安全，认为符合放火罪的客观要素，只是缺乏人身危险性，故作出不提出申请的决定。

（三）暴力行为的判断

如果行为人实施危害公共安全或者严重危害公民人身安全的行为不是暴力行为，就不能对其适用强制医疗。

从暴力的整体含义上看，暴力是摧残、强制他人身体的犯罪手段，指对人体实行一种强力的袭击或强制，离开人身，暴力不复存在。[①] 但是，判断一个行为是否具有暴力性，要结合行为本身的性质以及可能造成的危害后果等综合判断。虽然，有些行为的行为对象不明显或者行为的暴力程度不明显，但行为的结果却可能对社会公共安全带来较大伤害，如向有人居住的建筑物投放自制燃烧瓶的行为，这一举动本身的强力性特征并不明显，但使用的工具却可能引发较为严重的物理破坏作用，应当认定为暴力行为。

【案例3】上海市黄浦区办理的史某强制医疗案。2013年1月7日，史某来到一家机关大院外，将汽油、举报信、石块装入塑料袋内点燃后扔进大院围墙内，致大院车库顶棚着火。经侦查警方于当天下午将史某抓获。经鉴定，史某在案发时属无刑事责任能力的精神病人。2月11日，公安机关将此案移送黄浦区检察院申请对其强制医疗。黄浦区检察院审查后向法院申请对其强制医疗。[②]

（四）以暴力相威胁

有学者认为，暴力犯罪，是指以暴力或者暴力胁迫的方法危害国家、公共安全和公民人身、财产安全的犯罪。其有两大特

---

① 参见邢曼媛：《试论我国刑法中暴力手段》，载《中国刑事法杂志》2000年第3期。
② 参见林中明、王雍尔：《上海黄浦审查强制医疗案注重"三重点"》，载《检察日报》2013年4月23日。

点：一是犯罪方法是使用暴力或者以使用暴力相威胁；二是暴力犯罪的危害性体现在危害国家安全、公共安全、公民人身财产安全。① 但是，我们认为，暴力行为一般情况下不包括暴力胁迫。暴力和以暴力相威胁在危害公民人身安全的犯罪类型中属于不同的行为方式，具有不同的刑法意义。以抢劫罪为例，抢劫罪中的暴力只能是最狭义的暴力。暴力的对象并不限于财物的直接持有者，对有权处分财物的人、财物的辅助占有者、财物占有者的家人以及其他协助占有、管理财物的人使用暴力的，也不影响抢劫罪的成立。对无关的第三者实施暴力取得财物的，不宜认定为抢劫罪。② 例如，行为人对被害人实施暴力殴打迫使被害人之妻交出财物的行为，完全符合间接暴力的构造和特征，而不是胁迫。③ 但是，抢劫罪的暴力是用来排除被害人反抗的，而对财物实施暴力（如砸毁等），则并不能直接排除被害人的反抗，只有可能使被害人产生恐惧而不敢反抗，也就是说，其实质是胁迫。④

行为人以暴力相威胁剥夺被害人意志和自由时，实施的暴力程度一般较弱甚至无须实施暴力就已经压制被害人的抵抗，那么当强制医疗案件中，行为人的行为属于前述情形，是否认为行为人的行为不具有暴力性？我们认为对此不能一概而论。⑤ 虽然，暴力行为一般情况下不包括暴力胁迫，但是当手段行为是暴力胁

---

① 参见倪泽仁：《暴力犯罪刑法适用指导》，中国检察出版社 2006 年版，第 4 页。转引自陈国庆主编：《新刑事诉讼法与诉讼监督》，中国检察出版社 2012 年版，第 250~251 页。

② 参见张明楷：《刑法学》，法律出版社 2011 年版，第 850 页。

③ 参见范德安：《暴力行为的表现形式及学理类型探析》，载《天中学刊》2007 年第 4 期。

④ 参见刘明祥：《财产罪比较研究》，中国政法大学出版社 2001 年版，第 118 页。

⑤ 有论者认为"未实际实施暴力，仅仅有暴力威胁的，也不属于实施暴力行为的情形"。参见陈国庆主编：《新刑事诉讼法与诉讼监督》，中国检察出版社 2012 年版，第 250 页。

迫，而目的行为却具有暴力性时，如以暴力胁迫强奸妇女，应当认定行为人的奸淫行为具有暴力行为的性质，详见下文分析。

【案例 4】上海市黄浦区办理的朱某某强制医疗案。被申请人朱某某于 2012 年 12 月 7 日 16 时 30 分许，尾随被害人至上海大学宝山校区一教学楼西侧女厕所内，趁被害人准备洗手时，从背后上前持刀顶住被害人的颈部，挟持被害人进入厕所东侧靠窗的隔间。继而，朱某某强迫被害人交出携带的索爱牌 U 5i 型移动手机（经鉴定，价值人民币 310 元），脱去被害人的上衣，强行猥亵被害人，中途朱某某曾试图强奸，但未成功。后朱某某携被害人的移动手机逃逸。

本案中朱某某行为的暴力性体现在强行猥亵以及强行奸污的行为上。具体分析参见下文手段行为和目的行为暴力性的相关内容。此外，胁迫者是否真的有将相威胁的暴力付诸实施的意思和能力可以在所不问，但是由于行为人属于精神障碍患者，其在案发时不能辨认或者控制自己的行为，存在实际加害的重大危险。因此，应该根据行为人精神病史，对于行为人病史中有将威胁付诸实施的，行为人的暴力相威胁应当认定具有暴力性，反之则不应认定。

二、客观行为的严重性

危害公共安全或者严重危害公民人身安全，虽然是指暴力行为造成的危害结果，但这不一定要求必须造成人员死亡、重伤等严重后果。对"暴力行为"达到何种程度才能予以强制医疗的问题，《刑法》规定（第 18 条）的条件是造成"危害结果"，《刑事诉讼法》规定的条件是"危害公共安全或者严重危害公民人身安全"，因此，被申请人实施的暴力行为只有造成了危害公共安全或者严重危害公民人身安全的危害结果，才可以予以强制医疗。原来的刑事诉讼法修改草案规定的适用条件是"精神病人实施的暴力行为危害公共安全或者致人死亡、重伤"，后来将"或者致人死亡、重伤"修改为"或者严重危害公民人身安全"，条件进一步放宽，表明不是非"致人死亡、重伤"不可。①

实施的暴力行为，是否有可能危害公共安全或者严重危害公民人身安全就可以了？危害公共安全的行为，可能造成多种结果，包括：（1）没有造成任何实害后果；（2）虽然造成一定实害后果，但并不严重即"尚未造成严重后果"的情形，该两种情形强调的是现实的危险性，例如病理性醉酒者醉酒之后在高速公路上高速驾驶，无须造成严重后果，即可认定为危害公共安全；（3）致人重伤、死亡或者使公私财物遭受重大损失的情形。单纯的财产安全，是否属于公共安全？张明楷教授认为，我国刑法理论均将重大公私财产的安全作为公共安全的内容，但这种观点值得反思。其一，如果说只要行为侵害了价值重大的财产就属于危害公共安全罪，那么，一方面，盗窃银行、博物馆并取得重大价值财物的行为，构成危害公共安全罪；另一方面，还会出现明显的不协调现象：刑法只处罚故意毁坏财物罪，其过失毁损价值重大的财产时，反而成立危害公共安全罪。这都难以令人理解。其二，倘若说只要行为侵害了不特定或者多数人的财产就属于危害公共安全罪，那么，面向不特定或者多数人实施的集资诈骗行为，流窜犯盗窃多人财物的行为，都成立危害公共安全罪。这也令人难以接受。事实上，《刑法》第115条规定的"使公私财产遭受重大损失"，是以危害不特定或者多数人的生命、身体安全为前提的。② 我们赞同张明楷教授的观点和理由。精神病学通常采用的六级危险性评估标准中，③ 打砸对象如果仅仅是针对

---

① 参见张军、江必新主编：《新刑事诉讼法及司法解释适用解答》，人民法院出版社2013年版，第455页。

② 参见张明楷：《刑法学》，法律出版社2011年版，第602页。

③ 根据六级危险性评估办法，5级为持管制性危险武器针对人的任何暴力行为，或者放火、爆炸等行为，无论在家里还是公共场合。4级为持续的打砸行为，不分场合，针对财物或人，不能接受劝说而停止。3级为明显打砸行为，不分场合，针对财物，不能接受劝说而停止。2级为打砸行为，局限在家里，针对财物，能被劝说而停止。1级为口头威胁、喊叫，但没有打砸行为。0级为无符合1~5级中的任何行为。参见《重性精神疾病管理治疗工作规范（2012年版）》。

财物的，行为人的危险性等级只为 2 或 3 级，而针对财物或者人的危险性等级则为 4 或 5 级。从行为人的危险性等级角度来讲，针对财物进行侵害的危险程度要低于针对人身进行侵害的危险程度。如果行为人的暴力行为仅仅造成公私财产重大损失而构成刑法意义上的犯罪，其社会危害的程度，要远远低于暴力行为致人轻伤而构成犯罪的危害程度。因此，对于危害结果只是单纯造成公私财产重大损失的，并不符合强制医疗的条件。

【案例 5】北京市东城区办理的汪某强制医疗案。2013 年 5 月 4 日，涉案精神病人汪某在北京市故宫博物院翊坤宫内，无故用拳头将翊坤宫西南侧一块玻璃砸碎，造成玻璃后陈列的二级文物"清代铜镀金转花水法人打钟"落地受损，被当场抓获。经鉴定，汪某无刑事责任能力，东城分局据此提出强制医疗申请。东城区检察院审查认为，汪某实施故意毁坏文物行为的事实清楚，且其系经法定程序鉴定依法不负刑事责任的精神病人，但其行为及所造成的后果不足以"危害公共安全或者严重危害公民人身安全"，不符合《刑事诉讼法》第 284 条规定的条件，故依法决定不提出强制医疗申请。①

但是，就暴力行为是否属于严重危害公民人身安全而言，只有存在造成"严重危害公民人身安全"的一定实害结果的情形，即只有对公民的人身造成一定实害结果的暴力行为，才能予以强制医疗。在危害公民人身安全类型的犯罪中，行为的危险性理论没有存在的空间，只能就行为人的实害结果进行定罪量刑。当行为人为不负刑事责任的精神病人时，只能就其行为的实害结果进行刑事不法的评判。例如，具有攻击性的精神病人乱刺路人，在一般情况下，从行为违法性的层面上，不宜认定为以其他方法危害公共安全；造成他人死亡、伤害的，认定为故意杀人罪、故意伤害罪；如果仅仅致人轻微伤，则依法不构成犯罪，不符合强制医疗的适用条件。不宜因为如果不阻止精神病人将会造成他人的

---

① 资料来自北京市检察系统内网。

伤害甚至死亡，而认定系严重危害公民人身安全。

"危害公民人身安全"必须达到"严重"的程度，这主要是出于严格保护公共安全法益的考虑。有学者认为，《刑事诉讼法》规定"严重危害公民人身安全"的要件旨在强调精神病人暴力行为的严重性及其从中表现出来的人身危险性，如果其危害行为仅仅是轻伤的后果，《刑法》第 18 条规定的"由家属看管和医疗"足以防范其人身危险性，没有必要动用稀缺的国家强制医疗资源加以约束。① 有学者提出相反观点，认为《刑事诉讼法》第 284 条用了"暴力行为"的表述，但是根据立法精神以及该条后半部分"经法定程序鉴定依法不负刑事责任"表述，这里的"暴力行为"应当达到构成犯罪的程度。② 对于这个问题，现行司法解释已经明确，实施暴力行为，危害公共安全或者严重危害公民人身安全，犯罪危害性必须已经达到犯罪程度，显然造成轻伤的结果，可以认为符合强制医疗的客观要件。我们不能因为行为人刑事不法后果仅为轻伤，难以与"严重"相匹配，否定将轻伤作为强制医疗的条件。由于行为人精神状况的特殊性，一般情况下，难以以正常人的主观"意欲"判断其责任，因此，不能以实际造成的危害结果衡量结果"严重"程度，而应该结合具体案情，从行为性质、法定刑幅度和社会影响等方面综合加以判断。

那么，暴力行为造成轻微伤是否属于严重危害公民人身安全呢？能否从"暴力行为"应当达到犯罪的程度，推导出如果仅致人轻微伤则依法不构成犯罪，不符合强制医疗的条件的结论？笔者认为如此推演是值得商榷的。符合犯罪构成要素的行为，可以分为手段行为和目的行为。在强制医疗视阈里，根据暴力行为

---

① 参见程雷：《强制医疗程序解释学研究》，载《浙江工商大学学报》2013 年第 5 期。

② 参见陈国庆主编：《新刑事诉讼法与诉讼监督》，中国检察出版社 2012 年版，第 250 ~ 251 页。

在手段行为和目的行为中的作用，具体包括以下几种情形。

第一种情形，作为手段行为的暴力和作为目的行为的暴力具有同一性的情形。在这种情形下，手段行为与目的行为融为一体，如采用枪杀、刀刺、斧劈、棒打、拳击等攻击性暴力直接作用于被害人的肌体，剥夺其生命或者伤害其身体，此时行为人的暴力手段与其杀人、伤害的目的具有同一性。正因为手段行为的暴力和作为目的行为的暴力具有同一性，只造成被害人轻微伤的后果也就反映了行为人暴力行为还尚未达到严重危害公民人身安全的程度。

第二种情形，手段行为具有暴力性，但是目的行为却不具有暴力性的情形。以抢劫罪为例，暴力是手段行为；强取公私财物是目的行为。强取财物，是指违反被害人的意志将财物转移给自己或者第三者占有。① 对行为人占有财物以"强取"进行修饰，是指行为人占有财物是违反被害人意志的占有，而并非指行为人对财物占有之时占有行为本身具有暴力性。最高人民法院《关于审理抢劫、抢夺刑事案件适用法律问题若干问题的意见》指出，抢劫罪侵犯的是复杂客体，既侵犯财产权利又侵犯人身权利，具备劫取财物或者造成他人轻伤以上后果两者之一的，均属抢劫既遂。行为人的暴力行为未造成他人轻伤以上后果，目的行为未取得财物，只属抢劫未遂。行为人的暴力手段是为其非法占有财物的目的行为服务的，行为人具备劫取财物的暴力行为，但不具备造成他人轻伤以上后果的，虽然被害人的财产权利和人身权利均已遭受侵犯，但是被害人人身权利遭受的侵犯并未达到严重的程度。

【案例6】湖南省芙蓉区办理的黄某强制医疗案。2013年1月3日晚上7时许，黄某来到某银行，见女性周某独自一人到自助营业厅取款便尾随至取款机旁。待周某输完密码准备取款时，黄某迅速上前用左手箍住周某的脖子，右手接住从取款机吐出来

---

① 参见张明楷：《刑法学》，法律出版社2011年版，第850~851页。

的 2000 元钱后转身逃离现场。同月 6 日晚上 9 时许，黄某采取相同手段抢劫女性汤某，汤某一边拿钱款一边用力推开黄某，并大声喊叫，黄某见状慌忙逃离现场。同月 11 日晚上 8 时，黄某再次来到同一地点伺机抢劫，在银行门外转悠 20 多分钟后被巡警擒获。随后，检察院以其有精神病为由申请强制医疗。据该案主审法官、刑事审判庭副庭长介绍，本案中，被申请人黄某在不能辨认和控制自己行为的时候实施抢劫行为，造成危害结果，经法定程序鉴定确认为无刑事责任能力人，属于依法不负刑事责任的精神病人。同时，从黄某连续实施抢劫行为看，不能排除继续危害社会的可能，但黄某实施抢劫时使用箍脖子、捂嘴等暴力方法，其暴力程度较轻，未对被害人的人身造成伤害后果，尚未达到《刑事诉讼法》第 284 条所规定的"严重危害公民人身安全"程度，不符合给予强制医疗的条件。因此，决定驳回强制医疗申请，并责令监护人严加看管和医疗。①

第三种情形，作为手段行为的暴力和作为目的行为的暴力不具有同一性的情形。以强奸罪为例，暴力是手段行为，强行与妇女性交是目的行为。与抢劫罪目的行为不具有暴力性不同的是，强奸罪的目的行为具有暴力性。虽然，行为人的暴力手段也是为其强行与妇女性交的目的行为服务的，但是，行为人违反妇女意志，将双方生殖器结合（插入）的，该插入行为本身既是结果行为也是暴力行为。公民的人身权利，是指法律所规定的与公民的人身不可分离的权利，只有权利人本人才享有，包括生命权、健康权、性的决定权、人身自由权、名誉权、隐私权等。② 公民的各项人身权利没有高低贵贱之分，虽然生命是行使其他一切权利的基础和前提，但是没有健康、自由的生命，只是苟延残喘和行尸走肉。人的性的决定权如果无法得到保障，健康、生命也将

① 资料来自：http://www.legaldaily.com.cn/index/content/2013－04/26/content_4416051.htm? node=20908，最后访问日期：2014 年 7 月 8 日。
② 参见张明楷：《刑法学》，法律出版社 2011 年版，第 756 页。

受到损害。所以，行为人采取暴力手段强行与妇女性交，暴力手段已经造成或者没有造成被害人轻微伤后果的，无论强奸既遂还是未遂，均已严重侵犯了妇女的性的决定权，应当认定严重危害公民人身安全，而不能因为行为人的暴力手段尚未达到轻伤后果和行为人强奸未遂，从而否认行为人严重危害公民人身安全。

第四种情形，手段行为不具有暴力性，但是目的行为却具有暴力性的情形。仍以强奸罪为例，既然前文已述，行为人采取暴力手段强行与妇女性交，暴力手段已经造成或者没有造成被害人轻微伤后果的，无论强奸既遂还是未遂，均已严重侵犯了妇女的性的决定权，应认定严重危害公民人身安全。行为人采用使被害妇女产生恐惧的胁迫手段，或者采用暴力、胁迫以外的使被害妇女不知反抗、不敢反抗或者不能反抗的其他手段，强行与妇女性交，同样均已严重侵犯了妇女的性的决定权，应认定严重危害公民人身安全。

以绑架罪为例，绑架罪属于侵犯公民自由的犯罪，手段行为包括暴力，也包括胁迫，还包括暴力、胁迫以外的如麻醉等劫持、控制他人的行为，目的行为是控制被绑架人的行动自由。既然绑架罪是侵犯自由的犯罪，自然难以同侵犯生命健康权犯罪以造成轻伤以上的后果认定严重危害的标准一样，对绑架罪予以量化认定。绑架罪以人身自由为保护法益，但由于精神病人也能够以他人甚至婴儿之类的没有行动自由的人作为行为对象，虽然没有侵犯婴儿的行动自由，但使婴儿脱离了本来的生活状态下的身体安全与行动自由。[①] 对成年的被绑架人实施捆绑、拘禁等控制其自由的目的行为，是控制性的暴力行为，就像实施强奸、抢劫时将被害人压倒、抱住等手段属于控制性暴力行为一样。对婴儿等需要监护的人实施绑架，使其脱离监护人的保护，也是控制性的暴力行为。

---

① 参见张明楷：《刑法学》，法律出版社 2011 年版，第 793 页。

综上所述，"经法定程序鉴定依法不负刑事责任"并不是"暴力行为"的后缀，而是"实施暴力行为，危害公共安全或者严重危害公民人身安全"的后缀。当手段行为就是目的行为，如杀人、伤害，"暴力行为"达到构成犯罪的轻伤以上程度的，应认定严重危害公民人身安全；当手段行为是暴力行为，目的行为不是暴力行为，如抢劫，手段行为达到构成犯罪的轻伤以上程度的，才应认定严重危害公民人身安全；当手段行为与目的行为不具有同一性，目的行为具有暴力性的，如强奸、绑架，应认定严重危害公民人身安全。

第二节 强制医疗适用的主体要件

精神病人对其在精神病发作期间实施的危害行为不负刑事责任的根据是什么？王晨博士研究认为：精神病和其他病症一样，是一种疾病；一个人患有精神病，并不是他自己愿意那样，而是遗传和其生活环境影响的结果，是在环境的压力下形成精神病的基础，而后变成了精神病人。由于精神病患者对于自己发病不存在过错，他们对发病期间所实施的危害行为也就不应承担任何刑事责任。此其一。其二，从心理角度看，一般认为，人类心理的状态可分为知、情、意三种情况。所谓知，指理解或判断事理的作用，即辨别是非的能力；所谓情，指喜怒哀乐的作用，即愉快与否的感情；所谓意，指决定或抑制的作用，即控制能力。精神病人既无是非的理解，也无真实的感情，又无控制的能力，为一"知、情、意"俱缺之人，其行为与自然力无异。对于这种精神病上的疾病，其治疗应求之于药石，殊非刑罚所能收效。其三，从犯罪构成的角度看，精神病人的精神受到障碍，在其不能辨认或不能控制自己行为的情况下所实施的危害行为，是一种既无故意又无过失的无意识行为，不具备犯罪构成的主观要件，因而不能认为是犯罪。其四，从刑罚目的角度看，对实施这种行为的人进行惩罚，既不能教育精神病患者本人，也不能警戒潜在实施危害行为的其他精神病人，达不到预防和消灭犯罪的目的。[①]

精神病司法鉴定是决定是否适用刑事强制医疗的必经程序和前提条件。只有经过法定程序鉴定认定为不负刑事责任能力的精神病人才有可能适用强制医疗，未经精神病司法鉴定或者虽经鉴定但属于需负刑事责任的，不能适用强制医疗。作为强制医疗程序的"入口"，精神病司法鉴定对于正确适用强制医疗具有关键意义。准确公正的司法精神病鉴定可以有效帮助区分犯罪人是否为不负刑事责任能力的精神病人，避免将某些没有精神病的犯罪人当成精神病人处理或者将某些患有精神病的人当成正常犯罪人处理的情形，以保证正确适用强制医疗程序。[②]

"经法定程序鉴定"，是指根据《刑事诉讼法》和关于司法鉴定管理问题的决定规定，对精神病人的鉴定应当由符合条件的鉴定机构和鉴定人按照法律规定的程序进行鉴定。鉴定人进行鉴定后，应当写出鉴定意见，并且签名。"依法不负刑事责任的精神病人"，根据《刑法》第18条的规定，是指在不能辨认或者不能控制自己行为的时候造成危害结果，属于经法定程序鉴定确认不负刑事责任的精神病人。[③]

有关机关委托精神病司法鉴定机构所做的精神病鉴定必须符合法定程序。所谓的法定程序是指《刑事诉讼法》、全国人大常务委员会《关于司法鉴定管理问题的决定》、司法部《司法鉴定程序通则》、"两高三部"《精神疾病司法鉴定暂行规定》中规定的精神病鉴定程序。对精神病的鉴定应当委托列入省级人民政府

[①] 参见王晨：《刑事责任的一般理论》，武汉大学出版社1998年版，第311~312页。

[②] 参见陈光中、王迎龙：《创建刑事强制医疗程序促进社会安定有序》，载《检察日报》2012年4月11日。

[③] 参见郎胜主编：《中华人民共和国刑事诉讼法释义（最新修正版）》，法律出版社2012年版，第628页；孙谦主编：《新刑事诉讼法条文精解与案例适用》，中国检察出版社2012年版，第410页。

司法行政部门编制的名册中的鉴定机构及二名或二名以上无利害关系的鉴定人共同进行。依法不负刑事责任的精神病人包括因完全丧失辨认或者控制能力而实施危害行为的精神病人，因完全丧失辨认或者控制能力而实施危害行为的间歇性的精神病人，不包括限制刑事责任能力的情况，以及间歇性的精神病人在精神正常时实施危害行为的情况。换言之，行为人必须是实施危害行为时完全不能辨认或控制自己行为的精神病人，缺乏承担刑事责任的责任能力，同时符合其他条件的情况下，才能予以强制医疗。如果行为人尚未完全不能辨认或控制自己的行为，或者行为人在行为前患有精神病而行为时精神正常，或者行为人在行为时精神正常而行为后患有精神病的，均不属于依法不负刑事责任的精神病人，其应该接受审判并承担相应的刑事责任。

行为人精神障碍与不能辨认或控制自己的行为之间必须存在因果关系，由于其他原因造成行为人行为时不能辨认或控制自己行为的，也可能不负刑事责任，但其不属于依法不负刑事责任的精神病人。有学者认为，从立法精神上看，强制医疗主要针对那些实施了暴力犯罪行为却不具有刑事责任能力，对社会有危险性又不具有服刑能力的精神病人而实施。《刑事诉讼法》的表述是，"经法定程序鉴定依法不负刑事责任"，并未明确限制是犯罪时还是犯罪后，因此，强制医疗的适用对象不应局限于《刑法》第18条规定的"不能辨认或者不能控制自己行为"的无刑事责任能力的精神病人，[1] 从而主张将强制医疗的对象范围作更为宽泛的界定，即："除了危害行为时无刑事责任能力的精神病外，还包括辨认和控制能力减弱的限制刑事责任能力人，以及在实施犯罪后患精神病、无受审能力和执行刑罚能力的精神病人"，[2]

① 参见王宗光、杨坤：《精神病人强制医疗程序研究》，载《上海政法学院学报》2011年第6期。

② 韩旭：《论精神病人强制医疗诉讼程序的构建》，载《中国刑事法杂志》2007年第6期。

但这类观点并未被立法采纳。我们认为，刑事责任是指行为人因其犯罪行为所应承受的，代表国家的司法机关根据刑事法律对该行为所作的否定评价和对行为人进行的谴责的责任。[①] 简言之，刑事责任，就是行为人因其犯罪行为所应承受的刑法上的否定评价和刑事上的谴责责任。既然刑事责任是犯罪行为的责任，那么，自然不能包括犯罪之后。既然限制责任能力的人应该承担刑事责任，那么，自然不属于不负刑事责任能力的人。行为人在精神正常情况下实施了犯罪行为，其后患上精神病的，行为人实施犯罪行为时尚未完全丧失辨认能力或控制能力的，就不属于强制医疗的适用对象。

实践中，有的鉴定机构会在鉴定意见中提出是否需要对被鉴定人予以长期监护治疗或终身监护治疗的意见。

【案例7】湖南省武冈市办理的阳某某强制医疗案。被申请人阳某某曾在河南一武术学校就读4年，获中专文凭，毕业后前往广东务工，在当地当保安，约两年后精神失常，遂回家。回家后，阳某某经常讲自己头痛，其家人曾先后送其到长沙、邵阳、武冈等地脑科医院治疗。多年来，阳某某总认为自己受其堂婶顾某某的欺负，遂产生报复之念。2013年3月7日12时许，阳某某直奔顾某某家，向正在给人剪发的顾某某连捅数刀，致其当场死亡。2013年3月12日，武冈市公安局委托湖南省芙蓉司法鉴定中心对阳某某进行有无精神疾病及作案时有无刑事责任能力鉴定。该中心的鉴定意见是：被鉴定人阳某某目前诊断为精神分裂症（现症期），作案时无刑事责任能力。鉴于其对社会存在危害，建议长期监护治疗。[②]

【案例8】甘肃省古浪县办理的王某某强制医疗案。2012年10月30日晚，涉案精神病人王某某和其丈夫范某某因琐事发生争执，王某某趁其丈夫熟睡之机，持菜刀将其丈夫范某某砍死。

---

① 参见张明楷：《刑法学》，法律出版社2011年版，第446页。
② 参见〔2013〕武法刑初字第88号。

经鉴定，范某某系生前被他人用锐器多次砍切头部、颈部及两手，致严重开放性颅脑损伤死亡。案件侦查期间，经兰州市第三人民医院精神病鉴定所鉴定，王某某案发时无精神疾病，案发时应为完全刑事责任能力。案件补充侦查后，经兰州大学第二医院司法精神病鉴定所重新鉴定，王某某患有癔症性精神病，案发时意识不清，应无责任能力，建议终身监护治疗。古浪县院综合全案审查认为，从刑事责任能力看，王某某在案发时处于发病期，缺乏实质性的辨认能力和控制能力，为无刑事责任能力的精神病人，依法不负刑事责任；从社会危害性上看，王某某系具有暴力倾向的精神病人，有继续危害公民人身安全的可能，王某某实施故意剥夺他人生命的行为，虽依法不负刑事责任，但应当对其强制医疗。遂依据《刑事诉讼法》第285条第2款之规定，向法院提出对王某某予以强制医疗的申请。①

有的鉴定机构会在鉴定意见中提出被鉴定人是否存在继续危害社会的可能。

【案例9】湖北省武汉市江岸区办理的龚某某强制医疗案。涉案精神病人龚某某，男，34岁，重庆市人，无职业，怀疑舅舅王某某曾加害于他，欲报复杀害被害人王某某。2012年10月31日，龚某某在某工地楼梯处，趁王某某不备，持木棒、钉锤击打王某某头部，将其打伤。王某某经医院抢救无效于次日死亡。经法医鉴定，王某某系因被钝器打击头面部致严重颅脑损伤而死亡。后经法定程序鉴定，涉案精神病人龚某某依法不负刑事责任，但有继续危害社会的可能。江岸区检察院对强制医疗意见认真审查后认为：涉案精神病人龚某某身份状况清楚，有实施严重危害公民人身安全的暴力行为的事实，对其进行鉴定的程序合法，龚某某依法不负刑事责任，其具有继续危害社会的可能，且证据确实充分等。经审查，涉案精神病人符合强制医疗程序的条

件，即向区法院提出申请，对涉案精神病人龚某某进行强制医疗。①

【案例 10】陕西省洛南县办理的王某某强制医疗案。2013年 3 月 8 日 11 时许，被申请人王某某因其堂兄王某让其让路，便追打王某，其父见状上前阻挡并与其母及王某用绳子将其捆绑，后王某某挣脱绳子，从院内拿起一把铡草刀，在其母颈部连砍三刀，致其母当场死亡，其父、王某上前将王某某制伏，遂向公安机关报案。经陕西省司法精神鉴定中心鉴定，被申请人王某某患有癫痫，癫痫所致精神障碍，其 2013 年 3 月 8 日作案时无刑事责任能力。同时提出医疗建议：目前被鉴定人所患癫痫所致精神障碍，没有明显缓解，再次伤害别人的可能性不能排除，请委托机关及其他有关部门，给予被鉴定人相应的抗癫痫和抗精神病治疗，而且要给予长期的严密监护，避免被鉴定人再次伤害他人。②

如何对精神病鉴定意见进行审查。北京市海淀区检察院总结的经验做法是：承办人在办理案件时，对鉴定意见进行形式审查和实质审查。形式审查主要是从鉴定人的资质、鉴定文书的合法有效性等方面进行审查，实质审查主要是通过查阅涉案精神病人以往的病历记录、会见涉案精神病人、与涉案精神病人进行交谈以及听取强制医疗管理处主治医师的意见进行审查，实践中可以重点听取主治医师的意见，其对于病人的病情以及案情都有一定的了解和判断，有助于案件审查办理。③ 听取法定代理人及主治医生意见，还可以从中了解涉案精神病人病因、治疗情况及病情发展趋势等，检察人员在会见涉案精神病人时，可以邀请检察系统内部精神科法医共同参与会见，核实病人表现是否与鉴定意见基本一致，确保鉴定过程的合法性及鉴定意见的客观性。

---

① 资料来自湖北省检察系统内网。
② 参见〔2013〕洛南刑初字 00069 号。
③ 资料来自北京市检察系统内网。

详言之：

首先，要依照相关法律、法规，对精神病司法鉴定意见书进行程序性审查。实践中要根据《刑事诉讼法解释》第 84 条、《精神疾病司法鉴定暂行规定》及《司法鉴定程序通则》进行程序性审查，具体要重点审查如下方面：（1）鉴定机构和鉴定人是否具有法定资质，是否向省级人民政府司法行政部门申请登记，经审核获得通过且已向社会公告，其中鉴定人是否系具有 5 年以上精神科临床经验并具有司法精神病学知识的主治医师以上人员，或者系具有司法精神病学知识、经验和工作能力的主检法医师以上人员；（2）鉴定人是否存在应当回避的情形；（3）鉴定材料的取得方式是否合法，且内容是否真实、完整、充分，具体是否包括被鉴定人及其家庭情况、案件的有关情况、工作单位提供的有关材料、知情人对被鉴定人精神状态的有关证言、医疗记录和其他有关检查结果；（4）鉴定意见的形式要件是否完备，鉴定意见书是否注明提起鉴定的事由、鉴定委托人、鉴定机构、鉴定要求、鉴定过程、鉴定方法、鉴定日期等相关内容，是否由鉴定机构加盖司法鉴定专用章并由鉴定人签名、盖章，其中在鉴定过程部分，鉴定意见书是否记载如下内容：案情摘要、被鉴定人的一般情况、被鉴定人案发时和案发前后各阶段的精神状态、被鉴定人精神状态检查和其他检查所见、分析说明等内容；（5）鉴定程序是否符合法律及《精神疾病司法鉴定暂行规定》、《司法鉴定程序通则》的要求；（6）鉴定的过程和方法是否符合精神病鉴定的规范要求；（7）鉴定意见是否明确；（8）鉴定意见是否依法及时告知相关人员，当事人对鉴定意见有无异议等。

其次，要根据被申请人的精神病史及既往诊断治疗情况，对精神病司法鉴定意见书进行实质性审查。精神疾病不具有突发性，系长期演变发展的结果，被申请人在实施暴力行为之前，一般会存在长期的精神疾病发作及诊疗历史。（1）审判人员要对卷宗中知情人的证言、被申请人在公安机关的陈述及被申请人既往诊断治疗病历材料、诊断证明书等书证进行比较分析鉴别，判

断被申请人案发前是否确实存在精神病史。必要时审判人员需要
实际走访被申请人的左右邻居、同学或者单位同事，实际了解被
申请人日常的精神健康状况，以防止出现被申请人伪造精神病史、
假借精神疾病以达到逃避刑事处罚的情况。（2）审判人员要结合
被申请人既往精神疾病发作及诊疗历史、在案发现场的具体行为
及言语表现、在归案后接受讯问时的对答是否切题等情况，对精
神病司法鉴定意见书进行实质审查，重点审查鉴定材料记载是否
真实、完整、充分，论证分析过程是否客观合理，鉴定标准是否
合法合规，鉴定意见的得出是否合乎逻辑，表述是否准确。[①]

　　当前的司法鉴定市场鱼龙混杂，没有统一的准入门槛，未按
照医学鉴定类别分类，而是"一锅端"，同时符合条件的鉴定人
员鉴定时未分门别类。[②] 司法精神病学鉴定涉及被鉴定人作案时
的精神状态及刑事责任能力的鉴定，鉴定标准和方法有别于一般
精神病学鉴定，鉴定人员的组成和鉴定程序，特别是决定程序上
也应相应严格于一般精神病学鉴定，从而在精神病学鉴定的主观
性特征的同时体现司法的客观真实性要求。[③] 为此有学者建议，
可以借鉴域外的有关经验，从制度完善的角度考虑，法院在作出
强制医疗的决定之前，由两个以上的鉴定机构分别作出鉴定并得
出两份以上意见一致的鉴定意见。因为强制医疗对当事人的基本
权利有重大影响，所以在实践操作上应抱着极为审慎和严格的态
度。[④] 这样做的另外一个原因是考虑到精神病司法鉴定的方法主
要采用访谈、观察等主观性较强的方法加以判断，为了增加这种
主观鉴定方法的准确性，规定以两次鉴定为前提是较为妥适的。
当然，是否实行"两次鉴定一致"制度，需要最高司法机关权

---

① 参见周维平：《对强制医疗条件的审查》，载《人民司法》2013 年第 16 期。

② 参见毛燕：《浅议强制医疗程序中的司法鉴定》，载《江苏法制报》2014 年 4 月 22 日。

③ 资料来自吉林省检察系统内网。

④ 参见张守良、鞠佳佳：《刑事诉讼中强制医疗程序的法律监督》，载《人民检察》2012 年第 14 期。

衡效率与公正作出抉择。

第三节　强制医疗适用的危险性要件

对于实施了暴力行为，危害公共安全或者严重危害公民人身安全，经过法定程序鉴定确认属于不能辨认或者不能控制自己行为的精神病人，必须有继续危害社会可能的，才能对其进行强制医疗。① 许多国家从人权保障的角度考虑，采取尽量减少强制医疗措施适用的策略。如英国 1998 年制定了《人权法》，并在该法中确立了"在对精神病人实施强制治疗前，首先应尽可能考虑非强制性治疗原则"，以及"在实施强制性治疗过程中，在顾及病人的最佳利益和公众安全的同时，应尽可能少地限制病人自由原则"②。美国《模范刑法典》规定，"只要被裁定'因精神病而免罪'的人不仅有精神上的问题，而且对自己和他人都会造成危害，他就有可能被关押。但是，应当注意，如果他的精神状态恢复正常（即使他对自己或他人还是有一定的危险性），他就有权获得释放"③。俄罗斯刑法规定，只有在其因精神病可能造成其他重大损害，或对本人或他人构成危险时，法院才可以对其适用治疗性强制方法；如果其精神状态不构成危险，则法院可以将必要的材料移送卫生机关，以便决定依照俄罗斯联邦卫生立法规定的程序进行治疗和将他们送往社会保障性精神病防治机构。④

---

① 参见郎胜主编：《中华人民共和国刑事诉讼法释义（最新修正版）》，法律出版社 2012 年版，第 628 页；孙谦主编：《新刑事诉讼法条文精解与案例适用》，中国检察出版社 2012 年版，第 410 ~ 411 页。

② 戴庆康：《英国精神卫生法修订评价》，载《医学与哲学》2003 年第 3 期。

③ ［美］约书亚·德雷勒斯：《美国刑法精解》，王秀梅译，北京大学出版社 2009 年版，第 324 ~ 326 页。

④ 参见李娜玲：《刑事强制医疗程序研究》，中国检察出版社 2011 年版，第 43 页。

　　继续危害社会的可能性，也就是所谓的"人身危险性"。《刑事诉讼法》第288条即采用了人身危险性的表述。对此，刑法理论界很多学者将之界定为犯罪人的再犯可能性。精神疾病患者的人身危险性是指已经实施了危害行为的精神疾病患者再次实施危害行为的可能性。[1] 强制医疗的目的之一在于对尚未发生的危害社会行为的预防，但是如果将只具有初犯可能性的精神病人也作为强制医疗的适用对象，就有违刑事立法的谦抑性，以"莫须有"的危险对精神病人强制医疗，也难免有侵犯其人身自由等基本权利之嫌。[2] 因此，"继续危害的可能性"是决定是否适用刑事强制医疗的核心要件，对人民检察院是否申请强制医疗、人民法院是否决定强制医疗产生直接的影响。如果对有关标准掌握过严，则可能因被申请人不被强制医疗，导致造成更多人身伤害或更大社会危害；如果对有关标准掌握过宽，又可能导致不符合强制医疗条件的人被强行收治，耗费有限的司法资源和社会资源。

一、可能继续危害的程度

　　有学者认为，"'有继续危害社会可能'应当是指该'危害行为'的危害程度具有达到犯罪的可能性。例如，根据证据显示，精神病患者将来可能实施的行为的危害程度十分轻微，对此就没有必要进行强制医疗"[3]。我们认为这一观点有失偏颇，将会导致强制医疗的适用范围过于狭窄，甚至可能导致强制医疗程序的搁置。虽然，从理想状态上来讲，也许存在"精神病患者将来可能实施的行为的危害程度十分轻微"的证据，涉案精神

---

　　[1]　参见卢建平：《中国精神疾病患者强制医疗研究》，载王牧主编：《犯罪学论丛》（第6卷），中国检察出版社2008年版。

　　[2]　参见汪冬泉：《强制医疗程序执行阶段的立法缺失与完善》，载《江西警察学院学报》2013年第7期。

　　[3]　朱晋峰、宫雪：《强制医疗程序的诉讼化建构——基于强制医疗程序行政化色彩的分析》，载《证据科学》2013年第2期。

病人继续危害社会的可能性同属精神病医学范畴，那么从证据来源而言也应当由精神病司法鉴定机构作出是否"有继续危害社会可能"的"权威性"的预测和判断。但是，现实情况是，"有继续危害社会的可能"的预测和判断本身是世界性的司法难题，目前精神病鉴定对象与内容上并无此种鉴定事项，加之现有精神病医学的发展水平很难对精神病人未来的人身危险性给出相对明确的判断结论。至少在目前的阶段，精神病鉴定专家要么不愿进行此类鉴定，要么无法给出公允、科学的鉴定意见。① 那么，这就表明，在对于精神病人未来的人身危险性已经很难作出相对明确的判断结果的情况下，要求对未来的人身危险性在程度上作出判断则更是强人所难了。更何况，"继续危害社会的可能"完全是一个动态的指标，会因环境状况、治疗状况等因素变化而变化。因此，不能要求达到可能再犯罪的程度才可以认定其有人身危险性。②

司法实践中，还有一种观点认为，有继续危害社会的可能，换句话说，该精神病人如果不被强制医疗，还会实施同样或者相同性质的危害公共安全或者严重危害公民人身安全的行为。该观点实际上不仅要求可能继续危害的程度达到犯罪的程度，还要求可能继续犯罪的性质与已经实施的犯罪相同。该观点是对前述观点的进一步限缩，与"再犯可能性"理论并不相符。比如，精神病人的已然之罪是杀人，其未然之罪是放火；已然之罪是放火，其未然之罪是杀人；已然之罪是放火，其未然之罪是抢劫未遂；已然之罪是杀人，其未然之罪是只造成轻微伤的伤害等，都应认为其具有继续危害社会的可能。

---

① 参见程雷：《强制医疗程序解释学研究》，载《浙江工商大学学报》2013年第5期。

② 参见陈国庆主编：《新刑事诉讼法与诉讼监督》，中国检察出版社2012年版，第251页。

二、可能继续危害的评估

精神病司法鉴定意见只是评定涉案精神病人实施暴力行为时的辨认能力、控制能力，而决定是否予以强制医疗的是涉案精神病人当前及今后对社会的潜在危险。"继续危害社会可能"要求公检法三机关在判断精神障碍患者的社会危险性时要面向未来而不是关注过去。[①] 如果行为人虽然实施了暴力行为，但是不再具有继续危害社会的可能，如已经严重残疾等原因导致行为人丧失继续危害社会的能力，经过初步治疗，行为人的精神疾病病情已经得到有效控制，行为人的精神病已过发作期不会再实施暴力行为的，则可以交由行为人的监护人、法定代理人看管和治疗约束其行为，没有必要对其采取强制医疗措施。

强制医疗的基础无非是社会危险性。社会危险性的预测要素主要取决于前罪的犯罪类型、数量和时间顺序，取决于行为人的个性及其发展，以及行为人将来在社会上的生活情况。因此，预测不仅是必要的，而且一定的范围内也是可能的。[②] 不少国内学者建议借鉴国外尤其是德国的危险预测的直觉法、临床法和统计法三种方法，多种方法并用，对人身危险性进行较为科学的评估。但是该危险性是预测对象人将来的犯行的基础，所以并不一定能客观地进行判断。[③] 主要依赖于生活经验和人类认知的直觉预测法，在日常实践中是不可缺少的，但也是不很准确的。统计预测法虽然提供了准确的统计数据，但此等数据并不能简单适用于具体的案件。从所有科学的角度观察行为人的整体个性的临床

---

① 参见陈卫东、柴煜峰：《精神障碍患者强制医疗的性质界定及程序解构》，载《安徽大学学报（哲学社会科学版）》2013年第1期。

② 参见［德］汉斯·海因里希·耶赛克、托马斯·魏根特：《德国刑法教科书》，徐久生译，中国法制出版社2001年版，第110页。

③ 参见［日］大谷实：《刑事政策学》，黎宏译，法律出版社2000年版，第151页。

预测法，将会产生最为准确的结论，但费时费钱。① 鉴于目前没有具体的司法解释和相关规定，为此需要在办理强制医疗的案件过程中，全面收集涉案精神病人是否有继续危害社会可能的材料：（1）亲自会见涉案精神病人，在交谈提问中观察其言语表现、表情动作等具体情况，了解判断其目前的精神健康状况及人身危险性；（2）实际走访涉案精神病人所在辖区居委会、村委会，以及涉案精神病人的邻居、亲戚、同学、同事、朋友等，了解其日常的精神健康状况；（3）通过阅卷了解涉案精神病人的精神病史、精神疾病发病频率、发病时及案发时行为的暴力程度等，通过既往行为表现评估其当前及今后可能的行为表现；（4）调阅涉案精神病人被采取临时保护性约束措施以后的诊断病历，并会见其当前的主治医生，听取其对涉案精神病人的治疗状况及健康状况的分析意见。最后，综合各方面情况，总体判断被申请人是否仍存在继续危害社会的可能。其中，主治医生的意见对继续危害可能性的评判所起作用较大。

【案例 11】江苏省常州市武进区办理的潘某强制医疗案。2013 年 1 月 2 日凌晨，在常州打工的 55 岁贵州男子潘某，因精神障碍，幻想妻子与他人有奸情并意图谋害自己，于是持砖块、铁棍在暂住地将妻子杀害。经鉴定，潘某患有精神分裂症，无刑事责任能力。2 月初，公安机关先后将这两起案件（潘某强制医疗案、郑某强制医疗案——见案例 2）移送武进区检察院，检察人员立即启动强制医疗办案程序。2013 年春节后上班第一天，承办人按照"三问四听"的要求，向被采取临时性保护措施的两名涉案精神病人、公安办案人员、涉案精神病人邻里亲友三方，全面询问二人的精神现状、病史等情况，并主动听取医疗专家、被害方、涉案精神病人家属和诉讼代理人四方的意见和建议。在确认案件事实清楚、证据确实充分的基础上，承办人分别

---

① 参见［德］汉斯·海因里希·耶赛克、托马斯·魏根特：《德国刑法教科书》，徐久生译，中国法制出版社 2001 年版，第 110 页。

对涉案精神病人是否具有继续危害社会的可能性进行重点审查。经调查了解到，潘某 2012 年曾发病入院治疗，后因医疗费用等原因提前出院，出院后未能按要求服药导致病情加重。医疗专家认为，如不进行及时治疗，其极有可能再次实施暴力行为。郑某因身体原因导致精神障碍突发自杀念头，放火焚烧房屋，医疗专家认为，此类病情一般具有偶发性、持续时间较短，且其被采取临时性保护措施后，不必使用精神类药物治疗，精神状况较正常。综合审查和调查结果，由于潘某有继续危害社会可能，2 月 23 日，该院决定对其作出向法院提起强制医疗申请的决定；郑某经医治后由家人看护，鉴于其继续危害社会可能性较小，2 月 26 日，该院依法对其作出不提出强制医疗申请的决定，并向公安机关书面说明理由。对于该院的决定，潘某和郑某的家属均表示认可和支持。①

对于案例 2 的郑某，医疗专家认为，此类病情一般具有偶发性、持续时间较短，且其被采取临时性保护措施后，不必使用精神类药物治疗，精神状况较正常。而对于案例 11 的潘某，医疗专家认为，如不进行及时治疗，其极有可能再次实施暴力行为。法院经过综合审查，采纳了医疗专家的意见。

【案例 12】江苏省南通市港闸区办理的徐某强制医疗案。徐某是山东省滕州市人，2005 年与同村的胡某按农村习俗举行婚礼，但未领取结婚证。2008 年，两人一起到南通市打工。2012 年 10 月 19 日，徐某产下一子乐乐（化名）。同年 12 月 24 日夜里，因乐乐哭闹，徐某先将乐乐的嘴捂住，至乐乐脸色发紫，再用家中的水果刀在乐乐喉咙处捅了 4 刀，致乐乐重伤。经南通市精神卫生中心司法鉴定所鉴定，徐某患精神发育迟滞（轻度）伴精神障碍，无刑事责任能力。2013 年 1 月 30 日，公安机关暂将其送至南通市紫琅医院接受治疗。徐某的父母育有一子一女，

---

①　参见卢志坚、凤立成、武检轩：《"三问四听"把住强制医疗申请关》，载《检察日报》2013 年 3 月 6 日。

据邻居反映徐某的母亲精神不正常。徐某到南通后，租住在港闸区唐闸镇街道，周围邻居说徐某除了智力低下外，其他与常人无异，与邻居尚能和睦相处。南通市紫琅医院医生反映，徐某临床表现为发育不全导致智力低下，入院后没有无故发怒、攻击他人的表现，医院对其仅采取了常规观察辅以口服药物治疗的方案，如家属能够积极配合，按时督促徐某服药，可以考虑让其出院，这样更利于她的治疗恢复。为了对徐某是否具有人身危险性进行准确评估，法院依法委托南通市精神卫生中心司法鉴定所进行了鉴定。该所出具鉴定意见认为，徐某罹患精神发育迟滞（轻度）伴精神障碍，目前处于缓解不全状态，并无明显的人身危险性倾向。鉴于徐某经精神疾病专业治疗机构南通市紫琅医院诊疗，病情得到一定程度的控制，医院建议其出院。港闸区法院审理认为，被申请人徐某暂无继续危害社会的可能性，不应对其强制医疗，应由其家属或者监护人严加看管和医疗，遂作出驳回检察机关强制医疗申请的决定。①

【案例 13】安徽省肥东县办理的小原强制医疗案。小原是大二学生，也是家中独子。2013 年 10 月 13 日早上，小原起床后，从厨房拿了一把尖刀，捅到父亲肚子上。其父跑出家门，小原持刀追杀，将父亲肩部、腹部等多处砍伤。附近群众看到后拨打报警电话，小原被刑事拘留，其父的伤情经鉴定为重伤。10 月 18 日，肥东县公安局委托合肥市精神病医院司法鉴定所对小原进行精神鉴定，其患有精神分裂症，无刑事责任能力，但有继续危害社会的可能，应当对其强制医疗。小原的邻居、老师和同学反映小原平时基本不与他人讲话，性格内向。同寝室的人还反映其经常自言自语，没事时在寝室里乱转。此外，小原在 2008 年因为中考压力大患过精神分裂症，后经治疗，症状缓解后出院。12 月 26 日，肥东县检察院依法向肥东县法院提出对小原予以强制

① 参见顾建兵、王冯：《法院驳回检察机关强制医疗申请》，载《人民法院报》2013 年 12 月 10 日。

医疗的申请。2014 年 1 月 7 日，法院公开开庭审理了此案，小原的父亲在庭审中提出，小原经过一段时间的治疗，病情明显好转，基本恢复到发病前的状态，且巢湖市司集徐氏精神卫生防治院出具评估报告，也证实小原目前肇事肇祸危险度为 0 级，故请求法院不予作出强制医疗决定。法院审理后认为，巢湖市司集徐氏精神卫生防治院的评估报告只是说明小原目前的症状和表现，结合其之前的治疗经历及合肥市精神病医院司法鉴定所精神疾病司法鉴定意见书，不能证实小原没有继续危害社会的可能，符合强制医疗条件。根据新刑事诉讼法的相关规定，法院作出决定，对被申请人小原采取强制医疗措施。[①]

　　通过对比分析前述两个案件，我们可以发现：（1）从案发前的行为分析，徐某邻居反映徐某智力低下，徐某所患精神发育迟滞（轻度）伴精神障碍，案发前未经救治乃是因为家庭贫困所致。小原中考后患过精神分裂症，后经治疗缓解出院。大学期间性格内向，自言自语。（2）从案发时的行为分析，徐某伤害对象是其儿子，小原伤害对象是其父亲。（3）从案发的行为分析，前者的约束医疗机构反映徐某入院后没有无故发怒、攻击他人的表现。后者的父亲反映现病情明显好转，基本恢复到发病前的状态。（4）从人身危险性的医学评估分析，前者精神卫生中心司法鉴定所鉴定意见认为徐某目前无明显的人身危险性倾向。后者精神卫生防治院评估报告认为，小原目前肇事肇祸危险度为 0 级。从以上分析来看，这两起案件的基本情况十分相似，但是，两家法院对该两起案件的决定却是截然不同。前者案件的法院认为，被申请人徐某经精神疾病专业治疗机构南通市紫琅医院诊疗，病情得到一定程度的控制，医院建议其出院；南通市精神卫生中心司法鉴定所鉴定结论为目前无明显的人身危险性倾向。徐某在本次暴力行为之前以及之后并无明显暴力倾向，经过一段

---

　　① 参见周瑞平、张锦娣：《大学生持刀伤父亲，法院决定强制医疗》，载《人民法院报》2014 年 1 月 17 日。

时间的治疗恢复情况尚可，暂无继续住院治疗的必要。后者案件的法院认为：巢湖市司集徐氏精神卫生防治院的评估报告只是说明小原目前的症状和表现，结合其之前的治疗经历及合肥市精神病医院司法鉴定所精神疾病司法鉴定意见书，不能证实小原没有继续危害社会的可能，符合强制医疗条件。我们分析认为，从最后医疗机构对继续危害可能性的评估来看，前者是法院委托，而后者则可能是小原父亲自行委托。但是，无论后者是否由涉案精神病人家属自行委托，作为司法人员在面对两份鉴定意见或者鉴定意见与评估意见不一致时，都不应当武断，而应另行委托鉴定机构进行人身危险性评估，然后综合作出判断。

有学者经过比较法的考察发现，西方国家在实践中多采用专业鉴定和法官裁量相结合的模式，法官在判断过程中虽很大程度上参考专业鉴定结论，但必须在判决书中根据法律作出自己的判断和说理。"再犯可能性"的判断应综合考虑四个方面的要素：（1）精神病人的犯罪行为是否向严重性发展。（2）精神病人是否具有攻击性人格。（3）精神病人是否长时间持续缺乏对自己病情的理解和对不法行为的辨别和控制能力。（4）精神病人和被害人的关系是否是导致暴力行为的唯一原因。详言之：

第一，精神病人的犯罪行为是否向严重性发展。如果比较精神病人以前的和本次的犯罪行为，发现犯罪行为的危险性日益增强，就不能忽视这种危险性的出现。又如，尽管精神病人实施了残忍的暴力行为，但是被害人由于成功躲避只受了轻伤，或尽管精神病人攻击欲望很强，但在犯罪实行初期便被控制住了。在这两种情形下，虽然被害人只受了轻伤，但精神病人的危险性却很大。美国联邦最高法院也在"莱萨得诉施密特案"中认为，如果精神病人最近做出了对自己和他人存在重大危险的行为，如犯罪未遂或恐吓，而且该犯罪行为很可能会升级，便可以认定该精神病人存在"社会危险性"。《意大利刑法》第223条甚至明确将具有"社会危险性"的情形总结为犯罪既遂、不能犯、共谋或教唆犯的失败者等有极高再犯可能性的情形。

第二，精神病人是否具有攻击性人格。人的行为模式相对稳定，当精神病人具有攻击性人格时，其行为模式就容易被掌握，可以据此判断其"再犯可能性"。攻击性人格主要表现为攻击性强、受挫容忍度低、萎靡不振、易冲动、自我价值认可度低、有幻觉妄想、有敌意猜测、有遗传缺陷等人格特征。患有妄想症的精神病人通常极具攻击性。如果某一精神病人以前和现在的犯罪都是因相同的妄想或突发性妄想引起的，或现在的犯罪是因为其随意中止治疗，致使妄想症病情在短时间内复发引起的，则可以认定其具有极高的"再犯可能性"。德国的司法实践通常认为，以往具有不良治疗记录的、患有妄想症的精神病人，因其具有的高度"社会危险性"，对其有必要进行强制医疗。而此时，强制医疗机构也不得因犯罪行为人无治疗可能性或太具危险性而拒绝对其提供治疗。精神病人有酗酒、吸毒嗜好的，攻击性会增强，如果能对精神病人的酗酒、吸毒加以控制，其"再犯可能性"就会降低。此外，精神病人在精神病院对医护人员和其他精神病人的攻击行为也被视为判断"再犯可能性"的一个依据。比如，某杀人未遂的精神病人在被暂时移送精神病院期间对其他精神病人进行了殴打，该行为就被视为判断其具有"再犯可能性"的一个重要依据。另外，精神病人是否患有"反社会人格障碍"对"再犯可能性"的判断尤为重要，因为"反社会人格障碍"表现为极强的攻击性，常与暴力犯罪相联系，患有"反社会人格障碍"的精神病人或多或少都受到不可抗拒的强制，必然不可抗拒的强制的变态行为、性反常行为、病态的娈童癖、病态的放火癖等，故其实施暴力犯罪的概率自然更高。值得注意的是，精神病人所患有的"反社会人格障碍"通常很难治愈，即使精神病人经过治疗，精神疾病得以良好恢复，但因其具有的"反社会人格障碍"，故仍然存在很高的"社会危险性"。

第三，精神病人是否长时间持续缺乏对自己病情的理解和对不法行为的辨别和控制能力。"长时间持续"并非指不能有任何中断，如果日常生活中的任何普通事件都足以使精神病人的刑事责任能力突然严重减弱，那么这种状态即可以"长时间持续"。当犯罪是由精神病和瘾癖共同作用引起时，比如，精神病人因严重的精神缺陷引起了不可抗拒的酗酒、吸毒或病理性醉酒，而后实施了犯罪，这种状态也可以称为"长时间持续"。但是没有其他精神病态表现而仅是随着年龄增长所引起的大脑功能退化，或仅因为一时情绪的异常冲动而导致的暂时精神错乱，或因处在特殊情景中导致的控制能力减弱，或仅因饮酒引起的短暂大脑受损或因饮酒过度、使用麻醉剂而引起的控制能力减弱，都不属于"长时间持续"。

第四，精神病人和被害人的关系是否是导致暴力行为的唯一原因。实践中，精神病人的暴力行为多针对与他们有直接社会关系的人。如果犯罪行为实施的唯一动机源于精神病人与被害人的冲突关系，那么冲突关系彻底结束了，"再犯可能性"也就消失了。但是这种冲突关系通常是长期形成的，短时间内无法改变，因此，要结束这种冲突关系就必须改变精神病人现有的生活环境。在一个判例中，某精神病人的攻击行为主要都是针对自己家人和周围邻居，他智力低下，可以预见犯罪行为的后果，但无法理解它。法院认为只要改变他目前的生活环境，将其置于一个受保护的环境，其"再犯可能性"就会降低，即使不进行强制医疗，他的精神障碍也会得到改善。但是在另一判例中，某精神病人的犯罪行为虽然也是针对家人，但其犯罪动机并非完全源于和家人的冲突关系。他患有妄想型精神分裂症，幻听对象不限于家人，产生幻听后便实施放火行为，而且也无法预见放火可能会致多人死亡。法院认为只有对其强制医疗，才能控制其"再犯可能性"。[①]

评估继续危害的可能性不能不考虑涉案精神病人实施犯罪行为的诱因。由于精神障碍疾病的种类众多，涉案精神病人实施犯

---

① 参见倪润：《强制医疗程序中"社会危险性"评价机制之细化》，载《法学》2012 年第 11 期。

罪行为后，有的诱因仍然存在，而有的会暂时消失。绝大多数病人有残留症状且会间断性发病，且每次发作都导致损害加重，并且应激事件往往易导致精神分裂症复发。① 如浙江瓯海办理的许某某强制医疗案，因其怀疑三楼出租房房客与其前妻存有男女关系，而持刀将房客捅成重伤。该案的诱因是其怀疑前妻与被害人存有男女关系，因此，怀疑前妻与其他人存有男女关系而再度肇祸的可能性仍然存在。如浙江新昌办理的潘某强制医疗案，因其担心奶水和奶粉问题，为了让儿子早日解脱，在家中将儿子掐死。该案的诱因是其担心儿子受苦，随着其儿子被害此诱因会暂时消失。潘某强制医疗后不到3个月即已经解除，实际上也说明诱因既是精神障碍疾病诱发的原因，同时也是驱使精神障碍患者实施犯罪行为的原因。

需要注意的是，如前所述，在现有科技水平情况下精神病医学界无法对精神病人"继续危害社会的可能性"进行准确预测和判断，司法人员也根本不可能对涉案精神病人"继续危害社会的可能性"像对其刑事不法行为的证明标准那样达到"事实清楚、证据确实充分"的程度，而只能根据其以往的行为、犯罪时的行为、会见时的表现、就医时的情况等进行一种似真的评估和推理，因而只能采取较低的证明标准。有观点认为，如果被告人所患的精神疾病较为严重，丧失理智和判断能力，排斥、拒绝治疗，如不予治疗则可能导致患者病情恶化或者伤及自身或他人的人身、财产安全，就需要对被告人采取刑事强制医疗这一非刑事处分的诉讼方式。② 笔者认为，"继续危害社会的可能性"的判断，不应包括不予治疗则可能导致患者病情恶化或者伤及自身的情形。实际上，精神病属于慢性疾病，不治疗必定会导致病情的恶化，但是我们不能因此就认为其具有继续危害社会的可能

---

① 参见何恬：《重构司法精神病学——法律能力与精神损伤的鉴定》，法律出版社2008年版，第492页。

② 参见张旭、丁娟主编：《刑事诉讼法》，厦门大学出版社2012年版，第458页。

性而对其进行强制医疗，对于此种情形，可以根据《精神卫生法》的有关规定对其采取非自愿性医疗。

有观点认为，在制定"继续危害社会可能"的评判标准时，可以引入公众参与评判法，在承办单位收集鉴定人、周围邻居、家属的证言进行审查的基础上，召开听证会，由相关听证人员按评判标准决定是否具有继续危害社会的可能性。[①] 虽然，公开听证能够增强透明度，提高公信力，但是《刑事诉讼法》赋予检察机关强制医疗程序中的职责只是申请权而并非决定权，公开听证的必要性值得研商。一是从社会一般人的认知来看，当前普遍存在扩大强制医疗适用范围的呼声，以及对被强制医疗人甚至对有暴力倾向的精神病人恶魔化、标签化的习俗，组织听证存在侵害隐私的嫌疑并且实际意义也不大，参加听证的人员可以冠冕堂皇地强烈要求检察机关提出强制医疗的申请。二是根据《刑事诉讼法解释》第 531 条的规定，人民法院审理强制医疗案件，被申请人具有完全或者部分刑事责任能力，依法应当追究刑事责任的，应当作出驳回强制医疗申请的决定，并退回人民检察院依法处理。如果采取公开听证的方式，检察机关采纳了听证意见提出申请，就会影响对这类案件的继续侦查。三是无论"继续危害社会可能"的评判是医学问题还是法学问题，如果可以制定出"继续危害社会可能"的评判标准，则检察机关可以根据标准依照职责作出判断。如果没有评判标准，组织公开听证也无助于问题的解决，并且强制医疗案件的审查期限有限，而公开听证程序比较烦琐，并不符合诉讼效率的原则。

第四节　强制医疗适用的必要性要件

刑事强制医疗的适用要遵循必要性原则，即穷尽了最低限制

---

① 参见崔洁、肖水金：《精神病人强制医疗难题不少》，载《检察日报》2013年 5 月 22 日。

的替代措施，只有在采取强制医疗措施才能有效控制、消除精神病人的危害行为时才能实施，只有在私法处置不能时才能动用公法处置。① 根据《刑事诉讼法》第 284 条和《刑法》第 18 条确立的强制医疗的必要性原则，对于符合条件的涉案精神病人，应当优先考虑由家属或监护人看管和医疗。只有在"家属或者监护人看管和医疗"缺位或者无法防止其继续危害社会的情况下，才应决定强制医疗。

实务界有观点认为，县市基层院每年办理的精神病患者肇事肇祸案件屈指可数，而其中符合上述 3 个条件（行为条件、法医学条件、人身危险性条件）、可以适用强制医疗程序的案件更是少数。所以，对于符合上述 3 个条件的，无须再设置"可以予以强制医疗"这个选择性规定。② 但是，中国疾病预防控制中心精神卫生中心 2009 年初公布的数据显示，我国各类精神疾病患者人数在 1 亿人以上，而重性精神病患者人数已超过 1600万。③ 虽然对于精神病人为何会实施暴力行为的原因尚未清晰，但暴力型犯罪是精神病人最常见的犯罪这一点已经得到共识，据统计占精神病人犯罪数量的 30% 以上的属于暴力型犯罪。④ 而根据中国疾病预防控制中心统计，截至 2005 年底，全国精神疾病医疗机构仅 572 家，共有精神科床位 13.2 万张。⑤ 全国 24 所安

---

① 参见樊崇义主编：《公平正义之路——刑事诉讼法修改决定条文释义与专题解读》，中国人民公安大学出版社 2012 年版，第 608 页；叶肖华：《论我国刑事强制医疗程序之建构与完善》，载《浙江工商大学学报》2012 年第 3 期。

② 参见肖贵林：《强制医疗应由选择性变为强制性》，载《检察日报》2014 年 4 月 21 日。

③ 参见陈泽伟：《化解精神病患肇事之痛》，载《瞭望》新闻周刊 2010 年第 22 期。转引自姚丽霞：《以法律层面的立法完善精神病人强制医疗程序》，载《法学评论》2012 年第 2 期。

④ 参见刘白驹：《精神障碍与犯罪》，社会科学文献出版社 1999 年版，第 363 页。

⑤ 参见李妍：《我们的病人——中国精神病患者报告》，载《中国经济周刊》2011 年第 28 期。转引自叶萍、陈帅：《强制医疗新规定之理解及其监督视角》，载《河南警察学院学报》2012 年第 6 期。

康医院共有床位 7500 张，平均每所安康医院 313 张。而目前年均精神病人引发的刑事案件高达万起，考虑到精神病医院周转期长达数年的现实情况，现有床位严重不足已经成为不争的事实。因此，鉴于目前精神病院床位紧张，并且精神病患者的治疗周期较长，法律设置"可以予以强制医疗"可以避免造成强制医疗资源的浪费。

实践办案中，有些涉案精神病人的家属或者监护人（下文仅以家属为例）基于种种原因，不愿意涉案精神病人被限制人身自由，从而提出种种理由，希望由家属进行看管。为此，司法人员可以通过审查以下内容来判断强制医疗的必要性：

1. 审查涉案精神病人家属既往的实际看管与提供医疗的状况。一般情况下，精神疾病有个逐渐产生和持续的过程，在这过程中家属对病人的看管和医疗情况可以作为评估家属日后能否尽到监管职责的重要参考。

2. 审查涉案精神病人家属的收入状况、居住状况等方面。精神病患者一般较为贫困，卫生部门统计数据表明，全国累计登记建立居民健康档案并且录入系统的重性精神疾病患者中，经济状况在当地贫困标准以下的占 57%。① 虽然《精神卫生法》第 68 条原则上规定了对精神障碍患者的医疗费用由基本医疗保险基金支付及民政部门给予救助。但相对于实际医疗费用，差距太大，昂贵的精神病医疗费用并非一般家庭所能承受。因此，涉案精神病人家属的收入状况应是审查其看管和医疗能力的重要参考。

3. 审查涉案精神病人家属的意愿程度。由于精神病人亲属的人身安全受到危害的情况较多②，据统计，大约 60% 的精神病

① 参见《完善救治体系须由政府"兜底"》，载《宁波晚报》2013 年 7 月 25 日。
② 参见余建华、孟焕良：《浙江审结 35 起"武疯子"强制医疗案》，载《人民法院报》2013 年 12 月 23 日。

人暴力行为被害人是病人的亲属。① 实践中，还存在被强制医疗人第二顺序以外的监护人愿意承担医疗费用，但是对于之后可能是几年甚至几十年的医疗费用，是否愿意继续承担，将会是一个未知数。如此情形，可以认为涉案精神病人监护人的意愿程度受损。

4. 审查涉案精神病人家属为其提供治疗、看管措施是否具有可行性及可操作性。愿意承担监护职责的家属应该提供治疗监管方案，如医院接受手续或者其他证明，司法机关可从家属对送治的态度、医疗机构的选择、长期送治的决心和能力以及以往对病人的治疗、监管情况等方面考察方案的可行性。② 防止家属口头承诺，事实上采取违法限制精神病人人身自由的方法实施"看管"的做法。③

最后，综合判断涉案精神病人家属的看管条件及医疗能力是否足以防止涉案精神病人继续危害社会。精神病人已被其家属或监护人送至其他精神病医疗机构治疗，经审查不存在"以此为托词"和"未等痊愈又接回"的情形，强制医疗程序就没有必要性了。精神病人在亲情关护之下更有利于病情康复，同时可以降低国家强制医疗的经济负担。

下面列举两则实例，以供实践中判断必要性参考。

【案例14】上海市黄浦区办理的朱某某强制医疗案。被申请人朱某某的法定代理人及诉讼代理人均不认同检察机关强制医疗的申请。法定代理人要求由家人送朱某某至松江精神病医院治疗；诉讼代理人认为朱某某不具有继续危害社会的可能，并提出

① 参见［德］汉斯·约阿希姆·施奈德：《犯罪学》，中国人民大学出版社1990年版，第21页。转引自吴真：《刑诉法修改后强制医疗司法审查及检察职能试想》，载《犯罪研究》2012年第6期。
② 参见王川：《再发风险难评估强制医疗标准待细化》，载《上海法治报》2014年3月25日。
③ 参见程雷：《强制医疗程序解释学研究》，载《浙江工商大学学报》2013年第5期。

继续危害社会可能的认定必须以权威机构的鉴定或评估报告为依据。法院承办法官针对被申请人朱某某的法定代理人及诉讼代理人提出的意见和请求，分析认为：关于"是否有继续危害社会的可能"，可通过对以下问题的审查来予以认定：（1）被申请人是否需要治疗；（2）在需要治疗的前提下，被申请人是否有自知力从而自行主动地进行治疗；（3）在被申请人仅能被动地进行治疗的情形下，被申请人家属是否有对被申请人进行监管、治疗的意愿；（4）被申请人家属在前述意愿下，是否具备监管、送治的条件与能力。本案中，关于朱某某精神状况的司法鉴定意见显示，朱某某患有精神分裂症，案发时及当前均处于发病期，自知力无。而朱某某在安康医院的主治医生证实，朱某某初入院时精神状况紊乱，有幻听、妄想，精神分裂症状明显，无自知力，危害性较大。从其症状看，有暴力倾向。据此，朱某某须在监管下进行治疗。基于朱某某家属有对朱某某进行监管、治疗的意愿，须考虑该意愿付诸良好实施的可能性。朱某某父亲的证言证实，朱某某从高二开始有异常行为，主要是课上到一半突然站起离开等。家人带朱某某去上海心理咨询中心咨询过，基本上是半个月一次，并长期服药。2012 年初，朱某某病情加重，走到教室就害怕，不去上课也不参加考试。3 月时，家人为朱某某办理休学 1 年，并继续至上海心理咨询中心进行心理咨询和药物治疗。当时未向学校讲明病情，仅表示系因朱某某学习压力大，负担重。2012 年 11 月下旬，家人让朱某某复学，并叮嘱朱某某在学校要继续服药，但并不清楚朱某某是否服用。朱某某在上海市心理咨询中心的心理咨询记录卡证实，"初询日期：2012 年 3 月 23 日；求询内容：大三在读，高中时就有厌学，考试紧张，近几月夜眠差，整日整晚上网。一周前突然对家人说'我想杀人'……目前精神状态：神清，有猜疑，疑人背后议论，有冲动、偏执倾向，情感适切，夜眠差，有早醒，常常愤世嫉俗，针砭时弊。"朱某某于 2012 年 3 月 23 日的明尼苏达多相人格调查表测评报告证实，"效度量表分析：被测验者存在病理心理问题。编码模式分析：被测验者平时易激动、不安定、好争论，难以与人交往和适应社会。一般情况下能控制自己的敌意行为，但偶尔会出现冲动。总是把自己的愤怒推之于客观因素。这样的被测验者常常有相当含糊的情绪和躯体方面的主诉，感到抑郁和焦虑，常怀疑别人的动机"。朱某某的谈话笔录证实，作案时携带的匕首长 33 厘米，刀刃长 22 厘米，系 2011 年在网上购买，平时一直放在身上，作防身用。上述证据材料能反映出：首先，朱某某的父母从内心深处不愿意承认朱某某患有精神疾病，也不愿意送朱某某至专业的精神医疗机构治疗。朱某某在高中时即开始产生异常，家人未给予足够重视，仅认为朱是心理问题，从而只是看了心理咨询门诊。2012 年，朱某某病情进一步恶化，且已被诊断为病理性心理问题，家人仍不愿接受朱某某须接受专业治疗的现实，仅仅是继续带朱看心理门诊和服用药物，在朱某某未具备复学条件的情况下就匆忙让其复学了。其次，朱某某的父母没能尽到监管责任。明尼苏达多相人格调查表测评报告已证实朱某某具有易激动和偶尔会冲动的因素，家人仍然让其复学，在一定程度上是对朱某某可能造成的社会危害的放任。而在朱某某复学后，家人仅嘱咐其服药，未尽到监督服药的责任。而朱某某长期携带长 33 厘米的匕首，更是其家人在监管上的失职。综上，不难得出如不予以强制医疗，朱某某的病情难以得到有效控制，从而有继续危害社会可能的结论。尽管庭审过程中，诉讼代理人提出有继续危害社会可能的认定须以专业机构出具的鉴定或评估报告为依据，但从上述分析不难看出，针对问题 1 和 2，已有专业机构的鉴定意见及主治医生意见；对问题 3 和 4，虽然没有专业机构出具的鉴定或评估报告，但法院通过对涉案相关证据的综合分析，也足以作出准确判断。[①]

【案例 15】江西省泰和县办理的张某强制医疗案。被申请人张某自 2003 年开始便精神有些异常，2004 年送入医院住院治

---

① 参见胡晓爽：《强制医疗必要性的认定》，载《人民司法》2013 年第 16 期。

疗，被诊断为精神分裂症，一个月后治疗结束便出外打工。2013年9月，被申请人张某从深圳务工回到家中，其妻谢某及其他家属发现其精神又有异常，其妻和其叔于2013年9月14日租车将其带至医院，准备让其住院治疗。被申请人张某趁其妻、其叔办理住院手续期间，从医院逃跑，独自走路回家。次日凌晨2时许，张某行至泰和县某村路段时，遇见被害人罗某骑摩托车路过，其将罗某拦下，要求罗某将其搭至其家中，罗某不答应，双方发生厮打，张某将罗某的眼睛打伤。随后，张某被群众扭送至派出所。经鉴定，被害人罗某的损伤程度属轻伤甲级；张某致伤罗某时有精神分裂症，无责任能力。2013年11月5日，泰和县公安局将张某送往医院住院治疗，其主治医生认为，张某属于冲动型的精神病人，病情稳定时可以与正常人一样待人接物、正常交往，其建议治疗期届满时便可以出院，不需要强制医疗。2014年1月16日，张某出院，出院后病情稳定，一直按医嘱服药，精神状态正常，现与其妻一起在深圳务工。庭审前，该案合议庭成员会见了被申请人，听取了其对家庭情况、日常生活情况及精神状况的介绍，并对被申请人的叔叔和母亲等家属进行了走访，被申请人及其叔叔、母亲均认为张某现精神状态比较好，平时吃药能控制病情，没有必要对张某强制医疗。法院认为，被申请人张某实施暴力行为伤害他人，经法定程序鉴定为依法不负刑事责任的精神病人，对此，检察机关提供了相应证据予以证实，但对被申请人有继续危害社会的可能的主张，检察机关没有提供足够证据。考虑到被申请人平时生活、工作基本正常，只是在受到外在刺激时才容易发病，且其法定代理人和其他家属愿意配合被申请人的日常治疗和管束等具体情况，以不对其强制医疗为宜。据此，法院遂依法作出上述决定。①

　　需要注意的问题是，《刑事诉讼规则》第539条规定，对于

---

① 资料来自：http://court.gmw.cn/html/article/201403/26/153576.shtml，最后访问日期：2014年7月8日。

实施暴力行为，危害公共安全或者严重危害公民人身安全，已经达到犯罪程度，经法定程序鉴定依法不负刑事责任的精神病人，有继续危害社会可能的，人民检察院应当向人民法院提出强制医疗的申请。虽然强制医疗的决定权在于法院，但是检察机关应该审查是否具有强制医疗必要性，《刑事诉讼规则》的该条规定容易产生检察环节审查强制医疗必要性的歧义，应当予以修正。

第四章　强制医疗程序证明制度

任何一种证明制度，都由以下诸要素构成：证明主体、证明对象、证明责任、证明方法和证明程序。① 证明在诉讼制度和诉讼活动中具有核心的地位，它是证明主体在证明责任的要求下，按照证明标准收集的固定证据，审查判断证据，进行实体处理的抽象思维活动和具体诉讼行为。因而，诉讼的过程，实际上就是一个证明的过程。普通刑事诉讼的证明原理和证明制度，同样适用于强制医疗程序，强制医疗程序的证明制度并不具有特殊性，应当符合刑事诉讼证明制度的基本原理。

第一节　强制医疗程序的证明对象

刑事诉讼中的证明对象，又称待证事实，是指在刑事诉讼中需要运用证据加以证明的事实。作为证明对象，首先必须是与案件有关联的并对案件处理有影响的事实，与案件处理无关的事实没有诉讼意义；其次必须是实体法和程序法规定的事实，包括实体性事实和程序性事实两大类；最后必须与诉讼主张密切相关。没有诉讼主张，就不会有证明主体，证明对象的存在就没有法律上的意义。②

在被告人不是精神病人的普通刑事案件中，证明对象通常包括实体法事实，即被告人的犯罪事实（构成要件事实及处罚条

---

① 参见李建明主编：《刑事诉讼法》，高等教育出版社 2014 年版，第 153 页。

② 参见李建明主编：《刑事诉讼法》，高等教育出版社 2014 年版，第 154 页。

件事实）、犯罪事实以外的事实（影响法律上构成犯罪的事实、加重减免处罚的事实），以及程序法事实，包括诉讼条件事实、诉讼行为要件事实、证据法上的事实等。① 相对于普通刑事诉讼，强制医疗程序证明对象有其特殊性。在强制医疗程序中，行为人必须符合前述客观要件、主体要件、危险性要件和必要性要件，人民法院才能对其予以强制医疗。不符合强制医疗适用条件的，根据不同情况采用不同的处置方法：如果行为人的行为不是暴力行为，或者虽是暴力行为但尚未达到犯罪的程度，则不能对其实施强制医疗。如果行为人不是精神病人，应当按照普通刑事诉讼程序追究其刑事责任；如果行为人在尚未完全丧失辨认或控制自己行为能力的情况下犯罪，被鉴定确认为限制责任能力的，对其的刑事处罚可能从轻或减轻，行为人的精神疾病应在其服刑期间得到治疗。如果行为人系经鉴定确认依法不负刑事责任的精神病人，但没有继续危害社会可能，则责令行为人家属或者监护人严加看管和治疗。如果行为人的家属或者监护人确实具备严加看管和治疗的能力，则可以认为不符合必要性要件，不予强制治疗，责令其家属或者监护人严加看管和治疗。因此，强制医疗程序的证明对象，与普通刑事诉讼有所不同。

一、客观要件的证明

是否构成犯罪是处理刑事案件的前提和基础。处理强制医疗案件，不仅需要查明行为人的行为是否符合刑法意义上的违法性，而且还需要查明行为人的行为是否具有暴力性。《刑事诉讼法解释》第 64 条规定了需要运用证据证明的案件事实包括：（1）被告人、被害人的身份；（2）被指控的犯罪是否存在；（3）被指控的犯罪是否为被告人所实施；（4）被告人有无刑事责任能力，有无罪过，实施犯罪的动机、目的；（5）实施犯罪

---

① 宋英辉：《刑事诉讼原理》，法律出版社 2003 年版，第 303 页。

的时间、地点、手段、后果以及案件起因等；（6）被告人在共同犯罪中的地位、作用；（7）被告人有无从重、从轻、减轻、免除处罚情节；（8）有关附带民事诉讼、涉案财物处理的事实；（9）有关管辖、回避、延期审理等的程序事实；（10）与定罪量刑有关的其他事实。由于我国强制医疗程序限制适用于"不负刑事责任的精神病人"，而不包括限制刑事责任能力、无受审能力和缺乏刑罚执行能力的人，因而既不需要对被告人的主观故意加以证明和推定，也不需要对其刑事责任大小以及有无从轻或减轻、从重或加重处罚的情节进行证明。① 具体而言，客观要件部分实体性事实的证明主要包括：（1）暴力性质的刑事不法行为已经发生；（2）暴力性质的刑事不法行为是行为人所实施的；（3）行为人实施暴力性质的刑事不法行为的时间、地点、手段、情节、后果以及暴力行为与危害结果之间的因果关系；（4）暴力性质的刑事不法行为已经危害公共安全或者严重危害公民人身权利等。

二、主体要件的证明

刑法理论界普遍认为，根据《刑法》第18条第1款的规定，对责任能力要进行医学与法学判断：首先判断行为人是否患有精神病，其次判断行为人是否因为患有精神病而不能辨认或者控制自己的行为。前者由精神病医学专家鉴定，后者由司法工作人员判断。但这在实践中难以实现。公安司法办案人员均倾向于在刑事责任能力的问题上服从鉴定人的判断。② 主体要件部分实体性事实的证明主要包括：（1）行为人是精神病人；（2）行为人实施暴力行为时丧失辨认或者控制自己行为的能力；（3）行

---

① 参见韩旭：《论精神病人强制医疗诉讼程序的构建》，载《中国刑事法杂志》2007年第6期。
② 参见陈卫东等：《司法精神病鉴定刑事立法与实务改革研究》，中国法制出版社2011年版，第136页。

为人丧失辨认或者控制自己行为的能力，经过法定鉴定程序予以确认。虽然如前所述公安司法办案人员均倾向于在刑事责任能力的问题上服从鉴定人的判断，然而，不负刑事责任，不是鉴定的直接结果，而应是一个司法判断，最终应由法院作出。只有当法院根据鉴定意见以及其他证据认定，行为人是在不能辨认或者不能控制自己行为的时候造成危害结果的，无刑事责任能力，才可以判定其不负刑事责任，进而决定是否强制医疗。[①] 这里的其他证据既包括精神病医学上精神病人作案时的常见的精神病理、常见的作案动机、常见的作案特点、常见的思维障碍等表现，也包括行为人的精神病史、工作生活的情况、日常行为表现以及精神疾病与犯罪行为之间的关系等事实，通过对两者的分析初步判断行为人在实施暴力行为时是否具有常人的辨认及控制能力。对于精神病人常见症状问题下文还将详述，此处不加展开。

三、危险性要件的证明

在完成了对前述两方面的客观性事实的证明之后，还必须证明行为人因患有精神疾病而危害社会的现实危险性以及对其实施强制医疗的必要性。在适用处分时，对行为人将来行为的预测，起着决定性的作用，因为，只有当行为人在将来不致危害社会，处分才是合理的。这里主要取决于前罪的犯罪类型、数量和时间顺序，取决于行为人的个性及其发展，以及行为人将来在社会上的生活情况。因此，预测不仅是必要的，而且在一定的范围内也是可能的。[②]

对危险性要件必须进行独立的证明，而不能根据行为人已经进行的暴力行为和精神病鉴定意见直接进行推断，因为已经实施

---

① 参见刘白驹：《非自愿住院的规制：精神卫生法与刑法》，社会科学文献出版社 2015 年版，第 562 ~ 563 页。

② 参见［德］汉斯·海因里希·耶赛克、托马斯·魏根特：《德国刑法教科书》，徐久生译，中国法制出版社 2001 年版，第 110 页。

的暴力行为并不意味着日后必然会再次进行。[①] "有继续危害社会可能"，是一种判断。这种判断，应当在已经发生的犯罪事实和行为人犯罪时以及目前的精神状态的基础上作出。因而，司法精神医学鉴定除了应当对行为人的刑事责任能力提出分析意见外，还应对其继续犯罪的可能性提出分析意见。[②] 对于上述观点中可能继续危害社会的程度应当达到犯罪，笔者认为值得商榷，详细理由参见前文。实践中，司法精神病鉴定往往会对行为人继续危害社会的可能性提出分析，但是，这类分析意见是否最终能够促使司法人员形成对此证明对象的心证，存在见仁见智的现象。行为人刑事责任能力判断与行为人的危险性要件判断，毕竟存在证明标准的区别。对危险性要件的证明可以采用优势证据的证明标准（详见下文分析）。因此，在对行为人的危害性要件证明时，没有必要排斥鉴定意见中提出的行为人是否具有继续危害社会可能的分析意见，至少该意见可以在病理层面上帮助司法人员进行判断。

病理层面的判断和经验层面的判断，是行为人是否存在继续危害社会的可能性判断的两个方面。鉴定人作出行为人无刑事责任能力的鉴定时，一般会据此提出有继续危害社会可能的分析意见，这样的分析意见应该更多地属于病理层面的判断，因为此时的判断基础是行为人的精神疾病病情是否得到控制，如果继续发病甚至病情加重，则导致其实施暴力行为的病理基础仍然存在，鉴定人往往会提出行为人存在继续危害社会的分析意见。而经验层面的判断，当行为人频繁实施暴力行为，即使最后一次暴力行为符合强制医疗的客观要件，之前的暴力行为尚未达到犯罪程度；或者在案发后又实施了新的暴力行为，即使最后一次暴力行

---

① 参见纵博、陈盛：《强制医疗程序中的若干证据法问题解析》，载《中国刑事法杂志》2013 年第 7 期。

② 参见刘白驹：《非自愿住院的规制：精神卫生法与刑法》，社会科学文献出版社 2015 年版，第 563 页。

为尚不符合强制医疗的客观要件，从一般人的经验角度可以判断其具有继续危害社会的可能。

四、必要性要件的证明

有观点认为，在强制医疗程序中，精神病犯罪嫌疑人的家属或监护人可能声称他们完全有能力对行为人进行严加看管和医疗，不必施加强制医疗。但是，强制医疗无须经家属或者监护人同意，他们有无能力对行为人严加看管和医疗，根本就不是强制医疗的法定条件，而且难以判断。对此，笔者认为，《刑事诉讼法》第284条规定"可以"予以强制医疗，与《刑法》第18条规定的"在必要的时候"相统一，并不是立法的失误。强制医疗具有保安处分的属性。就处分的实际操作而言，法律明确规定的适当性原则具有重要的意义，法治国家通行的禁止过度制裁，同样适用于处分。[①]

例如，《德国刑法典》第63条规定："当行为人在无刑事责任能力或限制责任能力的状态下实施不法行为时，如果对行为人及其所犯罪行的全面评估表明，在目前状态下，行为人可能实施更严重的不法行为而对公众造成威胁，法院应当判令将其收容于精神病院。"《德国刑法典》该条规定中的"在目前状态下"，应当理解为行为人家属或者监护人的看管和医疗保持原来状态。因此，必要性要件同样应当进行独立的证明，不能根据行为人家属或监护人声称他们完全有能力对行为人进行严加看管和医疗直接否定强制医疗的必要性，因为在没有改变目前看管和医疗的状态下行为人已经实施的暴力行为日后可能会再次进行，所以必须根据行为人家属或监护人改变以往看管和医疗状态的实际情况综合判断。

---

① 参见［德］汉斯·海因里希·耶赛克、托马斯·魏根特：《德国刑法教科书》，徐久生译，中国法制出版社2001年版，第105页。

第二节　强制医疗程序的证明责任

刑事诉讼中的证明责任，又称举证责任。刑事诉讼中证明责任分配应当遵循无罪推定原则的要求和证明责任理论中"谁主张谁举证"的古老法则。无罪推定原则通过假定每个公民（包括被告人）均处于无罪的原始状态，赋予控诉机关推翻这个原始状态时必须提供充分证据证明的义务。① "谁主张谁举证"的古老法则是指《刑事诉讼法》第 49 条规定的"公诉案件中被告人有罪的举证责任由人民检察院承担，自诉案件中被告人有罪的举证责任由自诉人承担"，即刑事诉讼的举证责任承担主体是检察机关和负有举证责任的当事人，即公诉案件中的公诉人和自诉案件中的自诉人，犯罪嫌疑人、被告人原则上不承担证明责任。虽然，《刑事诉讼法》强制医疗程序的第 284 条至第 289 条并没有明确规定强制医疗证明责任的分配。但是，根据体系解释原理，即法律规定中总则部分的规定当然适用于分则部分，除非分则部分有特殊规定。即便强制医疗程序规定在特别程序一编之中，但只要没有特别说明，总则中的相关条款依然适用于该编。② 因此，强制医疗程序的证据裁判规则同样应当遵循证明责任理论中无罪推定原则和"谁主张谁举证"的古老法则的要求。

一、检察机关申请强制医疗案件中的证明责任分配

根据《刑事诉讼法》第 285 条第 2 款规定，"公安机关发现

---

　　① 参见卞建林主编：《刑事证明理论》，中国人民公安大学出版社 2004 年版，第 187 页。

　　② 参见纵博、陈盛：《强制医疗程序中的若干证据法问题解析》，载《中国刑事法杂志》2013 年第 7 期。

精神病人符合强制医疗条件的，应当写出《强制医疗意见书》，移送人民检察院；对于公安机关移送的或者在审查起诉过程中发现的精神病人符合强制医疗条件的，人民检察院应当向人民法院提出强制医疗的申请"。第 287 条第 1 款规定："人民法院经审理，对于被申请人或者被告人符合强制医疗条件的，应当在一个月以内作出强制医疗的决定。"结合《刑事诉讼法》第 49 条公诉案件举证责任分配规则，在检察机关提出申请的强制医疗程序中，检察机关应该提供证据以及论证行为人的行为符合强制医疗客观要件，即行为人的行为具有暴力性并已达到犯罪的程度，还应该对行为人符合强制医疗其他 3 个要件承担证明责任。如果检察机关不能举证或达不到证明要求，强制医疗的申请将会被驳回。

行为人及其法定代理人或监护人没有义务向法庭证明行为人的客观行为符合强制医疗客观要件。在强制医疗适用的实践中，行为人和辩护人一般不会对行为人无刑事责任能力的鉴定意见提出异议，往往会以不存在继续危害社会的可能和家属或监护人有看管治疗能力为辩护理由，要求法庭驳回检察机关的申请。

二、人民法院自行决定强制医疗案件中的证明责任分配

《刑事诉讼法》第 285 条第 2 款规定，"人民法院在审理案件过程中发现被告人符合强制医疗条件的，可以作出强制医疗的决定"。依此规定，人民法院可以自行决定强制医疗。

在这种情况下，由检察机关承担被告人符合强制医疗的要件事实的证明责任，并不妥当，因为检察机关提出的诉讼主张是追究被告人的刑事责任，根本没有提出对行为人予以强制医疗的申请，易言之，检察机关追求的是对被告人的刑事处罚并非刑事处分。但是，这种情况下，由人民法院承担被告人符合强制医疗的要件事实的证明责任，也不妥当。一方面，由检察机关承担对被告人刑事处罚的举证责任，人民法院承担对被告人强制医疗的证

明责任，检察人员和审判人员必然进行对抗和辩论，如此一来，检察人员与审判人员便成了诉讼地位平等的双方当事人，这显然违反了法官居中裁判的刑事诉讼结构基本原则。另一方面，行为人的暴力行为达到危害公共安全或者严重危害公民人身安全的犯罪程度，既是强制医疗要件事实之一，同时也是公诉案件检察机关需要证明的实体法事实。检察机关是代表国家对被告人提出有罪指控，必须向法庭提供足以证明被告人有罪的确实充分的证据，并派员出庭支持公诉。检察机关所承担的证明犯罪的责任，是一种完全的、绝对的责任，在任何情况下都不能推卸给他方。[1] 由人民法院承担行为人犯罪的证明责任，这显然又违反了《刑事诉讼法》第 49 条规定的"公诉案件中被告人有罪的举证责任由人民检察院承担"的证明责任分配规则。那么，在这种情况下，被告人符合强制医疗条件的证明责任应该如何分配？

有学者认为，法院依职权决定强制医疗程序证明责任不明确，是刑事强制医疗程序证据制度缺陷的表现之一。[2] 笔者认为，根据刑事诉讼中证明责任分配的一般原则和具体规则，人民法院不承担任何刑事证明责任。但是，考虑到我国的实际情况，主要是惩罚犯罪的实际需要，我国的庭审方式应当是在重视和发挥公诉人、辩护人作用的同时，也要充分发挥法庭查明事实的职能作用，[3] 因此，《刑事诉讼法》第 191 条规定："法庭审理过程中，合议庭对证据有疑问的，可以宣布休庭，对证据进行调查核实。人民法院调查核实证据，可以进行勘验、检查、查封、扣押、鉴定和查询、冻结。"可见，审判机关虽然不承担证明责任，不能成为证明责任主体，但需要履行一定的证明职能，这种

---

[1] 参见沈志先主编：《刑事证据规则研究》，法律出版社 2011 年版，第 46 页。

[2] 参见赵春玲：《刑事强制医疗程序研究》，中国人民公安大学出版社 2014 年版，第 90~93 页。

[3] 参见郎胜主编：《中华人民共和国刑事诉讼法释义》，法律出版社 2012 年版，第 451 页。

证明职能是刑事诉讼证明活动的必要组成部分。[①] 所以，法院查明案件事实的诉讼任务，决定了其所承担的实际上是一种查证责任，这与证明责任有本质区别。[②]

　　根据《刑事诉讼法解释》，第一审人民法院在审理案件过程中发现被告人可能符合强制医疗条件的，根据发现的渠道不同，可以分为法院在审理过程中自行发现被告人的精神不正常，可能符合强制医疗的条件，以及审理过程中被告人及其辩护人主张被告人患有精神疾病，应当进行强制医疗。对于犯罪嫌疑人、被告人及其法定代理人或监护人来说，他们当然希望被告人被鉴定为无刑事责任能力，但未必会愿意对被告人予以强制医疗，因此他们行使精神病鉴定申请权利时，会对刑事处罚和强制医疗两种不同的刑事处遇进行权衡。一般而言，在被告人的行为符合强制医疗客观要件，但所犯罪行较轻，并可能判处缓刑时，被告人及其法定代理人或监护人不会申请鉴定，反之则可能会提出鉴定申请。在法庭审理过程中，被告人及其辩护人提出精神病鉴定的，证明责任应当如何分配详见下文。法院在审理过程中自行发现被告人的精神不正常，可能符合强制医疗条件的，应当根据《刑事诉讼法》第 191 条的规定，先宣布休庭，依照法定程序对被告人进行精神病初次鉴定或者精神病重新鉴定。经鉴定，被告人属于依法不负刑事责任的精神病人的，应当对案件适用强制医疗程序审理。开庭审理时，检察机关首先应承担被告人的行为是刑法所规定的犯罪行为并造成危害这一事实的证明责任。在完成这一证明之后，由合议庭组成人员宣读对被告人的法医精神病鉴定意见，说明被告人可能符合强制医疗的条件，后依次由公诉人、被告人及其辩护人、法定代理人、诉讼代理人发表意见。法官若依职权发现被告人为不负刑事责任的精神病人且对社会具有现实

---

　　① 参见李建明主编：《刑事诉讼法》，高等教育出版社 2014 年版，第 156 页。
　　② 参见杨迎洋主编：《检察机关刑事证据适用》，中国检察出版社 2001 年版，第 86 页。

的危害性，并作出强制医疗的决定，就是法官客观义务和调查义务的体现，而不是检察官证明责任的问题。此时检察官负有协助法官查明被告人是否符合强制医疗要件的义务，法官可以命令检察官采取鉴定、讯问等必要的措施。但若检察官根本无法证明被告人的行为构成犯罪行为，就应当直接作出无罪判决。[①]

人民法院在审理自诉案件过程自行决定强制医疗的，根据体系解释原理和《刑事诉讼法》第49条自诉案件证明责任分配规则，自诉人承担被告人的行为是刑法所规定的犯罪行为并造成危害这一事实的证明责任。在完成这一证明之后，法官若依职权委托鉴定并展开调查，发现被告人符合强制医疗条件，并作出强制医疗的决定，同样是法官客观义务和调查义务的体现。自诉人不承担被告人不符合强制医疗条件的证明责任，也不承担协助法官查明被告人是否符合强制医疗要件的义务。

三、强制医疗程序中举证责任的转移

在普通刑事诉讼中，犯罪嫌疑人、被告人不负证明自己无罪的责任。但是，这并非表示犯罪嫌疑人、被告人无权举证。在控方对作为证明对象的事实要素提供证据加以说明，证明达到一定程度，完成举证责任之后，法官就会推理得出案件事实主张成立的临时心证，如果辩方不能否定控方证据，法院只能判定控方主张的事实成立，被告人就会被定罪。面对控方的有罪证据，辩方为了使被告人免受刑事追究，就会积极提出与控方相反的事实主张，这是被告人举证证明自己无罪或者罪轻的权利，是举证责任的转移。举证责任的转移有利于推动证明的前进，使案件情况更加明朗，更接近于真实情况。

对人们的行为一般都推定为在神志正常的状态下进行。例如，1843年，强调对犯罪行为性质无法认知则不能被认定为有

---

① 参见纵博、陈盛：《强制医疗程序中的若干证据法问题解析》，载《中国刑事法杂志》2013年第7期。

罪的《麦克·纳顿条例》公布，"应该假设每个被告人是心神正常的，并具有足够的理由认定他应对犯罪负有责任，除非证明了是相反的情况。如果被告人以精神错乱为理由进行辩护时，那么必须能清楚地证明他在进行危害行为的当时，由于精神疾病而处于精神错乱状态，例如他不了解自己行为的性质，或者他虽然了解但不知道自己的行为是错误或违法的"。[①] 基于这一推定，在指控某人犯有罪行时，对被告人犯罪时的精神状态的正常性是不承担任何举证责任的。例如，在英国刑事审判中，检控方负有说服责任的规则只有在两种情况下不适用，即被告人提出精神病的辩护，或者法律有特别规定。在前一种情况下，被告人有义务说服法官相信他有精神病，但只要达到较大可能性的标准即可。[②]

　　但是，在审查起诉阶段，检察人员应当注意一切有利和不利犯罪嫌疑人的所有事实，如果检察人员通过犯罪嫌疑人的辩护人或者近亲属向检察机关提供证明嫌疑人精神问题的有关材料，如犯罪嫌疑人的家族病史、犯罪嫌疑人先前治疗精神病的治疗病历、犯罪嫌疑人关系密切人员的证明材料等发现犯罪嫌疑人疑似精神病人，或者通过讯问等其他途径发现犯罪嫌疑人的精神状况明显异常的，检察机关应当依照法定程序对犯罪嫌疑人进行精神病初次鉴定或者精神病重新鉴定。对于犯罪嫌疑人不存在疑似精神病人的症状的，或者经鉴定属于完全刑事责任能力的人或者限制刑事责任能力的精神病人，符合起诉条件的，应当向人民法院提起公诉。检察机关在指控某人犯罪时，对被告人犯罪时属于依法不负刑事责任的精神病人，不承担任何举证责任。此时，辩方提出被告人实施行为时属于依法不负刑事责任的精神病人，应当进行强制医疗，实际上是对被告人精神状态正常性的推断，或者是对

---

　　① 何恬：《重构司法精神医学——法律能力与精神损伤的鉴定》，法律出版社2008年版，第43页。

　　② 参见［英］理查德：《刑事证据》，王丽等译，法律出版社2006年版，第60～71页。转引自樊崇义主编：《公平正义之路——刑事诉讼法修改决定条文释义与专题解读》，中国人民公安大学出版社2012年版，第259页。

被告人精神病鉴定意见的否定，因而举证责任应当落到辩方一方。

一般情况下，只有在辩方针对控方的指控提出新的主张，直接影响对被告人的定罪量刑，而这一事实又并未被控方所掌握时，才产生举证责任的转移，举证责任由控方转移到辩方。公诉人首先应当依法定程序针对实体法事实和程序法事实展开举证。在公诉人已经证明被告人有罪之后，辩方提出被告人实施行为时属于依法不负刑事责任的精神病人，应当进行强制医疗的，举证责任由控方转移到辩方。在举证责任转移到辩方的情况下，辩方所承担举证责任和证明程度较控方的要求要低，提供相关证据或线索并达到合理怀疑即可，即只需使法官对被告人是否患有精神疾病，或者精神病鉴定意见产生一定怀疑，并使其进而认为被告人属于依法不负刑事责任的精神病人这一事实存在合理的可能性。具体分为两种情形：

第一种是在控方已经依法对被告人进行精神病鉴定，鉴定意见确认被告人属于完全刑事责任能力的人或者限制刑事责任能力的精神病人的场合，辩方提出被告人的精神状态属于依法不负刑事责任的精神病人的主张，一般会被法官驳回。因为此时辩方难以提供支持这一主张的相关证据或线索，这些线索要么有的在审查起诉阶段已经提供给控方，要么已经在鉴定意见中有所体现。

第二种情形是控方认为被告人犯罪时精神状态正常且未进行精神病鉴定，辩方主张被告人患有精神疾病，依法不负刑事责任，辩方则应对此理由承担举证责任。如果控方认为被告人犯罪时精神正常，也应对此承担举证责任。检察官的客观义务并不因举证责任的转移而转移。控方可以通过精神病医学上精神病人作案时的常见的精神病理、常见的作案动机、常见的作案特点、常见的思维障碍等，与被告人的工作生活的情况、日常行为表现、犯罪行为表现两者之间的对比分析，论证被告人在实施暴力时具有常人的辨认及控制能力，应当承担刑事责任。如果控方基于辩方提供的被告人患有精神病或疑似精神病的证据和线索，产生对被告人犯罪时患有精神病的怀疑，则应同意对被告人依法进行精神病鉴定。法官不能在审查辩方提供的被告人患有精神病初步证据基础上，作出是否强制医疗的决定，因为辩方虽然拥有启动精神病鉴定的申请权，但是有无必要进行鉴定、能否启动鉴定的批准权掌握公检法机关的手里。因此，在法院审理阶段，辩方只能申请精神病鉴定，而不会直接主张对被告人进行强制医疗，在被告人的精神鉴定尚未作出之前，控方也不必对被告人不符合强制医疗适用要件承担证明责任。

四、强制医疗必要性的证明责任分配

从证据责任分配理论来看，强制医疗必要性的证明责任，检察机关申请强制医疗的案件中应当由其承担这部分要件事实的证明责任，人民法院自行决定强制医疗的案件中由其承担这部分要件事实的查证责任。实践中，行为人家属或监护人往往声称他们完全有能力对行为人进行严加看管和医疗，直接否定强制医疗的必要性，笔者认为此时也发生举证责任的转移。行为人家属或监护人应当提供改变目前看管和医疗状态的具体监管治疗方案等证据，如医院接收手续或者其他证明。如果仅是口头承诺，没有具体方案，则将承担举证不利的后果，行为人将会被予以强制医疗。如果检察人员认为具有强制医疗的必要性，对此也应承担举证责任。此类证据如被申请人家属既往的实际看管与提供医疗的状况，被申请人家属的收入状况、居住状况，被申请人家属的真实意愿程度，被申请人家属为其提供相应治疗、看管及医疗措施是否具有可行性及可操作性。

五、解除强制医疗案件中的证明责任分配

根据《刑事诉讼法》第 288 条的规定，"已不具有人身危险性、不需要继续强制医疗的"是解除强制医疗条件。在解除强制医疗的程序中，强制医疗机构提出解除强制医疗意见的，由强制医疗机构提供诊断评估报告，承担被强制医疗人已不具有人身

危险性、不需要继续强制医疗的证明责任。被强制医疗的人及其近亲属提出解除强制医疗申请的，应由被强制医疗的人及其近亲属负担对解除理由的证明责任的观点①值得商榷。笔者认为，根据《刑事诉讼法解释》的规定，被强制医疗的人及其近亲属向人民法院申请解除强制医疗，强制医疗机构未提供诊断评估报告的，申请人可以申请人民法院调取。必要时，人民法院可以委托鉴定机构对被强制医疗的人进行鉴定。根据该规定，被强制医疗人及其近亲属可以要求强制医疗机构提供诊断评估报告，当强制医疗机构提供诊断评估报告，并且评估报告证明被强制医疗人符合解除条件的，被强制医疗人及其近亲属自然愿意承担证明责任。

第三节　强制医疗程序的证明标准

刑事证明标准，是指在刑事诉讼中，根据法律规定认定案件事实所要求达到的程度要求。刑事证明标准，界定了认定案件事实证据的证明力尺度，如果证据的证明力达不到或者低于这个度，案件事实就会处于真伪不明的状态，承担证明责任的一方就将承担证明不利的后果。因此，证明标准规则对防止司法人员心证的随意性和防止冤假错案的发生具有重要意义。在当代刑事诉讼中，英美法系的"排除合理怀疑"和大陆法系的"内心确信"的证明标准规则，都体现了共同的价值趋向，内容上都要求达到信念的确信，并且这种确信的形成是出于良知或者真诚，是合理的和理性的，并非单纯的主观标准。实际上，其既强调有罪认定需要的证明程度的主观方面，也不忽视有罪认定需要的证明程度的客观方面。② 我国《刑事诉讼法》第 53 条规定了我国的刑事

---

① 参见纵博、陈盛:《强制医疗程序中的若干证据法问题解析》，载《中国刑事法杂志》2013 年第 7 期。
② 参见沈志先主编:《刑事证据规则研究》，法律出版社 2011 年版，第 314 ~ 315 页。

证明标准为"证据确实充分",此证明标准能否适用于强制医疗程序的证明标准?如果能够适用,那么是否适用于强制医疗适用的4个要件?对此需要运用刑事证据标准理论特别是刑事证明标准的层次性(或称多元化)理论进行分析论证,以明确强制医疗适用要件的证明标准。

一、客观要件和主体要件的证明标准

刑事证据标准理论通说认为,证明对象的不同,证明标准也可以有所不同。一般来说,实体法事实的证明标准要高于程序法事实的证明标准,案件主要事实或犯罪构成要件事实的证明标准高于案件次要事实的证明标准。[①] 依照《刑事诉讼法》第284条的规定,对"实施暴力行为,危害公共安全或者严重危害公民人身安全"的行为人,才可以适用强制医疗。即行为人的行为必须达到犯罪的程度,因此对于犯罪行为的证明,无论是在普通刑事诉讼还是强制医疗程序,都应当适用"证据确实充分"的证明标准。如果证明行为人犯罪行为的证据不足,或者行为人的行为不构成犯罪,则不能依据《刑事诉讼法》对其强制医疗,而只能按照《精神卫生法》的规定对其采取非自愿住院治疗或者按照《治安管理处罚法》责令家属严加看管和治疗。行为人属于经法定程序鉴定依法不负刑事责任的精神病人这一主体要件,是与犯罪构成有关的事实,同样应当适用"证据确实充分"的证明标准。主要基于以下理由:

其一,强制医疗的前提要件,是行为人实施暴力行为达到犯罪的程度,而证实某人实施犯罪关系到其人格尊严和他人评价,与个人的基本权利息息相关。即便行为人为精神病人,其人格、尊严、自由也应当受到宪法、法律的同等保护。与强制医疗联系在一起的是对行为人自由的严重限制,因为精神病治愈的可能性

---

① 参见李建明主编:《刑事诉讼法》,高等教育出版社2014年版,第162页。

是极其有限的，以至于强制医疗事实上可能会演变成对行为人单纯的关押。并且刑罚中的自由刑与行为人过去的罪责联系在一起并由其决定自由刑的期限，那么剥夺自由的处分则是取决于行为人将来的危险性，因此，其期限是不确定的。对自由的干涉更加严厉，也让人感到剥夺自由的处分比长期自由刑更可怕，① 强制医疗的实际时间普遍明显高于刑罚的法定最高限。因此，对其实施暴力行为的证明应当与普通刑事诉讼的证明一样，达到"证据确实充分"的证明标准，不得因其身份特殊而降低证明标准。

其二，现实生活中已经多次发生精神正常的公民被其所在单位、地方政府部门甚至被其家属强制送往精神病院的"被精神病"事件。这些人有的因为与所在单位及其领导因工作、待遇等问题发生矛盾，或许因为举报所在单位或地方的领导违法乱纪，有的因为多次进行上访或支持他人上访甚至只是拍摄几张群众上访照片，有的因为与其他单位和个人发生矛盾，有的因为家庭成员之间争夺财产。精神病院成为某些单位、个人压制不同意见的工具，成为某些个人争夺财产的工具。现实生活中也已经多次发生确实患有精神疾病的行为人，因为家庭无力送其住院治疗，无法得到及时救治，而将他们禁锢在家，或将他们遗弃，任其流浪继续危害社会，甚至有的将患者杀死的事件。理论与实践还存在这样的可能：精神病人因自身无认知能力，被他人利用，成为真凶的"替罪羊"，当然也不能排除"被犯罪"情况的发生。2010 年，河南尉氏县精神病人刘某某被当地警方故意抓走冲抵"杀人犯"，公安机关迫于"命案必破"压力而导演了精神病人"被杀人"的闹剧；② 精神正常的犯罪嫌疑人伪造精神病，成为"假精神病"，以逃脱法律的制裁。据资深精神病鉴定专家

---

① 参见［德］汉斯·海因里希·耶赛克、托马斯·魏根特：《德国刑法教科书》，徐久生译，中国法制出版社 2001 年版，第 105～107 页。

② 参见孙旭阳：《抓精神病人顶罪公安局长被免》，载《新京报》2010 年 5 月 18 日。

介绍，近年来，为了逃避刑事处罚，越来越多的犯罪嫌疑人"学会"了利用精神病鉴定来逃避刑事责任的方法。①

因此，为了斩断那些存心不良、存心不法之人的企图，避免"被精神病"、"被犯罪"、"替罪羊"、"假精神病"等现象的发生，理应采用较高的证明标准。

二、危险性要件和必要性要件的证明标准

有继续危害社会的可能，这一事实按照前述证明对象的分类来说，应该属于案件次要事实或者说属于非构成要件事实，对此可以适用较低证明标准，即适用"优势证据"标准或"有一定可能性"即可，而不必适用"证据确实充分"的最高标准。笔者认为，危险性要件的证明标准，在"优势证据"标准与"有一定可能性"之间，采用后者更为合适。理由如下：

其一，对犯罪行为的证明属于对已经发生的事实的证明，可以达到"证据确实充分"的证明标准。而强制医疗不取决于责任，而是取决于行为人将来的危险性。关于预测被判刑人还将实施犯罪行为，现代犯罪学知识均持怀疑态度，我们并不掌握预测一个人将来违法行为的可信的方法。② 所以，在现代科技水平和证明技术下，法官也无法准确地预测被告人是否会因其精神疾病而再次危害社会，而只能根据被告人的病情和以往行为进行一种似真的推理，作出被告人危害社会可能性大小的判断，并且这一判断是可以随时推翻的。因此，对被告人的社会危害性设置太高的证明标准是不现实的，也是无法达到的。

其二，如前所述，对于被告人进行强制医疗措施除了有限制其人身自由的一面，还有对其进行治疗和救助的一面，因此，对

---

① 参见金镒：《精神病鉴定：把住"免死金牌"》，载《哈尔滨日报》2006 年 9 月 10 日。

② 参见［德］汉斯·海因里希·耶赛克、托马斯·魏根特：《德国刑法教科书》，徐久生译，中国法制出版社 2001 年版，第 968～969 页。

于被告人来说，这种强制措施对其仍是有利的，尤其是对家庭经济困难、无力承担治疗费用的被告人来说，更是如此。若将被告人的社会危害性的证明标准设置太高，就可能会导致应当接受强制医疗的被告人无法及时接受治疗和救助，从而流落到社会再次产生危害，无法实现社会防卫的要求。因此对于被告人的社会危害性的证明只要能达到优势证据的证明标准，能够证明其危害社会的可能性较大即可。①

三、依法不负刑事责任的精神病人的证明能力

强制医疗案件的特殊性在于，行为人没有刑事责任能力，那么其对实施暴力行为事实的陈述，能否作为证据运用。目前存在不同的认识。一种意见认为：虽然行为人不负刑事责任，但仍能对事实和造成的结果有认知能力，其陈述与其他证据相印证的，可作为证据材料使用；另一种意见认为，行为人是不负刑事责任的人，其陈述不能作为案件证据，对案件事实的认定，要从其他客观证据和间接证据加以判定。例如，在吴某杀婴案件中，吴某在其暂住的出租房内，用剪刀将其年仅 4 个月的女儿杀害。警方立案侦查后发现吴某有精神病史。经鉴定，吴某患有精神分裂症，无刑事责任能力。从证明标准上看，吴某案为一起在私密空间发生的杀婴案件，除精神病人自己供述，无其他直接证据证实其实施了暴力行为。该精神病人的供述能否采信，是否应当与普通刑事案件的采信标准有所区别，并作为强制医疗"暴力行为"的依据？诸多不明确之处，给司法认定带来了困难。②

对于行为人系不负刑事责任的精神病人的陈述的证据运用，上海市检察机关适用强制医疗程序研究课题组研究认为上述第一

---

① 参见纵博、陈盛：《强制医疗程序中的若干证据法问题解析》，载《中国刑事法杂志》2013 年第 7 期。

② 参见崔洁、肖水金：《精神病人强制医疗难题不少》，载《检察日报》2013年 5 月 22 日。

种观点是比较合理的。理由是：其一，被申请人的责任能力，并不必然影响其对事实陈述的客观真实性。因为被申请人在案发时虽然不能辨认或者控制自己的行为，但不代表其无任何认知与判断能力，特别是间歇性精神病人。被申请人无刑事责任能力，只是意味着其对自己行为的社会危害性缺乏认识和控制，影响的是其对自己行为的主观价值判断，并不必然影响其对客观事实本身的感知、记忆和描述。其二，根据我国《刑事诉讼法》第 60 条的规定，精神上有缺陷，并不必然影响言词证据的证据资格，关键看该精神缺陷是否影响正常的辨别和表达。据此，只要被申请人的精神障碍不足以影响其正常辨别和表达的，应当允许其陈述作为证据使用。在法律上，儿童和精神病人同样属于无刑事责任能力的人，但对于儿童的证言，在确定陈述内容符合其认知能力的，可以作为证据使用，同样，对精神病人的陈述，也不应采取一概排除的做法。其三，如果以被申请人不负刑事责任为由，对其陈述一概排除，则许多案件会因为缺少直接证据而难以认定，从而使一部分需要强制医疗的精神病人无法得到及时医治，不利于社会治安的防控。笔者也赞同第一种观点。从刑法意义上说，责任能力也并不是说行为人对自己行为事实上的实际性质、后果的认识能力，关键在于对自己行为的社会意义与法律结果的认识能力，包括对行为引致的刑事责任的性质、意义有认识，对为什么要承担刑事责任有认识。例如，精神病人放火、杀人的，他也知道用刀子能够将人杀死，火能够将房子、财物烧毁，即对事实的实际性质是有认识能力的，但是，他并不知道放火、杀人的违法行为及法律结果的社会意义。精神病人对自己放火、杀人行为伦理价值意义上的认识能力的缺失，并不影响其证据规则意义上的对自己行为事实的客观性描述。

第五章　公安机关强制医疗程序
适用与检察监督

　　《刑事诉讼法》第 289 条规定："人民检察院对强制医疗的决定和执行实行监督。"在我国，公安机关、人民检察院、人民法院三机关共同担负保证刑法的正确实施，保护人民，保障国家安全和社会公共安全的职责，且要分工负责、各司其职，又要互相配合、互相制约，并通过人民检察院发挥检察监督的职能，从而保证准确有效地执行法律。我国《宪法》和《人民检察院组织法》明确规定，人民检察院是国家的法律监督机关。人民检察院对诉讼活动实行法律监督，是法律赋予人民检察院的一项重要职权。根据这一规定以及为了防止和及时纠正在强制医疗决定和执行环节中出现的错误和违法行为，正确应用法律，保障精神病人的合法权利，保证强制医疗程序的正确实施，这次修改刑事诉讼法时在增加强制医疗程序的同时，规定人民检察院对强制医疗的决定和执行实行监督。人民检察院对强制医疗的决定实行监督，既包括公安机关的侦查活动，也包括人民法院的审理活动。人民检察院对公安机关在侦查阶段的监督，是其法律监督职能的重要体现，是通过审查公安机关提出的强制医疗意见及日常侦查工作来实现监督的，包括侦查机关在收集精神病人实施暴力行为的证据材料，对精神病人进行鉴定的程序，对实施暴力行为的精神病人采取临时的保护性约束措施是否合法等。[1]

---

　　① 参见郎胜主编：《中华人民共和国刑事诉讼法释义（最新修正版）》，法律出版社 2012 年版，第 638～639 页。

第一节　公安机关强制医疗程序的适用

一、启动程序的适用

《刑事诉讼法》第285条第2款规定，"公安机关发现精神病人符合强制医疗条件的，应当写出强制医疗意见书，移送人民检察院"。人民检察院根据公安机关的强制医疗意见进行审查，作出是否向人民法院提出强制医疗的申请。可见，我国法律赋予了公安机关对于强制医疗的启动权。《办理刑事案件程序规定》第332条进一步细化了强制医疗启动程序的具体操作流程，"对经法定程序鉴定依法不负刑事责任的精神病人，有继续危害社会可能，符合强制医疗条件的，公安机关应当在七日以内写出强制医疗意见书，经县级以上公安机关负责人批准，连同相关证据材料和鉴定意见一并移送同级人民检察院"。

公安机关启动强制医疗程序的时间节点是公安机关强制医疗启动程序的重要问题之一。公安机关强制医疗程序的启动，从何时开始？是从发现行为人疑似精神病人，启动精神病鉴定时起，还是从公安机关写出强制医疗意见书，移送人民检察院时起？

精神病鉴定启动程序不等于启动强制医疗程序。启动精神病鉴定程序之后，鉴定意见无非是不负刑事责任的精神病人，部分责任能力的精神病人，行为时精神正常的间歇性精神病人或者具有完全刑事责任能力的人等几种意见。因此，强制医疗程序的启动不能基于还未确定的鉴定意见。公安机关收到鉴定机构作出的不负刑事责任的鉴定意见后，根据《办理刑事案件程序规定》第332条的规定，还需审查是否具有继续危害社会可能，是否符合强制医疗条件，对于不具有继续危害社会可能，不符合强制医疗条件的，则不必写出强制医疗意见书；对于有继续危害社会可能，符合强制医疗条件的，才依照程序写出强制医疗意见书并移送人民检察院。据此，公安机关启动精神病鉴定程序并不等于启动强制医疗程序。公安机关启动强制医疗的程序节点应当从其制作《强制医疗立案决定书》起开始。

二、鉴定程序的适用

《刑事诉讼法》第 144 条规定："为了查明案情，需要解决案件中某些专门性问题的时候，应当指派、聘请有专门知识的人进行鉴定。"第 146 条后段规定："如果犯罪嫌疑人、被害人提出申请，可以补充鉴定或者重新鉴定。"根据这两条规定，只要是针对查明案情的，侦查人员在侦查中享有司法精神病鉴定启动的决定权，犯罪嫌疑人和被害人享有对补充鉴定和重新鉴定的申请权。

《办理刑事案件程序规定》进一步细化了鉴定、补充鉴定、申请鉴定的启动决定权。该程序规定的第 239 条规定："为了查明案情，解决案件中某些专门性问题，应当指派、聘请有专门知识的人进行鉴定。需要聘请有专门知识的人进行鉴定，应当经县级以上公安机关负责人批准后，制作鉴定聘请书。"由此可见，公安机关在办理刑事案件的过程中，有权力决定启动司法鉴定，虽然要经过批准，但仅是内部审批，检、法、辩等方无权参与。

该程序规定的第 244 条规定："犯罪嫌疑人、被害人对鉴定意见有异议提出申请，以及办案部门或者侦查人员对鉴定意见有异议的，可以将鉴定意见送交其他有专门知识的人员提出意见。必要时，询问鉴定人并制作笔录附卷。"第 245 条规定："经审查，发现有下列情形之一的，经县级以上公安机关负责人批准，应当补充鉴定：（一）鉴定内容有明显遗漏的；（二）发现新的有鉴定意义的证物的；（三）对鉴定证物有新的鉴定要求的；（四）鉴定意见不完整，委托事项无法确定的；（五）其他需要补充鉴定的情形。经审查，不符合上述情形的，经县级以上公安机关负责人批准，作出不准予补充鉴定的决定，并在作出决定后三日以内书面通知申请人。"第246条规定："经审查，发现有下列情形之一的，经县级以上公安机关负责人批准，应当重新鉴定：（一）鉴定程序违法或者违反相关专业技术要求的；（二）鉴定机构、鉴定人不具备鉴定资质和条件的；（三）鉴定人故意作虚假鉴定或者违反回避规定的；（四）鉴定意见依据明显不足的；（五）检材虚假或者被损坏的；（六）其他应当重新鉴定的情形。重新鉴定，应当另行指派或者聘请鉴定人。经审查，不符合上述情形的，经县级以上公安机关负责人批准，作出不准予重新鉴定的决定，并在作出决定后三日以内书面通知申请人。"从这三条对补充鉴定和重新鉴定的启动程序的规定可以看出，在侦查阶段，一是公安机关对补充鉴定和重新鉴定拥有绝对的启动决定权；二是虽然犯罪嫌疑人和被害人对补充鉴定和重新鉴定具有申请权，但批准权仍然掌握公安机关的手中。

三、临时的保护性约束措施的适用

《刑事诉讼法》第285条第3款规定了一种特殊的约束措施："对实施暴力行为的精神病人，在人民法院决定强制医疗前，公安机关可以采取临时的保护性约束措施。"《办理刑事案件程序规定》第333条规定："对实施暴力行为的精神病人，在人民法院决定强制医疗前，经县级以上公安机关负责人批准，公安机关可以采取临时的保护性约束措施。必要时，可以将其送精神病医院接受治疗。"临时约束措施作为《刑事诉讼法》规定的一种特殊的约束措施，是人民法院决定强制医疗之前公安机关唯一可以采取的限制人身自由的临时安置措施。

第二节 公安机关强制医疗程序
适用的检察监督

一、启动程序的检察监督

(一) 对应当启动程序而不启动程序的监督

《刑事诉讼规则》第 545 条规定了检察机关对公安机关应当启动强制医疗程序而不启动的监督:"人民检察院发现公安机关应当启动强制医疗程序而不启动的,可以要求公安机关在七日以内书面说明不启动的理由。经审查,认为公安机关不启动理由不能成立的,应当通知公安机关启动程序。"人民检察院对公安机关应当启动强制医疗程序而不启动的监督,是对公安机关强制医疗案件侦查活动监督的重要内容之一。

如前所述,公安机关启动强制医疗的程序节点应当从其制作《强制医疗立案决定书》起开始。检察机关对公安机关应当启动强制医疗程序而不启动的监督,应当理解为:人民检察院发现公安机关应当启动强制医疗程序,制作《强制医疗立案决定书》而不启动的,可以要求公安机关在 7 日以内书面说明不启动的理由。在实践中,倘若没有《强制医疗立案决定书》这一文书样式,那么启动的程序节点可以从决定采取临时约束措施时起开始,因为需要强制医疗的绝大多数是采取了临时约束措施的。

(二) 应当启动程序而不启动的监督部门

对公安机关应当启动强制医疗程序而不启动的监督,是由检察机关的哪个部门负责?实务界有观点认为,派驻检察室发现精神病人应当强制医疗,公安机关没有移送强制医疗,或精神病人不应当强制医疗,公安机关却移送强制医疗等情况,监督公安机关予以纠正。① 实践中，也存在由检察机关的监所检察部门开展对应当启动程序而不启动监督工作的案例。

我们认为，对应当启动程序而不启动的监督部门应系公诉部门。对于上述观点中的后一种情形，即精神病人不应当强制医疗，公安机关却移送强制医疗的监督，《刑事诉讼规则》第544条第2款予以了明确规定，"对于公安机关移送的强制医疗案件，经审查认为不符合刑事诉讼法第二百八十四条规定条件的，应当作出不提出强制医疗申请的决定，并向公安机关书面说明理由；认为需要补充证据的，应当书面要求公安机关补充证据，必要时也可以自行调查"。因此，对于此种情形，应当是由公诉部门予以监督。对于上述观点的前一种情形，即由监所检察部门开展对"公安机关应当启动强制医疗程序而不启动的监督"，同样值得商榷。《刑事诉讼规则》第十三章第四节规定的检察环节强制医疗案件的诉讼程序，重点是对公诉部门程序规则的规定，监所检察部门基于内部职责分工的监督仅限于《刑事诉讼规则》第547条所规定的情形。

监所检察部门在日常驻所检察中发现在押犯罪嫌疑人疑似精神病人，发函建议公安机关对该嫌疑人进行精神疾病鉴定，并在经鉴定确认系精神病人，不负刑事责任后建议公安机关立即释放；公安机关未立即释放的，监所检察部门应当进行监督。同时，监所检察部门认为该精神病人的刑事不法行为符合强制医疗客观要件的，应当将其涉嫌的暴力犯罪及其在羁押期间表现特别是羁押期间存在的攻击他人行为的证明材料移送本院公诉部门。由公诉部门在公安机关应当启动强制医疗程序而不启动时，制发《要求说明不启动强制医疗程序理由通知书》，要求公安机关在7日以内书面说明不启动的理由。经审查，认为公安机关不启动理由不成立的，制发《要求启动强制医疗程序通知书》，通知公安

---

① 参见王秋杰：《浅议强制医疗检察监督制度》，载《山西省政法管理干部学院学报》2014年第1期。

机关启动强制医疗程序。

（三）对应当启动程序而不启动的监督程序

1. 犯罪嫌疑人经过精神病鉴定系精神病人，但公安机关认为并非是依法不负刑事责任的精神病人，按照普通刑事诉讼程序移送审查起诉的，检察机关经审查认为行为人系依法不负刑事责任的精神病人的，应当作出不起诉的决定。同时认为符合强制医疗条件的，应当提出强制医疗申请。检察机关其他部门在公安机关移送审查起诉之前发现此情形的，应当告知公诉部门，由公诉部门启动监督程序。

2. 犯罪嫌疑人经过精神病鉴定系依法不负刑事责任的精神病人，但公安机关认为不符合强制医疗条件，由其家属自行看管和治疗的，公诉部门发现此情形，应当依照《刑事诉讼规则》第 545 条启动监督程序。检察机关其他部门有此情形的，应当告知公诉部门，由公诉部门启动监督程序。

3. 犯罪嫌疑人有疑似精神病人的迹象，或者行为人曾经患过精神病，公安机关未对行为人进行精神病鉴定，而是按照普通刑事诉讼程序移送审查起诉的，检察机关经审查认为需要委托精神病鉴定的，可以退回公安机关补充鉴定，或者自行委托鉴定。经鉴定犯罪嫌疑人系依法不负刑事责任的精神病人，对于退回补充侦查的案件，公安机关应当启动程序而不启动，由公诉部门启动监督程序。对于自行委托鉴定的案件，公诉部门依照《刑事诉讼规则》第 548 条办理。检察机关的其他部门在公安机关移送审查起诉前发现此类情形的，应当建议公安机关对行为人进行精神病鉴定。在公安机关移送审查起诉后发现此类情形的，应当告知公诉部门，由公诉部门按照前述两种途径解决。

二、鉴定程序的检察监督

对精神病人的鉴定意见在强制医疗程序中非常重要，在诸多证据中居于核心地位。司法机关需要根据鉴定意见来判断：行为人是不是精神病人；行为人要不要负刑事责任；此前对行为人作出的处理决定（如撤销案件、不起诉、终止审理、宣告无罪等）是否正确；行为人还有没有继续危害社会的可能等。[①] 检察机关在审查公安机关移送的《强制医疗意见书》时，需要对鉴定意见进行认真地审查，如果发现鉴定程序不合法，根据《刑事诉讼规则》第 546 条的规定，应当提出纠正意见。

所谓鉴定的法定程序，是指《刑事诉讼法》、全国人民代表大会常务委员会《关于司法鉴定管理问题的决定》、司法部《司法鉴定程序通则》、公、检、法、司会同卫生部发布的《精神疾病司法鉴定暂行规定》中对于精神病鉴定的有关程序要求。人民检察院审查公安机关对涉案精神病人进行鉴定的程序是否合法，可以从司法鉴定的委托与受理、司法鉴定的实施（包括阅卷、精神检查、体格、神经系统及心理学测试等辅助检查）、司法鉴定意见的讨论和出具等三个方面进行审查判断。

三、临时约束措施的检察监督

对涉案精神病人采取的临时约束措施，与强制医疗措施一样，本质上都是对精神病人人身自由的限制和剥夺，如果临时约束措施可以任意为之，也同样会导致"被强制采取临时约束措施"危险的发生，就如同过去行政化的强制医疗导致广为诟病的"被精神病"现象一样，因此，检察机关应对公安机关采取的临时约束措施的活动进行监督。

根据《刑事诉讼规则》第 546 条规定："人民检察院发现公安机关对涉案精神病人进行鉴定的程序违反法律或者采取临时保护性约束措施不当的，应当提出纠正意见。公安机关应当采取临时保护性约束措施而尚未采取的，人民检察院应当建议公安机关采取临时保护性约束措施。"第 547 条规定："人民检察院发现

---

① 参见孙谦主编：《〈人民检察院刑事诉讼规则（试行）〉理解与适用》，中国检察出版社 2012 年版，第 375～376 页。

公安机关对涉案精神病人采取临时保护性约束措施时有体罚、虐待等违法情形的，应当提出纠正意见。"检察机关对临时约束措施的监督包括三个方面：一是公安机关对涉案精神病人采取临时约束措施是否适当，包括是否有必要采取临时约束措施，采取的临时约束措施的强度是否适当，有没有对涉案精神病人的健康造成严重影响等。二是公安机关应当采取临时约束措施而未采取的。三是公安机关对涉案精神病人采取临时约束措施时有体罚、虐待等违法情形的。需要注意的是，这项工作类似于对监管活动的监督，根据《刑事诉讼规则》第547条第2款规定由监所检察部门负责。

有观点认为，在侦查阶段肇祸精神病人被刑事立案，精神病司法鉴定意见作出前，行为人的身份仍属于犯罪嫌疑人，对其如何处理应区别对待：在侦查阶段初期查明犯罪嫌疑人具有精神病史，或在作案过程中精神状态异常可能患有精神疾病的，应当采取非羁押性的强制措施，如予以取保候审，责令行为人家属严加看管，或者指定监视居住。对于采取非羁押性的强制措施不足以防范行为人的人身危险性的，应当由公安机关送行为人到精神病医院治疗。待精神病司法鉴定意见确认其患有精神病并不负刑事责任后，再按照规定采取保护性约束措施。[1] 由于精神病人涉嫌的犯罪类型相对比较集中，多发的犯罪类型包括杀人、伤害、放火、毁坏公私财物等暴力型传统犯罪，各种高智商的经济犯罪十分罕见。[2] 精神病司法鉴定意见的结论总的来说无非两种：一是行为人负刑事责任，二是不负刑事责任。那么司法鉴定意见确认之前，行为人的刑事责任能力问题同样处于不确定的状态。涉嫌暴力型犯罪的嫌疑人虽然具有精神病史或者是疑似精神病人，但

---

[1] 参见罗兆丹：《强制医疗程序司法运作中的问题与完善》，载《山东警察学院学报》2014年第1期。

[2] 参见陈卫东、程雷：《司法精神病鉴定基本问题研究》，载《法学研究》2012年第1期。

是当司法鉴定意见确认行为人应负刑事责任时，如果对其采取取
保候审或者指定监视居住显然无法保障诉讼的顺利进行，存在行
为人继续实施暴力违法犯罪的风险，以及存在脱逃等妨害诉讼顺
利进行的风险。如果将其送到精神病院治疗，行为人虽有精神病
史或者是疑似精神病人，未经确诊就对其施以精神病治疗手段，
会有使行为人"被精神病"之嫌，侵犯行为人的健康权。由此
可见，上述分类处理的观点并不周延。只根据行为人"罪后"
的表现或采取取保候审（指定监视居住）或送医精神病院，而
没有考虑到行为人经鉴定确认应负刑事责任的情形。既然司法鉴
定之前尚未确认行为人不负刑事责任，那么无论行为人是具有精
神病史的人还是疑似精神病人，其身份仍然属于犯罪嫌疑人，
应当依法对其采取刑事强制措施，包括羁押性的拘留、逮捕
措施。

四、三项重点内容之外的一般监督

人民检察院对公安机关侦查活动的监督包括对应当启动程序
而不启动程序的监督、对鉴定的监督、对临时约束措施的监
督。[①] 这三个方面的监督，只是刑事强制医疗程序中，公诉部
门、监所检察部门对公安机关启动强制医疗程序之时及之后的侦
查活动的监督重点。侦查活动监督贯穿于侦查活动的全过程，公
安机关在启动强制医疗程序之前的侦查活动、补充证据时的侦查
活动等都属侦查监督的范畴，具体而言包括：（1）对犯罪嫌疑人
刑讯逼供、诱供的；（2）对被害人、证人以体罚、威胁、诱骗等
非法手段收集证据的；（3）伪造、隐匿、销毁、调换或者私自涂
改证据的；（4）徇私舞弊，放纵、包庇犯罪分子的；（5）故意制
造冤、假、错案的；（6）在侦查活动中利用职务之便谋取非法
利益的；（7）在侦查过程中不应当撤案而撤案的；（8）贪污、

---

① 参见孙谦主编：《〈人民检察院刑事诉讼规则（试行）〉理解与适用》，中国
检察出版社 2012 年版，第 375～376 页。

挪用、调换所扣押、冻结的款物及其孳息的；（9）违反刑事诉讼法关于决定、执行、变更、撤销强制措施规定的；（10）违反羁押和办案期限规定的；（11）在侦查中有其他违反刑事诉讼法有关规定的行为的。[①]

此外，检察机关还应当对公安机关办理强制医疗案件的期限进行监督。实践中有观点认为，侦查人员在撤销刑事案件时，对符合强制医疗条件的，制作《强制医疗立案决定书》，并在一个月内向人民检察院移送《强制医疗意见书》及案件材料。我们认为，这一观点值得商榷。通常情况下，公安机关对符合强制医疗条件的涉案精神病人采取临时约束措施的，如果没有采取临时约束措施的必要，则实际上表明涉案精神病人的家属具有看管和治疗的能力，或者涉案精神病人已经具有控制自己行为的能力，对此情形通常可以认为对行为人已无强制医疗的必要，也即不符合强制医疗的适用条件。既然对涉案精神病人采取了临时约束措施，则公安机关依据《办理刑事案件程序规定》第332条的规定，应当在7日以内制作《强制医疗意见书》，经县级以上公安机关负责人批准，连同相关证据材料和鉴定意见一并移送同级人民检察院。对于公安机关超期移送的，检察机关应当提出纠正意见。

第三节　临时约束措施检察监督的实践探索

临时约束措施，是指公安机关在人民法院决定强制医疗之前，对实施了暴力行为的精神病人可以采取交由其监护人严加看管或送交医疗机构进行治疗等措施。[②] 我国临时约束措施程序已

[①]　参见张兆松主编：《检察学教程》，浙江大学出版社2009年版，第329页。

[②]　参见庄洪胜编著：《精神病司法鉴定与强制医疗》，中国法制出版社2012年版，第27页。

经初具轮廓。但是如果注意考察这个制度的动态状况，则会发现临时约束措施程序的相关规定仍然不够明确具体，其操作性仍显不强。司法实践中，一些地区的司法机关在现有法律和司法解释有关临时约束措施制度的基础上，从保障被临时约束人权利和治疗的角度进行了有益的实践探索，有的明确检察机关、人民法院决定启动强制医疗程序，通知或者建议公安机关采取临时约束措施的，公安机关应当执行；有的明确公安机关采取临时约束措施的情况，应当通知检察机关；有的检察机关还开展了对约束医疗活动以及约束医疗机构安保问题的监督等。

一、检察院、法院决定启动强制医疗的由公安机关采取临时约束措施

根据《办理刑事案件程序规定》第 332 条、第 333 条和《刑事诉讼规则》第 548 条、《刑事诉讼法解释》第 532 条的规定，决定启动强制医疗程序的主体包括公安机关、检察机关和人民法院，相应地产生检察机关和人民法院决定启动医疗程序时临时约束措施的决定主体问题。但是，《刑事诉讼规则》第 548 条①和《刑事诉讼法解释》第 532 条②都没有对检察机关在审查起诉过程中、人民法院在审理刑事案件过程中，决定适用强制医疗程序的，对精神病人采取临时约束措施的决定主体予以明确。

实践中，检察机关和人民法院决定启动强制医疗程序，如何告知公安机关采取临时约束措施的方式有两种，一种是采用"建议"方式采取临时约束措施，另一种是采用"通知"方式采

---

① 《刑事诉讼规则》第 548 条规定："在审查起诉中，犯罪嫌疑人经鉴定系依法不负刑事责任的精神病人的，人民检察院应当作出不起诉决定。认为符合刑事诉讼法第二百八十四条规定条件的，应当向人民法院提出强制医疗的申请。"

② 《刑事诉讼法解释》第 532 条第 1 款规定："第一审人民法院在审理案件过程中发现被告人可能符合强制医疗条件的，应当依照法定程序对被告人进行法医精神病鉴定。经鉴定，被告人属于依法不负刑事责任的精神病人的，应当适用强制医疗程序，对案件进行审理。"

取临时约束措施。前者如有的地方规定:"公诉部门在审查起诉中,发现犯罪嫌疑人符合强制医疗条件的,应当启动强制医疗程序;对需要采取临时保护性约束措施的,应当建议公安机关采取,并通知监所检察部门。"① 后者如有的地方规定:"人民检察院在作出不起诉决定后,涉案精神病人被采取强制措施的,人民检察院应当在二十四小时内作出解除决定,并通知公安机关。必要时,在解除强制措施的同时,书面通知公安机关采取临时保护性约束措施。"同时规定:"人民法院适用强制医疗程序审理案件的,应当在作出强制医疗决定的同时,解除被告人的强制措施,并通知公安机关。必要时,在解除强制措施的同时,书面通知公安机关采取临时保护性约束措施。"② 又如有的地方规定:"从鉴定机构出具《精神病司法鉴定意见书》后,公安机关、人民检察院、人民法院决定启动强制医疗程序之日起,可以通知对涉案精神病人采取临时的保护性约束措施,由公安机关负责执行。"③ 又如有的地方规定:"对于人民法院作出决定之前,精神病人已没有继续危害社会可能,解除约束后不致发生社会危险的,由原决定机关及时解除临时的保护性约束措施。原决定机关批准解除临时的保护性约束措施后,应当及时通知正在办理强制医疗案件的机关。"④ 比较上述两种告知方式,我们认为,"建议"由于是检察机关单方作出,略显监督的刚性不足;"通知"是相关单位之间积极沟通磋商的体现。

---

① 《重庆市人民检察院第一分院强制医疗程序及监督实施办法(试行)》第12条。

② 上海市高级人民法院、上海市人民检察院、上海市公安局、上海市司法局《关于本市强制医疗案件办理和涉案精神病人收治管理的暂行规定》第9条第2款和第10条第2款。

③ 江苏省常州市法院、检察院、公安局、司法局、民政局、卫生局《对依法不负刑事责任的精神病人实施强制医疗程序的适用办法》第2条。

④ 浙江省嘉兴市检察院、市中院、市公安局《关于规范强制医疗案件办理程序的若干意见(试行)》第2条第2款。

二、公安机关采取临时约束措施的情况应当通知检察机关

临时约束措施的通知制度，是指公安机关对于实施暴力行为的精神病人采取临时约束措施时，应当通知同级人民检察院的制度。公安机关在对涉案精神病人采取临时约束措施时，是否需要通知检察机关，《办理刑事案件程序规定》对此并未明确。虽然对于符合强制医疗条件的涉案精神病人，公安机关从其得到不负刑事责任的鉴定意见到其制作《强制医疗意见书》之间仅仅7天的期间，但是检察机关的监所检察部门对公安机关采取临时约束措施时体罚、虐待涉案精神病人的监督，理应从其采取该措施时起即应开始履行职责，为此公安机关应该将采取临时约束措施的情况通知检察机关。实践中，有的由当地政法委牵头出台纪要，明确要求公安机关发现涉案精神病人符合强制医疗条件的，应当对其采取临时约束措施，并在2日内将临时约束措施情况告知人民检察院，在7日内将强制医疗意见书移送人民检察院。①

三、临时约束场所的选择

如前所述，采取临时约束措施的目的，一是防止涉案精神病人可能继续危害社会和他人，二是使其疾病得到治疗和控制。《办理刑事案件程序规定》明确：对实施暴力行为的精神病人可以采取临时约束措施，必要时可以将其送治精神病院（为区别于强制医疗机构，以下称之约束医疗机构）。公安机关作为临时约束措施的执行主体，就其采取临时保护措施的个案来看，存在执行地点、方式、方法的不统一问题，有的选择在办案区，有的选择在看守所，有的选择交付约束医疗机构等多种样式，具体操

---

① 参见中共桐庐县委政法委《关于办理强制医疗案件若干问题的会议纪要》第2条。

作极不规范。山西省检察院通过对 2013 年 1 月至 9 月办理的 31
起强制医疗案件汇总分析，发现其中在各类精神病医院或综合医
院专科门诊进行的有 17 件，在看守所、拘留所进行的有 4 件，
在村里或家里进行的有 3 件，因检察机关不批准逮捕而采取取保
候审的 1 件，还有 6 件情况不明。①

公安机关在临时约束场所选择上的多样性甚至是随意性，反
映出规范临时约束措施实施方式并建立相关配套机制的紧迫性。
选择办案区，虽然可以防止涉案精神病人可能继续危害社会和他
人，但是不利于使其病情得到治疗和控制。选择暂时取保候审或
者指定监视居住，在经鉴定确认涉案精神病人不负刑事责任之
后，由于涉案精神病人的身份变化，不宜继续对其采取刑事强制
措施，也不利于对涉案精神病人的约束和治疗。选择看守所、拘
留所作为临时约束场所，更是一种非法羁押；《看守所条例》第
10 条明确规定对患有精神病的犯罪嫌疑人不能关押。选择交由
其监护人看管，而不对其进行药物治疗，其病情则有再次复发的
可能。而选择交付约束医疗机构，则可以同时兼顾临时约束措施
的两个目的。

精神病专科医院或综合医院的精神病专科，按其体制归属和
所有制的不同，可以分为卫生系统、民政系统、公安系统以及私
有企业；按其行政管理层级的不同，又可以分为县（区）级、
地市级和省市级。因此，临时约束场所具有明显的不确定性。实
践中，有的公检法联合出台文件明确要求临时约束措施和强制医
疗均由安康医院负责执行。② 我们认为，从便利诉讼和便利监督
角度而言，约束医疗机构并非一定选择安康医院，可以考虑选择
办案单位所在地的县区级精神病院，办案单位本地没有精神病院

---

① 参见李哲：《对精神病人强制医疗案件法律监督的调查》，载《人民检察》
2014 年第 6 期。

② 参见北京市高级人民法院、北京市人民检察院、北京市公安局《关于强制
医疗程序的实施办法（试行）》第 3 条。

的，应该在本地市辖区内就近选择精神病院，例如实践中有的地方规定强制医疗案件的临时约束措施可以在强制医疗所执行，也可以在精神卫生医疗机构或者其他场所执行，① 有的地方规定本地精神病专科医院或综合医院的精神病专科作为公安机关办理强制医疗案件采取临时约束措施的场所。② 因此，我们认为，对于公安机关采取异地约束医疗措施的，检察机关应当提出检察建议，甚至可以动议本地政法委就此协调，明确本辖区内的临时约束场所。在保护性约束的方式和强度明确之后，可以由约束医疗机构进行临时约束。

实践中，有的观点认为，"在决定强制医疗之前，犯罪嫌疑人需要逮捕的通常是被先羁押在看守所中。因为被强制医疗的精神病人有继续危害社会的可能，从维护公共及公民人身安全的角度出发，建议对精神病人采取监视居住或拘留等强制措施"。我们认为，这种观点和做法是错误的。如前所述，犯罪嫌疑人经鉴定不负刑事责任之后，对其采取任何刑事强制措施都是违法的，检察机关发现公安机关对依法不负刑事责任的精神病人采取刑事强制措施的，或者发现公安机关对依法不负刑事责任的精神病人没有解除刑事强制措施，转而采取临时约束措施的，应当依法制发《纠正违法通知书》，而并非"建议对精神病人采取监视居住或拘留等强制措施"。例如，吉林省延边敦化市检察院在办理殷某某强制医疗案中，发现公安机关未对其采取临时约束措施，取而代之以刑事拘留，对此，敦化市院发出《纠正违法通知书》。

四、检察机关对约束医疗活动的监督

临时约束场所选择精神病院的，执行的机构除了公安机关外

---

① 参见上海市高级人民法院、上海市人民检察院、上海市公安局、上海市司法局《关于本市强制医疗案件办理和涉案精神病人收治管理的暂行规定》第 14 条。

② 前者参见江苏省常州市法院、检察院、公安局、司法局、民政局、卫生局《对依法不负刑事责任的精神病人实施强制医疗程序的适用办法》第 2 条。后者参见中共桐庐县委政法委《关于办理强制医疗案件若干问题的会议纪要》第 3 条。

还包括约束医疗机构。对约束医疗机构体罚、虐待涉案精神病人等违法情形的监督，《刑事诉讼规则》对此并无明确和具体的规定，《刑事诉讼规则》第546条、第547条以及第664条的规定并未涉及该种情形。虽然，实践中，有的检察机关在开展临时约束措施监督时，对办案单位和医疗单位有无体罚虐待等情形重点监督。但是，我们认为，《刑事诉讼规则》应该对约束医疗机构的检察监督进行补充规定，或者由省级公检法、卫生局、民政局等会签规范性文件，或者在修正地方性精神卫生条例时对此予以明确规定，具体的监督内容可以参照《刑事诉讼规则》第664条。

【案例1】对约束医疗机构医疗活动的检察监督。近期，张家港市院监所检察科在获悉案发信息后第二天即赴办案单位张家港市公安局德积派出所介入检察监督，向办案单位领导、承办民警和社区群众了解屈某某的案件进展情况及近年来的精神状况。经检查，屈某某系精神二级残疾，案发后办案部门即将屈某某送张家港市康乐医院采取临时约束措施，同时委托苏州市广济医院司法鉴定所对屈某某进行精神病鉴定，经鉴定为精神分裂症（显症期），无刑事责任能力。该科干警到张家港市康乐医院对屈某某采取临时约束措施情况开展检察监督，每周巡视检察不少于2次，通过回看监控录像，实地察看屈某某治疗、生活环境，询问主治医师了解其病情动态和药物监服情况。重点对其采取的临时约束措施的合理性、办案及医疗单位有无体罚虐待等情形重点监督，均未见异常。此案公安机关已向该院提出强制医疗意见，现在公诉部门审查中。①

五、检察机关对约束医疗机构安保措施的监督

临时约束场所选择精神病院的，对涉案精神病人的安保责任部门是公安机关还是医疗机构。实践中，对此有不同的做法，如

---

① 资料来自江苏省检察系统内网。

有的地方规定约束医疗机构负责对该场所的日常管理；约束医疗机构及相关办案部门应当建立信息互通机制，约束医疗应当定期向属地公安机关通报病情及安保工作，公安机关应当对治疗情况及其他安全问题定期进行检查，并做好记录。① 有的地方则规定公安机关在采取临时约束措施时，应当对精神病人严加看管，并注意约束的方式、方法和力度，以避免和防止危害他人和精神病人的自身安全为限度。② 我们在调研中也曾经了解到普通精神病院与公安系统的安康医院在安全保卫工作的要求并无二致。现实中，有的医院的安保设备设施老化，防范措施不完善、有漏洞，在精神病患者家属不愿意病人被强制医治的情况下，发生过病人被抢的事件。③ 2013 年广西藤县第三人民医院 42 名精神病人集体暴力脱逃的事件，更暴露出了基层精神病院安保的窘境，给社会安定造成隐患。

面对患者拒诊、患者外出，作为提供诊疗服务的医疗机构，我们难以想象医务人员除告知、口头劝说之外，还能怎么去强制患者接受诊疗，对于坚决要求外出的患者怎么限制其外出。④ 因此，强制医疗决定作出之前，涉案精神病人处于公安机关管理的责任范围，公安机关对于约束医疗机构（包括强制医疗机构）要加强警力投入，确保治疗和监管正常进行。可以借鉴监管看守所、强制戒毒所的监管经验，在医院强制医疗监管中借鉴使用，如设立警务室配备相应警力，做到全 24 小时执勤预警。在作为单独区域的强制医疗治疗场，加强防护措施的投入如防护网、门

---

① 参见江苏省常州市法院、检察院、公安局、司法局、民政局、卫生局《对依法不负刑事责任的精神病人实施强制医疗程序的适用办法》第 3 条。

② 参见中共桐庐县委政法委《关于办理强制医疗案件若干问题的会议纪要》第 4 条。

③ 胡志泽、邓玉兰：《安康医院是强制医疗最佳执行场所》，载《检察日报》2014 年 3 月 19 日。

④ 刘鑫：《论强制医疗启动程序决定主体》，载《中国司法鉴定》2014 年第 1 期。

禁系统等。制定联动机制和预警机制，有效防止强制医疗期间可能发生的暴力、逃跑等行为。[①]

【案例2】对约束医疗机构安保问题的检察监督。在公安局对齐某某采取临时约束措施时，常熟市人民检察院监所科检察监督发现缺乏安全防范预案，安全应对措施没有跟上，责任人员也没有完全落实。监所科及时将监督意见反馈给公安局，指出临时约束措施由公安机关负责执行，其间将安全保障工作交给医院负责属违法，要求及时整改，明确责任人，落实安全措施，公安人员必须经常到医院巡察，做好相关记录等。由于不能在合法的强制医疗机构执行，监所科同时还与公安机关沟通协商，建议公安机关将临时约束措施期间的安全保障措施延续到强制医疗决定的执行期间，直到解除。这一意见得到公安机关支持、落实，使得齐某某及金某某强制医疗期间的安全得到充分保障。[②]

六、解除临时约束措施的几种期限

临时约束措施的解除，可以分为以下几种情况：

（一）公安机关依职权解除

《办理刑事案件程序规定》第334条第2款规定："对于精神病人已没有继续危害社会可能，解除约束后不致发生社会危险性的，公安机关应当及时解除保护性约束措施。"

（二）公安机关依申请解除

有学者认为应允许被申请人的家属申请变更、解除保护性约束措施，如果其家庭能够进行有效的管束且解除后不至于发生社会危险的，应当及时解除，交由家庭看管。[③] 笔者认为，《公安

---

① 资料来自江苏省检察系统内网。
② 资料来自江苏省检察系统内网。
③ 参见陈卫东、柴煜峰：《精神障碍患者强制医疗的性质界定及程序解构》，载《安徽大学学报》（哲学社会科学版）2013年第1期。

机关办理刑事案件程序规定》第334条第2款规定，既包括公安机关在被申请人家属未申请解除临时约束措施时，依照职权审查评判被申请人的继续危害可能性，对不具有继续危害可能性的，及时解除临时约束措施；也包括在被申请人家属申请解除临时约束措施时，综合审查评判被申请人的看管和医疗的条件和能力，作出是否同意解除临时约束措施的决定。

（三）公安机关依决定解除

对被申请人属于依法不负刑事责任的精神病人，但不符合强制医疗条件，检察机关作出不提出强制医疗申请的决定和人民法院作出驳回强制医疗申请决定的，公安机关是否应当及时解除临时约束措施，已经采取送医约束医疗机构的是否可以根据《精神卫生法》的有关规定，继续对精神病人采用非自愿治疗。对此，《刑事诉讼法》和相关的司法解释并无明文规定。实践中，有的地方规定，公安机关决定不移送强制医疗的，应当立即解除保护性约束措施。① 有的地方规定，公安机关决定不移送强制医疗的，已经采取临时约束措施的，应当立即解除。② 对于这两条规定，如果机械理解的话，会认为只适用于公安机关依职权解除或依申请解除的情形。笔者认为，根据《办理刑事案件程序规定》第334条第2款规定，对检察机关作出不提出强制医疗申请的决定和人民法院作出驳回强制医疗申请决定的，公安机关应当参照执行该款规定，及时解除约束措施。

由于临时约束措施和强制医疗一样，本质上都是对精神病人人身自由的限制和剥夺，故此处的"及时解除"应作"立即释放"的理解。实践中，有的地方明确规定公安机关及时解除临时约束措施的时间为接到决定的24小时之内，"公安机关在接

---

① 参见江苏省常州市法院、检察院、公安局、司法局、民政局、卫生局《对依法不负刑事责任的精神病人实施强制医疗程序的适用办法》第7条。

② 参见浙江省嘉兴市检察院、市中院、市公安局《关于规范强制医疗案件办理程序的若干意见（试行）》第4条。

到人民检察院不提出强制医疗申请的决定后，应当在二十四小时内解除临时保护性约束措施。人民法院决定不予强制医疗的，应当在作出决定后五日内，向办案公安机关送达不予强制医疗决定书，公安机关应当在二十四小时内解除临时的保护性约束措施"。"人民法院决定不予强制医疗的，应当在作出决定后五日内，向办案公安机关送达不予强制医疗决定书，公安机关应当在二十四小时内解除临时的保护性约束措施。"① 有的地方则规定人民法院决定不予强制医疗的，应当在作出决定的当日通知采取临时约束措施的公安机关解除约束措施。② 有的则规定人民法院驳回强制医疗申请或者未作出强制医疗决定的，应当立即通知公安机关解除保护性约束措施。③

（四）其他决定解除临时约束措施情况

被采取临时约束措施的涉案精神病人在临时约束期间，患有突发疾病、重大疾病等严重躯体疾病，需要进行专门治疗的，应当依照有关规定及时予以救治。约束医疗机构不具备治疗条件的，或者生活不能自理，不适宜继续采取临时约束措施的，约束医疗机构可以提出相关意见通知原决定约束医疗的机关作出解除约束措施的决定。原决定机关接到约束医疗机构的通知后，应当作出批准，解除临时约束措施，并及时至强制医疗所办理出所手续并接回被临时约束的人员。④

---

① 上海市高级人民法院、上海市人民检察院、上海市公安局、上海市司法局《关于本市强制医疗案件办理和涉案精神病人收治管理的暂行规定》第 8 条和第 13 条。

② 参见江苏省镇江市中级人民法院、市人民检察院、市公安局、市卫生局《镇江市强制医疗程序实施意见（试行）》第 26 条。

③ 参见江苏省常州市法院、检察院、公安局、司法局、民政局、卫生局《对依法不负刑事责任的精神病人实施强制医疗程序的适用办法》第 20 条。

④ 参见上海市高级人民法院、上海市人民检察院、上海市公安局、上海市司法局《关于本市强制医疗案件办理和涉案精神病人收治管理的暂行规定》附件 2 报送机关责任书第 3 条，浙江省嘉兴市检察院、市中院、市公安局《关于规范强制医疗案件办理程序的若干意见（试行）》第 15 条。

第四节　完善我国临时的保护性约束
　　　　措施制度的思考

虽然司法机关在现有法律规定和司法解释有关临时约束措施制度的基础上进行了不少有益的实践探索，但是，从实践出发，笔者认为还可以从以下几个方面进行思考和探索。

一、临时约束措施对涉案精神病人近亲属的告知

公安机关在对涉案精神病人采取临时约束措施时，是否需要告知涉案精神病人的近亲属，《办理刑事案件程序规定》对此并未明确。笔者认为，为了保障涉案精神病人近亲属的探视权，公安机关应当及时将临时约束地点告知涉案精神病人的近亲属。虽然《刑事诉讼法》规定被强制医疗的人及其近亲属可以申请解除强制医疗，并未规定被采取临时约束措施的人及其近亲属有权申请解除临时约束措施，但是，为了避免新的"被精神病"现象即"被强制采取临时约束措施"危险的发生，公安机关也应当同时告知涉案精神病人的近亲属有权申请解除临时约束措施。

二、临时约束措施的救济

有观点认为大陆可以借鉴台湾地区"精神卫生法"第 42 条"紧急安置期间，不得逾五日，并应注意严重病人权益之保护及进行必要之治疗"的规定，限制临时约束措施。① 笔者认为，该条规定的适用场合和适用目的是紧急安置，而临时约束措施是强制医疗程序的审前留置，其适用的一个主要目的是考虑对精神病

---

① 参见黄文、王玉婷：《精神病人强制医疗程序探索》，载《重庆第二师范学院学报》2014 年第 1 期。

人的鉴定需要很长时间，且人民法院决定强制医疗也需要一定的时间，实施暴力行为的精神病人本身是非常危险的，如果不采取措施予以控制，放任其在社会上，可能会给社会和他人造成更大的危害，也可能危及其自身安全。[①] 但是，对涉案精神病人采取的临时约束措施与强制医疗措施一样，本质上都是对精神病人人身自由的限制和剥夺，时间可以长达数个月，即使是约束医疗也并不能否定涉案精神病人自由被剥夺的状态，事实上剥夺自由的期间已经与逮捕的期间相当，由此可见临时约束措施剥夺公民自由的严厉程度。临时约束措施不是刑事强制措施，也不是强制医疗，立法者自然应该赋予涉案精神病及其近亲属比刑事强制措施、强制医疗更加多的诉讼权利和救济途径。但是，《刑事诉讼法》仅仅规定了被强制医疗的人及其近亲属可以申请解除强制医疗，但未规定被采取临时约束措施的人及其近亲属有权申请解除临时约束措施，临时保护性约束措施救济途径的缺失，极易导致"被强制采取临时约束措施"危险的发生。

【案例3】对约束医疗机构医疗活动的检察监督。在王某某故意杀人一案中，在法院决定是否强制医疗前，王某某在案发后即被适用临时约束措施，并被送至精神病院进行约束性治疗，具体时间为2012年10月23日至2013年2月28日（采取临时约束措施的地点与其后来接受强制医疗的地点一致）。在被适用临时约束措施期间，王某某经医院治疗，病情一度有所好转，但在法院作出是否实施强制医疗的决定前，王某某及其近亲属并未享有公安机关解除临时约束措施的权利。[②]

因此，我们认为，对临时约束措施应当考虑设置以下救济程序：（1）公安机关在采取临时约束措施后，除无法告知的情形

---

① 参见郎胜主编：《中华人民共和国刑事诉讼法释义（最新修正版）》，法律出版社2012年版，第631页；孙谦主编：《新刑事诉讼法条文精解与案例适用》，中国检察出版社2012年版，第412~413页。

② 资料来自山东省检察系统内网。

外，应当在 24 小时之内将采取约束措施的原因和处所，告知被约束人的家属并告知其有权探望被约束人，有权向约束医疗机构了解治疗情况。（2）《刑事诉讼法》第 146 条规定了犯罪嫌疑人可以申请重新鉴定的权利，但是未规定被约束人及其近亲属可以申请重新鉴定，因此在被约束人已经鉴定为无刑事责任能力的情况下应该赋予被约束人申请重新鉴定的权利。经重新鉴定改变原鉴定意见的，被约束人可以重新鉴定的意见为依据，向公安机关申请解除临时约束措施。（3）被约束人家属承诺履行看管责任，自行联系精神病院并提供精神病院接收手续或者其他证明，向公安机关申请解除临时约束措施申请的，公安机关应当同意解除。（4）对于被约束人及其近亲属、法定代理人的控告、举报、申诉，人民检察院应当受理，并参照《刑事诉讼规则》第 665 条、第 666 条及时审查处理。人民检察院认为公安机关对涉案精神病人采取的临时约束措施不当的，应当根据《刑事诉讼规则》第 546 条提出纠正意见。

第六章　检察机关强制医疗程序的适用与监督制约

第一节　检察管辖

刑事强制医疗程序中，由检察机关承担提出强制医疗的申请，与其在普通刑事诉讼程序中承担的公诉职能是否具有一致性？有学者提出理解这种似乎矛盾的职责设置，应该从两个方面来解读：一是从适当性的角度看，检察机关为医治触犯刑律的精神病人而申请强制医疗，体现的是一种"家父主义"的思想理念。这种"家父"角色，可由诸多公共机关或公共组织承担，比如民政部门、社区组织、公益组织等，对于处在刑事司法程序中的精神病人来说，由检察机关承担这种"家父"角色，具有经济、权威、便利的特点，因此由检察机关申请强制医疗最为合适。二是从我国的检察机关职责体系来看，作为人民政权的一部分，检察机关同时承担着特殊的侦查职能、公诉职能以及法律监督职能。检察机关要查明对犯罪嫌疑人定罪量刑有利有弊的各种情形，不能只做有罪证明而不出示对犯罪嫌疑人定罪量刑有利的证据，同时也要监督公安机关、人民法院诉讼活动的合法性。因此，"对于追诉机关，法律并不要求毫无限制地打击犯罪，其毕竟是国家实现正义的机关，必须为广大人们包括被告人的利益而活动"。从此角度看，检察机关承担强制医疗申请职责亦符合其本身的职责定位。① 我们认为，如此解读还不甚全面。以检察机关权威特点分析，检察机关的权威性是《宪法》赋予的，而并非系其机构本身内生的；以检察机关的客观义务分析，刑事强制医疗并不涉及对被强制医疗人的定罪量刑；以检察机关的监督职能分析，行使诉权、出席法庭只是部分监督职能。因此，刑事强制医疗由检察机关提出申请，而并非由其他公共机关或公共组织承担，更为重要的原因是，《刑事诉讼法》规定的强制医疗的适用对象是不负刑事责任的精神病人，而并非《精神卫生法》所指的非自愿住院治疗对象，对于前者需要按照《刑事诉讼法》所规定的证明标准审查该被强制医疗人的行为是否实施了暴力行为，危害公共安全或者严重危害公民人身安全的犯罪，而对此项适用条件的事实和证据的审查，只能由司法机关通过刑事诉讼程序来完成，这是其他诸如民政部门、公益组织等"公共组织"、"公共机关"无权也无法承担的，而这又恰恰与检察机关的审查起诉职能相符合，所以《刑事诉讼法》才将强制医疗的申请授权予检察机关。

有观点认为，诉讼权利不仅包括提供证据、参与法庭调查、参与法庭辩论等实体性权利，还应包括拥有诉权、申请权等程序性权利。对于被害人这一方而言，如果三机关不启动强制医疗程序，被告人会因"不负刑事责任的精神病人"而免刑释放，没有受到应有的法律强制措施规制，难以平息被害人心理上的不平衡，如果赋予其启动强制医疗程序的权利，可以制约执法、司法机关，增加被害人对裁判的可接受程序，以保证法秩序的安定性。② 但我们认为，首先，无论强制医疗首要目的是社会防卫还是治病救人，其性质不是一种刑事处罚，虽然强制医疗在实质上

①　参见奚玮、宁金强：《刑事强制医疗的对象界定与程序完善》，载《浙江工商大学学报》2013 年第 5 期。
②　参见尤菲菲：《论精神病人强制医疗程序中存在的问题》，载《山西警官高等专科学校学报》2014 年第 1 期。

限制和剥夺了被强制医疗人的人身自由。上述观点以强制医疗具有的限制和剥夺人身自由的特征为理由,满足被害人的报应心理,实际上是将强制医疗等同于刑事处罚,这在理论上是站不脚的,以此理论指导具体实践将是危险的。其次,行为人系不负刑事责任的精神病人的鉴定意见是行为人无法受到刑事处罚的前提条件,被害人对鉴定意见有异议,可以向三机关提出有根据的异议,由三机关展开调查乃至重新鉴定。再次,如果被害人对三机关所作出的撤销案件、不起诉决定、宣告不负刑事责任的判决不服,对驳回强制医疗申请的决定不服的,法律已经赋予了被害人相应的申诉权、上诉权、复议权。申诉权、上诉权、复议权属于广义的诉权,同样可以推动下一诉讼环节的启动。最后,非自诉案件的行为人刑法意义上犯罪行为的侦查、审查,也并非被害人以及其所委托的诉讼代理人的能力所能承担得起的。因此,没有必要在纯粹意义上授予被害人强制医疗启动权。

对于强制医疗程序案件的管辖问题,《刑事诉讼法》没有特别的规定,因此可以参照一般案件的管辖规定执行。《刑事诉讼规则》第541条规定:"强制医疗的申请由被申请人实施暴力行为所在地的基层人民检察院提出;由被申请人居住地的人民检察院提出更为适宜的,可以由被申请人居住地的基层人民检察院提出。"《刑事诉讼法解释》第525条也同样规定:"人民检察院申请对依法不负刑事责任的精神病人强制医疗的案件,由被申请人实施暴力行为所在地的基层人民法院管辖;由被申请人居住地的人民法院审判更为适宜的,可以由被申请人居住地的基层人民法院管辖。"虽然,从理论上说,对于被强制医疗人为外来人员,其家属提出回原籍医治,政府财政部门愿意提供属地救助的,根据被强制医疗人的病情以及家属意见,应当允许其对医疗机构或者场所进行选择。但是,人民法院作出的强制医疗的决定均未对强制医疗机构予以明确,公安机关要交付执行至被强制医疗人居住地的强制医疗机构,是否存在法律依据上的障碍?

【案例1】江苏省南京市玄武区办理的吴某强制医疗案。被申请人吴某今年 28 岁，安徽人，跟丈夫一起暂住在南京市玄武区曹后村。某月 8 日上午 9 时许，她在暂住的出租房内，用剪刀等将自己仅 4 个月大的女儿杀害。警方立案侦查并将犯罪嫌疑人吴某刑事拘留后发现她有精神病史，且在 2004 年就得到了确诊。3 月 26 日，经南京市脑科医院司法鉴定所鉴定，吴某患有精神分裂症，无刑事责任能力，但如果不采取措施，仍有继续危害社会的可能。4 月 8 日，警方将《强制医疗意见书》移送到了玄武区检察院。经过审查，玄武区检察院近日将强制医疗申请送到了法院。然而，犯罪嫌疑人吴某的父亲向检察院提出，希望在法院的强制医疗决定下达后，把自己的女儿带回安徽治疗。同时，他还提交了当地医疗机构愿意提供治疗、当地政府愿意提供费用的证明材料。"从道理上讲，刑事案件由案发地司法机关管辖，精神病人强制医疗案件也应该这样。" 玄武区检察院相关负责人表示，对于精神病人强制医疗能否异地执行，法律上并没有明确规定。如果可以异地执行，那谁来执行、谁来监督又是一个问题。"当然，如果是在省内、市内，这样问题会容易解决。该案如果异地执行，就跨省了。"①

医疗保险、养老保险、失业保险及残疾人救助等社会保障体系均系采用属地原则的。例如 2009 年 4 月，杭州市卫生局发布的《杭州市区困难重性精神病人免费治疗若干规定（试行）》，为生活困难的重性精神病人实施免费治疗的制度，也规定要求申请报销人员应持有《杭州市区困难重性精神病人免费治疗证》。那么，在当前未能对被强制医疗人普遍实行免费基本医疗的情势下，被强制医疗人为外来人员时，强制医疗机构在确定及经费保障方面面临一定问题。

因此，在强制医疗决定作出之前，被强制医疗人为外来人员，其家属提出回原籍医治，政府财政部门愿意提供属地救助的，应

---

① 崔洁、肖水金：《精神病人强制医疗难题不少》，载《检察日报》2013 年 5 月 22 日。

当可以成为被申请人居住地的人民检察院提出或者被申请人居住地的人民法院审判的"更为适宜"的理由。最终由被申请人居住地的基层人民法院管辖，对符合强制医疗条件的依法作出强制医疗的决定，在被强制医疗人居住地的强制医疗机构接受强制医疗，精神病人的医疗费用还可以直接与当地社会保障综合体系挂钩，减轻国家强制医疗费用支出负担，解决强制医疗对象无人愿意接收的现实问题，保证该项司法制度顺利实施。① 同时，这样做还有利于保障被强制医疗人家属的探视权，有助于被强制医疗人尽快康复，回归社会。对被强制医疗人返回原籍地接受强制医疗的，医疗机构所在地的检察机关监所检察部门应该履行执行监督职责。

第二节 强制医疗案件的审查

一、审查期限

《刑事诉讼法》并未规定检察机关的申请期限，《刑事诉讼规则》第 544 条第 1 款将之规定为 30 日。有学者认为，《人民检察院刑事诉讼规则（试行）》的解释设置的时限已经违背了立法精神，因为强制医疗案件的申请是在刑事程序已经完结之后的工作，是否符合强制医疗条件的证明材料只需要准备第三项"有无继续危害社会的可能"，针对这一问题的申请与审理的工作量远远低于刑事责任问题的审理，对于最为复杂的审理程序，法律才规定了一个月的最大时长，人民检察院作为中间环节，在公安机关有关强制医疗申请的基础上决定是否移送法院的工作不应当自我授权享有与法院相同的时长。② 检察系统内部也有人提出类

---

① 参见崔洁、肖水金：《精神病人强制医疗难题不少》，载《检察日报》2013 年 5 月 22 日。
② 参见程雷：《强制医疗程序解释学研究》，载《浙江工商大学学报》2013 年第 5 期。

似观点，认为：鉴于为及时治疗以消除人身危险性和防止较长时间羁押对行为人和社会可能造成侵害的考虑，应尽可能及时地实施申请法院决定是否强制医疗的法律程序。一旦司法精神病鉴定机构出具行为人无刑事责任能力的鉴定意见，公安机关应在收到鉴定意见 3 日内向检察机关移送《强制医疗意见书》，检察机关经审查后应在 3 至 7 个工作日内向法院提出申请。[①] 我们认为，上述观点值得商榷。

首先，公安机关办理强制医疗案件 7 天的期限，只是对行为人的刑事不法行为进行侦查之后的期限。刑事不法行为的侦查时间并未计算在这 7 天之内，并且根据《刑事诉讼法》的规定，对行为人作精神病鉴定的期间也未计入期限。因此，公安机关办理强制医疗案件的侦查活动覆盖了普通刑事案件诉讼程序的所有层面，办案时长实际上包括了普通刑事案件的侦查时长、精神病鉴定的时长再加上 7 天的时长，而并非仅仅 7 天。

其次，检察机关对强制医疗案件的审查是针对强制医疗适用条件的全面审查，并且对于"实施暴力行为，危害公共安全或者严重危害公民人身安全"即刑事不法要件的审查，是为了防止行为人成为"替罪羊"或"被精神病"。采用的证明标准与普通刑事案件一样，应当达到"事实清楚，证据确实充分"。因此，仅仅从刑事不法要件的审查而言，检察机关审查强制医疗案件的期限与审查普通刑事案件的期限应该相同，均为一个月。

最后，《刑事诉讼法》规定的刑事程序包括普通程序和特别程序。公安机关提出强制医疗意见并非意味着普通刑事诉讼程序的完结。《刑事诉讼规则》第 544 条第 2 款前半部分"对于公安机关移送的强制医疗案件，经审查认为不符合刑事诉讼法第二百八十四条规定条件的，应当作出不提出强制医疗申请的决定，并向公安机关书面说明理由"和《刑事诉讼法解释》第 531 条第 3

---

① 参见诸葛旸：《强制医疗法律监督适用要点解析》，载《检察日报》2013 年 3 月 13 日。

项"被申请人具有完全或者部分刑事责任能力，依法应当追究刑事责任的，应当作出驳回强制医疗申请的决定，并退回人民检察院依法处理"的规定，都表明了强制医疗程序向普通刑事诉讼程序的衔接。

因此，《刑事诉讼规则》将检察机关的申请期限设置为 30 日并无不妥。但是，对于检察院办理强制医疗案件属于重大、复杂的，经检察长批准，可以延长办案期限 15 日的观点，[1] 我们是持否定态度的。虽然，强制医疗案件的审查，既要审查案件的事实真相，还要审查强制医疗的适用条件，但是《刑事诉讼规则》第 544 条第 1 款明确规定，"人民检察院应当在接到公安机关移送的强制医疗意见书后三十日以内作出是否提出强制医疗申请的决定"，根据特别条款与一般条款的关系原理，这种情形下检察机关的办案期限不应当允许延长。

对于检察机关直接启动强制医疗程序的办案期限问题，由于关涉普通刑事诉讼程序的终结和刑事强制医疗程序的启动，对于前者适用的是普通刑事案件的办案期限，对于后者适用的是强制医疗案件的办案期限，后者的办案期限应该从制作《启动强制医疗程序决定书》制作之日起重新计算。不同程序的办案期限不宜合并，否则的话，就有可能违反 30 日办案期限的规定。比如，办理普通刑事案件时，因为案件重大复杂已经延长了办案期限，在延长的办案期限期间检察机关自行委托精神病鉴定，虽然精神病鉴定的期间不计入办案期限，但是普通刑事案件的办理时长从受理之日起计算已经超过了 30 日。

二、会见涉案精神病人

（一）会见涉案精神病人的必要性

《刑事诉讼法解释》第 529 条明确规定，人民法院审理人民

---

[1] 参见罗兆丹：《强制医疗程序司法运作中的问题与完善》，载《山东警察学院学报》2014 年第 1 期。

检察院申请强制医疗的案件，应当会见被申请人。那么，人民检察院在办理公安机关移送的强制医疗案件时，是否需要会见涉案精神病人，《刑事诉讼规则》对此并未作出明确的要求。实践中，对于检察环节办理强制医疗案件时"应当会见涉案精神病人"，有的在公、检、法出台的会签文件中明确提出要求[1]，有的则体现在检察机关的内部规范之中[2]。我们认为，基于刑事诉讼对于程序正义的原则性要求与办案需要，检察环节应当会见涉案精神病人。

首先，检察人员通过会见涉案精神病人，既有利于全面地收集证据、了解案情，还有利于切实保障涉案精神病人的合法权益，可以使涉案精神病人通过会见向检察机关控诉其在公安机关、鉴定机构以及约束场所所受到的不公正待遇。

其次，检察人员通过会见涉案精神病人，可以直观了解涉案精神病人当前的精神状况。有的涉案精神病人经过一段时间的间隔，可能会因病发诱因的消失，而不再具有人身危害性；有的可能经过约束医疗机构的治疗，已经基本康复，而不再可能继续危害社会。虽然，精神病鉴定有的会同时作出对刑事责任能力的评价，但是，通过直观地会见，会使检察人员坚信或者怀疑鉴定意见的准确性。对人身危险性的理解，无论是普通程序还是特别程序，都一致地认为需要从罪前、罪中、罪后三个阶段进行考量，而涉案精神病人在检察人员会见时的精神状态，无疑是其罪后的一种表现，通过会见便于结合其他证据综合判断涉案精神病人是否具有继续危害社会的可能。

最后，检察人员通过会见涉案精神病人，有可能会识别是否存在伪装精神病。众所周知，精神病人作案依法不负刑事责任，

① 参见北京市高级人民法院、北京市人民检察院、北京市公安局《关于强制医疗程序的实施办法（试行）》和浙江省嘉兴市检察院、市中院、市公安局《关于规范强制医疗案件办理程序的若干意见（试行）》。
② 参见《重庆市人民检察院第一分院强制医疗程序及监督实施办法（试行）》。

因此会存在通过伪装精神病，企图蒙混过关，逃避法律对他们的追究。无论是在哪个诉讼阶段，作为司法机关都有揭露真相的法定义务。《刑事诉讼法》关于重新鉴定的规定，就是一个很好的说明。在检察环节，由于会见人员变化等原因，"涉案精神病人"有可能会不经意地放下他们的伪装。

检察人员会见涉案精神病人时，应当注意以下几点：（1）核实涉案精神病人的身份，防止"被精神病"的情况出现；（2）核实先前暴力行为的事实，并听取其对先前暴力行为的法律性质、法律后果的认识等；（3）了解对涉案精神病人采取的临时约束措施是否适当，是否存在体罚、虐待等情形；（4）涉案精神病人送医精神病院的，同时询问主治医生，了解涉案精神病人的既往病史、家族病史、治疗情况、恢复情况、复发情况等；涉案精神病人为非送医精神病院的，同时询问看管人员。核实、了解上述情况同时制作笔录。

（二）检察环节会见涉案精神病人的保障措施

1. 通知涉案精神病人的法定代理人到场。因为涉案精神病人不负刑事责任，其对自己行为的法律意义、法律后果无法辨别或者对自己的行为无法控制，诉讼能力比未成年犯罪嫌疑人更弱，因此，对于公安机关移送的强制医疗案件，如果需要询问涉案精神病人，并制作询问笔录的，应当参照未成年刑事案件诉讼程序的合适成年人制度。通知涉案精神病人的法定代理人到场，以弥补涉案精神病人诉讼能力之不足，防止对其合法权益造成侵害。如果无法通知、法定代理人不能到场或者法定代理人是被害人的，则可以通知涉案精神病人的其他成年亲属，所在学校、单位、居住地基层组织或者残疾人保护组织的代表到场。根据法律规定，为适应办案要求，各地司法机关均建有未成年人的合适成年人库，可以让涉案精神病人共享该库，一方面解决了强制医疗程序中的难题，救济了涉案精神病人的权利；另一方面充分地利用了资源，司法实践中也较好操作。[①]

2. 应当通知本院司法警察予以配合。为了确保会见人员的自身人身安全，会见时应当邀请本院司法警察予以配合。由于会见的目的，侧重于了解涉案精神病人当前的精神状态，无拘无束地自由交谈，更可以从中了解涉案精神病人的思维表达和思想内容，为了营造这样一种氛围，会见的检察人员和司法法警不宜身穿制服，避免对涉案精神病人可能产生的紧张和压力。

3. 可以通知精神科法医予以配合。通知本系统内精神科法医同时会见，可以让法医从专业的角度，直观了解涉案精神病人的当前精神状况，为办案人员判断涉案精神病人是否具有人身危险性提供专业参考。

三、精神病鉴定的认证

对同一精神病人，不同的鉴定主体得出不同的鉴定意见，是符合司法精神病客观规律的正常现象。因为精神病司法鉴定主要是建立在精神病鉴定专家个人经验和主观判断基础之上的，面谈对象不同时间对同一问题的不同回答和反映都会导致鉴定专家面谈诊断结论的不同。因此，精神病鉴定纯粹状态下的不同结论可能都是没有错误的。

《刑事诉讼法解释》第 84 条、第 85 条建立的鉴定意见审查与认定的基本规则，基本涵盖了法院在审查认定鉴定意见类科学证据时需要注意的各种情况和问题，对于检察机关同样适用。《刑事诉讼法解释》第 84 条规定，"对鉴定意见应当着重审查以下内容：（一）鉴定机构和鉴定人是否具有法定资质；（二）鉴定人是否存在应当回避的情形；（三）检材的来源、取得、保管、送检是否符合法律、有关规定，与相关提取笔录、扣押物品清单等记载的内容是否相符，检材是否充足、可靠；（四）鉴定

---

① 参见袁涛：《强制医疗程序宜设立合适成年人制度》，载《江苏法制报》2013 年 10 月 22 日。

意见的形式要件是否完备，是否注明提起鉴定的事由、鉴定委托人、鉴定机构、鉴定要求、鉴定过程、鉴定方法、鉴定日期等相关内容，是否由鉴定机构加盖司法鉴定专用章并由鉴定人签名、盖章；（五）鉴定程序是否符合法律、有关规定；（六）鉴定的过程和方法是否符合相关专业的规范要求；（七）鉴定意见是否明确；（八）鉴定意见与案件待证事实有无关联；（九）鉴定意见与勘验、检查笔录及相关照片等其他证据是否矛盾；（十）鉴定意见是否依法及时告知相关人员，当事人对鉴定意见有无异议"。《刑事诉讼法解释》第 85 条规定，"鉴定意见具有下列情形之一的，不得作为定案的根据：（一）鉴定机构不具备法定资质，或者鉴定事项超出该鉴定机构业务范围、技术条件的；（二）鉴定人不具备法定资质，不具有相关专业技术或者职称，或者违反回避规定的；（三）送检材料、样本来源不明，或者因污染不具备鉴定条件的；（四）鉴定对象与送检材料、样本不一致的；（五）鉴定程序违反规定的；（六）鉴定过程和方法不符合相关专业的规范要求的；（七）鉴定文书缺少签名、盖章的；（八）鉴定意见与案件待证事实没有关联的；（九）违反有关规定的其他情形。"

由于法医精神病鉴定意见在强制医疗程序中的核心地位和自身特性，需要在《刑事诉讼法解释》基本认证规则基础上探索针对法医精神病鉴定意见的特殊认证规则。

（一）针对多份鉴定意见的认证标准

在重复鉴定、多头鉴定等司法鉴定领域容易出现的老问题中，精神病鉴定由于其特殊属性及诊断方法等原因，在上述问题上的表现更为突出。强制医疗程序中，如果被告人及其法定代理人对鉴定意见结论不满，很可能申请重新鉴定并得出与先前鉴定不一致的结论。在多份结论不一致的鉴定意见前，法院应建立一定的鉴定意见认证标准，从程序角度尽量排解多份法医精神病鉴定意见的冲突。

1. 鉴定机构层级标准。即根据鉴定机构层级来排列鉴定意见的权威性。尽管实践中不能排除低层级鉴定机构反而"掌握真理"的情况，但一般意义上，层级较高的鉴定机构的从业人员水平及内容质量监督体系都要严于低层级的鉴定机构，同时从心理学上分析，层级较高的鉴定结构所作鉴定意见也具有较高公信力。因此，当出现两份以上结论不一致的鉴定意见时，在没有出现反证情况下，一般应优先认证层级较高的鉴定机构出具的鉴定意见。

2. 鉴定时间先后标准。由于法医精神病鉴定意见是一种回溯性评价，原则上距离犯罪行为实施时间越近进行的医学鉴定越能准确反映案发当时被鉴定人的精神状态及病源因素。特别是鉴定意见形成过程中没有仅仅从书面材料进行判断，还听取了有关证人口头陈述的，则鉴定时间先后就更具影响力。从人类记忆规律来判断，距离案发时间越近的证人陈述，其真实性肯定高于距离时间较远的陈述。因此，当出现两份以上结论不一致的鉴定意见时，在没有出现反证情况下，一般应优先认证出具时间距离案发时间较近的鉴定意见。

3. 结论有利于被告人治疗疾病标准。当鉴定机构层级相当、鉴定时间较近，按照上述标准仍无法进行认证时，应以有利于对被告人治疗疾病角度来判断，即当出现两份以上结论不一致的鉴定意见时，在没有出现反证情况下，一般应优先采纳对被告人开始实施医疗行为的鉴定意见。①

【案例 2】浙江省南湖区办理的杨某强制医疗案。杨某自 2011 年以来，无视公共安全，多次实施高空掷物，损害他人财物，并随意行凶，致一人死亡一人重伤一人轻伤的严重后果。该案由嘉兴市公安局侦办，移送嘉兴市院时，已有两份不同结论的精神病鉴定意见在案，嘉兴市康慈医院司法鉴定所鉴定认为杨某无刑事责任能力，浙江省精神病鉴定委员会则鉴定认为杨某患精

---

① 参见吴仕春：《强制医疗程序精神病鉴定意见认证障碍分析》，载《河北法学》2013 年第 9 期。

神分裂症（偏执症），杀人行为系病理性动机，辨认能力丧失，无刑事责任能力，而伤害行为系非精神病性症状直接支配下所为，为限定刑事责任能力。同时，被害人家属反应强烈，申请重新鉴定。对此，嘉兴市院高度重视，协助南湖区检察院加强与公安机关沟通，敦促公安机关完成第三次鉴定，并将鉴定意见依法告知后再行移送案件。公安机关委托司法鉴定科学技术研究所司法鉴定中心进行了第三次鉴定，鉴定认为杨某患有偏执型精神分裂症，无刑事责任能力。据此，嘉兴市院敦促公安机关撤销案件，将《强制医疗意见书》移送嘉兴市院，嘉兴市院于次日交南湖区院审查。①

对于重新鉴定的审查需要把握：（1）只要是具备合法鉴定资格的机构和个人，其鉴定意见在司法机关面前具有同等的法律效力，不同机构的鉴定意见的效力不应有等级之分。（2）强制医疗程序中，精神病鉴定意见是强制医疗案件的关键证据，可能会使得不应当强制医疗的人被强制医疗或者应当强制医疗的人没被强制医疗，导致司法权威的严重损害。因此，由两个以上的鉴定机构分别作出鉴定，并得出"行为人无刑事责任能力"的两份以上一致的鉴定意见是值得考虑的。（3）在得出"行为人无刑事责任能力"的两份以上一致的鉴定意见后，当事人申请重新鉴定的，司法机关可以不予同意。当事人自行委托并得出与"行为人无刑事责任能力"的鉴定意见不一致，司法机关在面对不同结论的鉴定意见时，要结合被鉴定人的客观情况，比对不同鉴定意见的分析论证之后作出合理取舍，必要时委托省级鉴定咨询机构鉴定。

（二）建立针对鉴定意见的抗辩规则

《刑事诉讼法》在强制医疗程序中只规定了针对最终决定申请复议的救济渠道，同时该法第146条只规定了针对一般鉴定意

---

① 资料来自浙江省检察系统内网。

见被告人等可以申请补充或重新鉴定，但并不一定引起补充或重新鉴定的结果。鉴于法医精神病鉴定意见在强制医疗程序中的核心地位，应建立针对该鉴定意见的抗辩规则。

1. 其他证据抗辩规则。强制医疗程序中，如果案卷其他证据内容与鉴定意见的依据及结论有明显冲突的，就构成对鉴定意见的抗辩，法院在认证该鉴定意见时应要求鉴定意见举证方予以说明，或者要求鉴定人出庭予以说明并接受询问，对于证据与鉴定意见之间冲突严重且鉴定意见举证方及鉴定人不能充分解释的，法院应决定补充或重新鉴定。

2. 事实关联抗辩规则。根据《刑事诉讼法》规定，即使被告人属于经法定程序鉴定依法不负刑事责任的精神病人，也不会必然导致被实施强制医疗的结果，还要看其是否属于"有继续危害社会可能"。这就要求法院在审查认证法医精神病鉴定意见时，不但要看该鉴定意见是否与犯罪事实相关联，还要审查该鉴定意见是否已充分考虑了证明被告人案发前精神状况的证据材料，因为要准确判断"继续危害社会可能性"是否存在，不能只依据实施犯罪行为当时的精神状态，还应当根据被告人在实施犯罪行为之前的一定时间范围内的精神状态。如果只依据案发时精神状态作出的鉴定意见，除非有其他证据予以支撑，否则尚不足以判断被告人"有继续危害社会可能性"。同时还要高度注意可能出现的法医精神病鉴定意见系违法收集的问题。由于立法对物证、书证等非陈述类证据没有建立绝对的非法证据排除规则，因此对于出现收集程序瑕疵的法医精神病鉴定意见又应该如何核实、补正以符合程序合法性也是值得进一步探讨的问题。①

司法鉴定机构在诉讼中所提供鉴定报告或者鉴定意见仅仅是法定证据的一种，与其他证据相比并不必然具有证据上的优势，如果将其作为判断不负刑事责任精神病人住院治疗的唯一依据，

---

① 参见吴仕春：《强制医疗程序精神病鉴定意见认证障碍分析》，载《河北法学》2013 年第 9 期。

不仅会改变司法鉴定制度改革强化鉴定意见作为一种言词证据的路线,还会固化鉴定意见作为"证据之王"的盖棺定论的"结论"地位,以至于已存在的一些鉴定弊端再次通过立法形式合法地出售给精神障碍医学鉴定制度,其危险是可想而知的。①

四、补充证据

实务界有观点认为,《刑事诉讼规则》进一步细化了检察机关审查公安机关强制医疗意见书的具体内容,要审查这些内容,仅有公安机关的《强制医疗意见书》是远远不够的。公安机关在移送《强制医疗意见书》时是否还需要一并移送案卷材料,具体需要移送哪些相关材料,公安机关如果对涉案精神病人采取临时保护性约束措施,是否应当在移送意见书时一并告知检察机关等,都有待进一步明确。② 如果公安机关移送强制医疗案件,仅有一纸《强制医疗意见书》,那么检察机关依据《刑事诉讼规则》第 544 条,书面要求公安机关补充证据也就缺乏了证据的基础,因为从"补充"一词的文义而言,补充证据应当是对原有证据的增加,如果没有原有证据的话,则应该称之为重新侦查,而非补充证据;更何况,如果没有原有的证据材料,检察机关难以在一个月的办案期限内办结。实际上,《刑事诉讼规则》第 543 条已经明确要求需要审查证据材料随案移送,这里证据材料自然包括证明涉案精神病人符合强制医疗适用条件的所有证据材料。同时既然明确检察机关要对公安机关采取的临时约束措施是否适当进行监督,公安机关自然也应在强制医疗意见书上载明临时约束措施的方式、场所等,以及移送有关临时约束措施的法律文书。《办理刑事案件程序规定》第 332 条也对公安机关移送

---

① 参见郭华:《程序转化与权利保障:刑事诉讼中精神病强制医疗程序的反思》,载《浙江工商大学学报》2013 年第 5 期。

② 参见郑爱之:《强制医疗程序法律监督的完善》,载《人民检察》2013 年第 11 期。

证据情况作出了规定，要求"连同相关证据材料和鉴定意见一并移送同级人民检察院"。由此可见，上述观点所表现出的担忧就显得有些多余了。

根据《刑事诉讼规则》第 544 条第 2 款的规定，对于公安机关移送的强制医疗案件，经审查认为不符合《刑事诉讼法》第 284 条规定的条件的，包括以下几种情形：

一是检察机关经审查认为，公安机关移送的证据材料尚未达到证据标准的，可以退回公安机关，由公安机关补充证据，或者由检察机关自行调查。如果涉及涉案精神病人实施危害公共安全或者严重危害公民人身安全的暴力行为的证据尚未达到确实、充分，以及对涉案精神病人不负刑事责任的精神病鉴定程序的合法性存有疑问，需要重新鉴定的，检察机关应当作出不提出强制医疗申请的决定，向公安机关书面说明理由，并退回公安机关补充证据。如果只是涉及涉案精神病人继续危害社会的可能性方面的部分证据需要查证，而检察机关自己又有能力调查，或者自行调查更有利于案件准确、及时处理的，检察机关可以自行调查。

二是当检察机关经重新鉴定且获得的鉴定意见为涉案人员是限制刑事责任能力人或者完全刑事责任能力人，则根据具体情况予以解决：

1. 如果案件定罪量刑的相关事实清楚、证据确实充分的，应当作出不提出强制医疗申请的决定，向公安机关书面说明理由，并向人民法院依法提起公诉。

2. 如果案件定罪量刑的相关事实不够清楚、证据不够确实充分的，检察机关应当作出不提出强制医疗申请的决定，向公安机关书面说明理由，并退回公安机关补充证据。对此，有学者担忧：这种退回补充侦查与侦查机关认为应当申请强制医疗必然会出现认识上的分歧，由于退回公安机关补充侦查的案件在侦查终结移送检察机关时，已经作了撤销案件的处理，如果公安机关再进行立案侦查则与补充侦查本意不同，致使公安机关在程序上如何处理出现难题，其结果亦然是按照行政程序强制医疗，从而保持撤销案件的效力，最终导致犯罪嫌疑人作为精神病人接受特别程序决定的权利落空。① 为此，检察机关应该同时建议公安机关撤销先前所作出的"撤销案件决定"，在先前立案决定的基础上进行补充侦查。

根据《刑事诉讼规则》第548条的规定，审查起诉环节检察机关可以直接启动强制医疗程序，由于公安机关原先以普通刑事案件立案侦查，对于原先身份为犯罪嫌疑人后来变化为涉案精神病人的继续危害社会的可能性、强制医疗必要性方面的证据存在不足的，检察机关可以自行进行调查，也可以退回原移送审查起诉的公安机关补充相关证据。

《刑事诉讼法》和《刑事诉讼规则》对于强制医疗案件的补充证据的时间、次数均未加以限制，为了避免案件反复补证和久拖不决，已经被采取临时约束措施的涉案精神病人长期被限制人身自由，符合强制医疗条件的涉案精神病人能够及早得到救治等方面的考虑，根据特别条款没有明确规定的，应当适用一般条款的解释原则，检察机关办理公安机关移送的强制医疗案件和直接启动强制医疗程序的案件，退回公安机关补充侦查的，应当适用《刑事诉讼法》第171条第3款的规定，公安机关应当一个月内补充侦查完毕。补充侦查以二次为限。补充侦查完毕移送检察机关后，检察机关重新计算办案期限。经二次补充侦查，检察机关仍然认为不符合强制医疗条件的，应当作出不提出强制医疗申请的决定。

五、检察环节当事人权益的保障

从立法来看，《刑事诉讼法》仅规定了被害人一方有申请复议的权利，但对被害人及其家属能否参与强制医疗程序等问题没有做出规定。实践中对被害人合法权益的保障存在一些问题：其

---

① 参见郭华：《程序转化与权利保障：刑事诉讼中精神病强制医疗程序的反思》，载《浙江工商大学学报》2013年第5期。

一，对被害人及其家属权益的程序保障不明确。对强制医疗案件，特别是由公安机关直接移送强制医疗意见书的案件，检察机关在收到公安机关移送的《强制医疗意见书》和人民法院在受理检察院强制医疗申请 3 日内，是否需要告知被害人及其近亲属？被害人及其近亲属是否可以委托诉讼代理人？被害人及其近亲属以及委托的诉讼代理人在强制医疗案件审查过程中，享有什么权利和义务？其二，对被害人及其家属权益的实体保障不明确。（1）检察院提出强制医疗申请前，是否需要听取被害人及其家属的意见？如果被害人及其家属对精神病鉴定提出异议（认为涉案精神病人应当负刑事责任）的，其异议是否有法律效力？（2）被害人一方是否可以提起刑事附带民事起诉？如果被害人在强制医疗决定后另行提起民事起诉主张其权利，是否过于浪费司法资源？（3）被害人能否参与庭审？如果被害人不能参与庭审，对案件事实和证据，特别是对鉴定意见的质证和采信是否存在问题？如果被害人能够参与庭审，在不能提起刑事附带民事起诉的前提下，以什么身份参与庭审？是否可以对事实、证据等发表意见？特别是被害人一方提出异议时，由谁负责答辩？是作为申请人的检察机关？还是被申请人的诉讼代理人？（4）被害人的救济权利。特别是精神病人申请解除强制医疗时，如果被害人一方不同意解除，如何救济自己的权利？《刑事诉讼法》第287 条规定"被害人及其法定代理人、近亲属对强制医疗决定不服的，可以向上一级人民法院申请复议"，申请复议的法律后果是什么？如果被害人除了对强制医疗决定不服，还对涉案精神病人是否承担刑事责任（对案件事实实体上的处理决定）提出异议的如何处理？[①] 以上问题相关司法解释均未予明确规定。

　　强制医疗程序作为特别程序，《刑事诉讼法》将司法主线贯穿于强制医疗程序的始终，强制医疗程序自然不仅仅是《刑事诉讼法》特别程序中所规定的 6 个条款。《办理刑事案件程序规

---

　　① 资料来自四川省检察系统内网。

定》《刑事诉讼规则》《刑事诉讼法解释》分别进行了细化，《刑事诉讼法解释》还明确"审理强制医疗案件，本章没有规定的，参照适用公诉案件第一审普通程序和第二审程序的有关规定"。为了诉讼两造制衡，当一方的诉讼能力受到自然的或者人为的因素影响而减弱时，国家会给予补救，使其与另一方的诉讼能力之间得以相对的平衡。如因未成年人认知能力受到限制，法律规定保障其得到法律帮助。

当前，虽然有关立法和司法解释中均没有明确检察机关在审查强制医疗案件和监督强制医疗执行工作中的具体权利保障问题，但作为法律监督机关，检察机关理应负有对被强制医疗人员（包括被申请强制医疗人员，下同）、被害人合法权利的保障职责，监督强制医疗活动在法治轨道内正确运行。参照目前检察机关的一般工作方法，开展对被强制医疗人员的合法权利保障工作。

一是权利义务告知。法律及相关司法解释未规定检察机关受案后，是否要在一定期限内告知被申请人的法定代理人、被害人相关权利、义务。作为特别程序案件，强制医疗程序参与人员享有相关程序权利。在法律没有硬性规定的情况下，可以根据强制医疗案件中参与人的权利义务特点与要求，以告知笔录的方式予以告知。

二是听取被申请人法定代理人意见。为使检察机关作出强制医疗申请形成更为全面、客观的认知基础，应当听取法定代理人对司法精神病鉴定意见的意见、对采取临时保护性约束措施的意见、对是否采取强制医疗的意见。

三是听取被害方意见。被申请人虽不负刑事责任，但被害人有权知道后续处理程序、进度及结果等，其中还包括对强制医疗决定的复议权，因此应当听取被害人对司法精神病鉴定的意见。

四是强制法律援助。法律规定法院审理强制医疗案件，若被申请人没有委托诉讼代理人，应当通知法律援助机构指派律师担任其诉讼代理人，为其提供法律帮助，而对检察机关则无此硬性要求。检察机关可以根据个案情况决定是否为被申请人提供法律援助。对于被申请人没有法定代理人、案件事实、鉴定意见存有不同认识、证据材料较为复杂等情况，检察机关应当考虑为被申请人提供法律援助。[①]　实践中，北京市《关于强制医疗程序的实施办法（试行）》考虑到涉案精神病人属于完全无刑事责任能力人，无法维护自己的诉讼权利，因此将法律援助的阶段扩大到检察机关的审查申请阶段。

强制医疗案件应充分听取被害人及其家属的意见，保障被害方的知情权和异议权，必要时办案人应会同专业人员到行为人居住地进行社会调查和走访，并探索建立被害方对强制医疗决定的复议、复核程序。对于被害人或其家属对相关精神病法医学鉴定及强制医疗决定有重大异议的，建议进行办案风险评估，以便及时发现问题，排除隐患。同时，对于求偿受阻且家庭确有困难的被害人及其家属，适时启动被害人司法救助机制，借以化解社会矛盾并体现司法的人文关怀。[②]　实践中，上海市浦东新区院、长宁区院、闸北区院在办理强制医疗案件时，注重保障被害人的合法权益。及时告知被害人案件进程、鉴定意见复议程序、检察机关刑事被害人救助制度及提起救助程序等情况。分阶段听取被害人及其法定代理人意见。案件受理初期重点听取被害方对于涉案精神病人司法鉴定的意见；案件审查终结拟作出决定时，及时告知被害人及其法定代理人案件处理意见，保障其知情权和异议权。[③]

第三节　检察机关自行发现与精神病鉴定的启动

公诉人员了解掌握精神病的基本症状，有利于避免将精神病

---

　① 参见余啸波等：《检察机关适用强制医疗程序研究》，资料来自上海市检察系统内网。

　② 资料来自吉林省检察系统内网。

　③ 资料来自上海市检察系统内网。

人提起公诉而造成的错案。在审查起诉阶段，发现犯罪嫌疑人疑似精神病人的途径主要有两条：一是犯罪嫌疑人的辩护人或者近亲属向检察机关提供证明犯罪嫌疑人精神问题的有关材料：如犯罪嫌疑人的家族病史、犯罪嫌疑人先前治疗精神病的治疗病历、犯罪嫌疑人关系密切人员的证明材料等。二是检察人员自身发现犯罪嫌疑人的精神状况明显异常。那么，检察人员如何发现犯罪嫌疑人的精神状况属于明显异常呢？这就需要了解精神病的基本症状。

一、精神病的基本症状

对于精神病，人们首先是通过某些精神症状开始认识的，当某些人的心理活动出现异常现象时，才会使别人想到他可能患了某种精神疾病。精神病的基本症状包括感知觉障碍、思维障碍、智能障碍、情绪和情感障碍、意志和意志行为障碍、意识障碍、人格障碍。①

各种精神障碍致使行为人丧失辨别能力和控制能力的症状各有不同。办案人员可以通过导致暴力行为的常见精神病理、常见作案动机、常见作案特点等方面，通过审查证据材料，发现犯罪嫌疑人为疑似精神病人。

常见的精神病理包括：（1）思维障碍，精神分裂症患者中，命令性幻听、被害妄想与其暴力攻击行为显著相关。而在嫉妒妄想时可能报复性杀死配偶及妄想的情敌。（2）意识障碍朦胧时，可在幻觉、错觉的支配下对周围的人产生暴力行为；意识谵妄时会产生无目的的暴力性、冲动性攻击行为。（3）智能障碍，精神病人由于智商低下，对行为的后果缺乏充分认识，易为小事而产生冲动性或报复性暴力行为。（4）情感障碍，一类为怜悯性杀人，患者认为自己死后亲人会更加不幸而在自杀之前先将亲人

---

① 参见黄丁全：《刑事责任能力研究》，中国方正出版社 2000 年版，第 144 ~ 151 页。

杀死，使其脱离苦海；另一类为间接性自杀，患者通过杀害他人要求刑法处罚。（5）意志行为障碍，精神病人难以控制自己的意志活动，一些琐事就可诱发强烈而短暂的冲动性暴力行为，这种行为多缺乏现实动机与目的。

　　常见的作案动机包括：（1）动机不明，当精神病患者对周围环境的感知及精神运动行为出现紊乱时，可能出现一系列伤害自己或他人的暴力行为。在意识障碍缓解后，对意识障碍中的行为常有遗忘或部分遗忘，且不能做出解释。（2）病理动机，精神病患者的暴力行为产生在幻觉、妄想等症状的支配下，能说清楚犯罪的动机和目的，是建立在精神症状基础上的错误推理和行为反应。（3）现实动机，大脑功能水平低下，如智力发育障碍者，脑外伤后人格改变等减弱了患者对行为的控制力，使患者为微小冲突等现实动机采取一些不合情理的暴力行为反应。（4）混合性动机，有些精神病患者产生暴力行为时，现实性和病理性动机对行为都有作用，难以区分以哪一种为主。

　　常见的作案特点包括：（1）作案时间地点上，常是不分时间和地点，其行为具有公开性。暴力行为的发生与精神症状的出现有关。（2）作案手段上，多数精神病患者的暴力行为在作案手段上都比较简单，作案工具常是菜刀、斧头、棍棒等伸手可及的身边物品，使用身体力量或是直接徒手作案，极少为智能型犯罪。（3）作案人数上，其突出特点是单独性。绝大部分精神异常的暴力行为是独自作案。（4）一般没有明显的预谋和计划。特别是在意识障碍、病理性激情、单纯幻觉、意志行为障碍等病理状态影响下的杀人行为，常具有冲动性与突发性。但是，有的精神病患者在思维障碍如妄想支配下的杀人，也可表现出预谋和计划，但一般比较简单、草率，甚至明显荒唐可笑。（5）缺乏自我保护意识。在杀人时间、地点、工具和环境方面都无选择性，与常人犯罪显然不同。他们杀人后常常不回避、不逃离、不拒捕、不清理现场、也不毁灭证据，而是滞留现场，甚至投案自首，并且供认不讳，讲述作案经过时若无其事，对后果和可能受到的处罚毫不关心。部分精神病患者实施暴力行为后，因受病理动机的影响而采取自杀行为。有的即使有一些保护措施，也很简单或愚蠢，极易被识破。要注意的是，有些精神病患者在被害妄想支配下进行的报复杀人，可能采取较好的自我保护措施，有的精神病患者虽在病态下杀人，但审讯时可能因病情缓解而表现出保护和伪装色彩。(6) 被害人的状况往往比较惨烈。被杀害对象多为亲属、同事、邻居，被害人身上可被刺杀几十次或近百次。

上述精神病患者实施暴力行为的典型特点，检察机关的办案人员可以通过案件材料进行识别。此外，对于公安机关移送审查起诉的犯罪嫌疑人，检察机关的办案人员还可以根据精神病症状中思维障碍的表现形式，通过讯问犯罪嫌疑人时的交谈，发现犯罪嫌疑人的精神状态。

思维障碍是指对客观事物的分析、综合、比较、抽象、概括、判断、推理等思维过程中存在的异常现象。大体可以从思维的速度、表达形式、联想方式、逻辑形式和思维内容等 5 个方面去认识和研究思维的改变。思维障碍包括思维速度障碍、联想方式障碍、思维的逻辑形式障碍、思维表达形式障碍、思维内容障碍。

思维速度障碍包括思维进行速度过速、过缓和阻滞。(1) 思维奔逸或意念飘忽的外在表现就是口若悬河、滔滔不绝、一个事情还未讲完就出现下一个概念，前后概念之间还可能以音韵或意义的了解表现为音连或意连。(2) 思维迟缓时，某种概念在脑里停留很长时间，思维速度受到阻抑、思考问题很困难、对问题反应迟钝、语言很少、语流缓慢、语声低沉、回答问题很慢，总说："想不起来。"(3) 思想贫乏时，思维停滞，头脑空虚、缺乏思想内容、概念与词汇贫乏。(4) 思维阻滞，表现为思维过程的突然中断，或者是思维过程中突然出现不相干的概念和思维插入。

联想方式障碍包括思维散漫、思维不连贯。(1) 思维散漫、联想散漫时，主题不突出，中心思想不断变化，使人无法理解谈话内容和目的。（2）思维散漫现象进一步严重，就出现思维破裂。这时，不但每一段话之间缺乏内在逻辑，甚至每句话之间的关系也不够紧密，结果就形成词的杂拌，连一句完整的话也难以说清。（3）思维不连贯时言语零碎、片段、概念之间毫无联系，有时还拌有幻觉和情绪上的变化。（4）联想方面的另一种改变常见于联想过程十分迂回曲折，在要表达的主题之内插入很多无关枝节，以致花了很多工夫才说清主要思想，这种现象称为病理性赘述。

思维的逻辑形式障碍包括逻辑倒错、词语新作、象征性思维。（1）逻辑倒错表现为推理缺乏严密的的逻辑关系，因果倒置或出现一些古怪离奇的因果关系，使人不可理解或啼笑皆非。（2）语词新作表现为以自己特殊的古怪逻辑杜撰出新的文字，只有他自己才能解释和理解。（3）象征性思维表现为用一个非本质的普通概念去代替另一类本质不同的事物。

思维表达形式障碍包括刻板言语、重复言语、模仿言语、持续言语。（1）刻板言语表现为对某一无意义的词或句子的机械性刻板重复。（2）重复言语表现为重复每句话最后几个字或词。（3）模仿言语表现为见别人说什么就跟着学什么。（4）持续言语表现为跟别人说话时，总用对前一个问题的回答言语去回答以后的各种问题。

思维内容障碍有强迫观念、超价观念和妄想等形式，其中以妄想最为常见。[①]

二、检察人员发现涉案人员疑似精神病人的途径

【案例3】审查起诉环节发现疑似精神病。2013年3月，由乌鲁木齐市公安局新市区分局侦查终结，新市区人民检察院报送乌鲁木齐市检察院审查起诉的犯罪嫌疑人甘某某故意杀人案，经

---

① 参见黄丁全：《刑事责任能力研究》，中国方正出版社2000年版，第144～148页。

审查查明，2012 年 8 月 4 日 14 时许，犯罪嫌疑人甘某某在乌鲁木齐市天津北路徐州一巷 261 号因琐事手持一把折叠刀，将被害人张某某（甘某某的女婿）杀死。承办人经认真细致阅卷，提审了犯罪嫌疑人甘某某，听取了被害人近亲属意见后，认为犯罪嫌疑人甘某某可能系精神病人，在退侦期间要求公安机关对其做精神病鉴定。经新疆精卫法医精神病司法鉴定所鉴定，犯罪嫌疑人甘某某在案发时无刑事责任能力。根据精神病司法鉴定意见，承办人走访了犯罪嫌疑人的亲属、邻居、曾工作过的单位，进一步了解甘某某的身体情况，经综合分析，认定犯罪嫌疑人不需要负刑事责任。对此，乌鲁木齐市检察院要求公安机关依照修改后《刑事诉讼法》及《刑事诉讼规则》的规定，按照管辖启动了强制医疗程序。①

【案例 4】驻所检察环节发现疑似精神病。日前，常熟市院驻所检察官前往常熟市第三人民医院，对一起申请强制医疗的精神病患者齐某某进行检察，这是修改后《刑事诉讼法》实施以来常熟实施的第一起强制医疗案件。齐某某因涉嫌故意伤害刑拘入所，入所后驻所检察官在谈话时发现该犯行为异常，建议办案部门对其进行精神病鉴定，后经法医学鉴定为精神病患者。常熟市公安局将齐某某送入第三人民医院采取临时性保护措施并申请对其进行强制医疗。②

【案例 5】审查批捕环节发现疑似精神病。2012 年 11 月，幸某随父亲来到珠海市斗门区一处工地打工。当月 18 日早上 6 点左右，幸某起床后因琐事被父亲数落几句后，操起一根钢管猛击父亲，致倒地昏迷。父亲被送到医院抢救无效后死亡，法医鉴定，死者头部遭钝器击打致重度颅脑损伤死亡。案发后，斗门公安机关以故意伤害罪提请斗门区检察院批准逮捕，该院经审查，以犯罪嫌疑人可能患有精神病而不予批准逮捕。2013 年 1 月，

---

① 资料来自新疆自治区检察系统内网。
② 资料来自江苏省检察系统内网。

佛山市第三人民医院出具精神病鉴定意见，认为幸某患有精神分裂症，实施故意伤害行为时无刑事责任能力。根据修改后《刑事诉讼法》的有关规定，1 月 16 日，公安机关将《强制医疗建议书》移交给检察院，建议对幸某进行强制医疗。目前，该案已退回公安机关进行补充侦查。补充侦查完毕后，检察院将依法审查是否向法院申请对幸某进行强制医疗。[①]

精神病鉴定是作为强制医疗程序的"入口"，而精神病鉴定的启动则是精神病鉴定的一个初始步骤。在公安机关的侦查阶段，当事人及其辩护人、代理人虽然具有初次启动鉴定的申请权，而启动鉴定的决定权是公安机关独享的。有强制医疗可能的案件，行为人的犯罪行为都具有暴力性，公安机关一般会对其先行采取刑事拘留，而监所检察部门普遍实行的对新进人员的约谈机制以及看守所与检察室之间沟通机制，可以直接并及时地接触到行为人，当监所检察人员发现在押犯罪嫌疑人可能系精神病人的，如果在审查批捕或审查起诉阶段，监所检察部门应当将犯罪嫌疑人可能是精神病人的疑似表现告知侦查监督部门或公诉部门；如果在侦查阶段，监所检察部门应当建议公安机关启动精神病鉴定程序。但是，目前办案人员在决定是否启动精神病鉴定时没有任何的参考依据，完全凭个人的经验与直觉。[②] 因此，监所检察部门建议公安机关启动精神病鉴定程序的，以"建议"的方式为妥，而不宜以要求说明理由的方式。

三、审查起诉阶段精神病鉴定的启动

强制医疗程序需要确认涉案精神病人的刑事责任能力、继续危害社会的可能性等适用条件，因此，公安机关侦查阶段、检察机关审查起诉阶段、人民法院审理阶段都可以对犯罪嫌疑人或被

---

① 资料来自广东省检察系统内网。
② 参见陈卫东、程雷：《司法精神病鉴定基本问题研究》，载《法学研究》2012 年第 1 期。

告人启动精神病鉴定。有的案件，公安机关在侦查阶段没有发现犯罪嫌疑人是精神病人，到审查起诉阶段，检察机关发现犯罪嫌疑人有可能是精神病人的，应当对犯罪嫌疑人进行鉴定。[①] 有的案件，公安机关在侦查阶段已经发现犯罪嫌疑人为精神病人，但是不属于不负刑事责任能力的精神病人，而是属于限制刑事责任能力的精神病人，到审查起诉阶段，检察机关发现犯罪嫌疑人有可能是无刑事责任能力的精神病的，也同样应当对犯罪嫌疑人进行鉴定。因此，《刑事诉讼规则》第548条规定："在审查起诉中，犯罪嫌疑人经鉴定系依法不负刑事责任的精神病人的，人民检察院应当作出不起诉决定。认为符合刑事诉讼法第二百八十四条规定条件的，应当向人民法院提出强制医疗的申请。"

【案例6】 四川省成都市锦江区办理的陈某强制医疗案。今年46岁的陈某原为国企工人，2004年被诊断患有精神分裂症后退休，与父亲陈某某相依为命。2012年6月的一天，陈某陪父亲外出办事，回家后陈某某突然提出要去上海寻找前女友，态度很坚决，陈某同样态度坚决地表示反对。父子俩发生激烈争吵，陈某突然情绪失控，用一根尼龙绳勒住陈某某颈部，再用斧头的斧背击打其头、颈、胸等部位，直至陈某某窒息死亡。锦江区公安局将陈某抓获归案后，以其涉嫌故意杀人罪移送审查起诉。受案后，锦江区检察院发现了疑点：公安机关移送的证据材料表明，犯罪嫌疑人陈某自2004年起就因患精神分裂症长期在医院治疗，而在侦查阶段却被鉴定为限制刑事责任能力人且具备受审能力。公安机关的鉴定准确吗？不论是陈某的亲属还是街坊邻居，都知晓陈某患有精神疾病，平时也经常听到他与父亲发生争执，每次的激烈程度都与案发那次差不多，陈某的行为举止也较为怪异。在公安机关制作的讯问笔录中，犯罪嫌疑人陈某一直表示他是为留住父亲，害怕被父亲遗弃才实施了伤害行为，从来没

---

① 参见孙谦主编：《〈人民检察院刑事诉讼规则（试行）〉理解与适用》，中国检察出版社2012年版，第376页。

想过要加害父亲。办案检察官去提审，发现陈某基本不具备应答能力，甚至不能辨别自己的身份，情绪也很不稳定。经过研究，锦江区检察院决定：一方面由公诉部门主动侦查取证，向犯罪嫌疑人的亲属、街坊邻居以及公安机关办案人员详细了解案发前陈某及其父亲的生活情况和日常精神状况，前往相关医院调取陈某2004年至今的全部病历材料并展开审查，同时加大对其他证据的审查力度；另一方面则将该案退回公安机关补充侦查，要求对犯罪嫌疑人是否具备受审能力进行重新鉴定。不久，公安机关反馈了鉴定结论，认定犯罪嫌疑人陈某目前不具备受审能力。锦江区检察院立即联系看守所，向与陈某同监舍的在押人员和管教民警了解其在押情况，同时咨询精神病专家，排除了因羁押或其他人为因素导致陈某病情恶化的可能。最终，办案检察官认为，现有全部证据均不能证实陈某具有杀害父亲的预谋或临时犯意，决定由检方委托四川华西法医学鉴定中心对陈某犯罪时是否具备刑事责任能力进行重新鉴定。收到华西法医鉴定中心对犯罪嫌疑人陈某犯罪时不具有刑事责任能力的鉴定意见书后，办案检察官确认陈某的状况符合《刑法》第18条之规定，不应负刑事责任，经检委会决议，依法对陈某作出不起诉决定。同时考虑到，被不起诉人陈某患有严重的精神疾病，情绪波动大，易怒，经常出现幻视、幻听现象，其亲属没有条件对其妥善监管，可能存在危害公共安全的隐患，为维护社会治安，避免惨案再度发生，锦江区检察院根据相关法律规定，启动了强制医疗程序，向锦江区法院提出强制医疗申请，同时要求公安机关将陈某送往成都市第一精神卫生防治院采取临时约束性保护措施。①

重庆市某法院开庭审理刘某某故意杀人案。庭审中，辩护人提出对被告人刘某某进行精神疾病鉴定的申请。休庭后，法院要求检察机关提供被告人的司法精神病鉴定意见，检察机关遂委托

---

① 参见刘德华、郭啸海、张艳：《为行凶者申请强制医疗》，载《检察日报》2013年2月28日。

侦查机关将被告人交由重庆市某鉴定机构进行精神病鉴定。该鉴定机构对被告人刘某某进行了第一次司法精神病医学鉴定，鉴定意见为："躯体疾病所致精神障碍，无刑事责任能力。"后经检察机关审查发现，侦查机关没有严格按照"精神病司法鉴定依据的送鉴材料必须真实、完整和合法"的规定和要求，所提供的送检材料中缺少被鉴定人家族成员既往精神病史、住院病历及其他旁证材料等足以影响鉴定结论的客观、真实性的关键性鉴定材料，送检程序不符合相关规定，其所得出的鉴定意见与案件中反映出的实际情况严重不符，与证明其杀人动机、行为举止、毁尸灭迹、逃避打击等证据存在重大矛盾。检察机关遂再次委托另一鉴定机关对被告人进行重新鉴定，鉴定意见为："肝豆状核变性，目前未发现有精神病性症状，应具有刑事责任能力。"鉴于两份鉴定意见的结论截然相反，为了充分保障被告人诉讼权利，准确查明事实真相，法院决定启动鉴定人、有专门知识的人出庭质证程序。经过第二次庭审质证，一审法院审理发现第一份鉴定意见确实存在送检材料的不完备、鉴定程序的不规范以及鉴定意见与案件中其他证据有重大矛盾等问题，从而采信了第二份鉴定意见，认定被告人刘某某为完全刑事责任能力人。[①]

根据《刑事诉讼法》第144条的规定，目前是否进行司法精神病鉴定仍然只能由公安机关、人民检察院和人民法院决定。对于是否应该赋予当事人独立启动精神病鉴定、自行委托鉴定的权利，一直是个颇具争议的问题。反对者主要是担忧，如果精神病鉴定启动的门槛过低，可能会造成滥用的局面，委托方和相对方当事人对鉴定人施加干涉和影响，利用精神病鉴定逃避刑事责任与刑罚。我们认为，正如在刑事诉讼中，我们不能因为辩护人、诉讼代理人可能严重违背法律规定和执业纪律，帮助当事人毁灭、伪造证据等严重妨害诉讼活动，而剥夺被告人委托辩护的

① 参见李毅磊：《精神病鉴定中的鉴定人等有专门知识的人质证程序初探》，载《重庆检察》2014年第1期。

权利和剥夺辩护人、诉讼代理人参与诉讼的权利一样，在强制医疗程序中，我们也不宜因为鉴定人可能会违背鉴定的中立立场、存在虚假鉴定等问题而排斥当事人自行委托的权利。对于鉴定人故意作虚假鉴定的，依据《刑事诉讼法》第 145 条的规定追究鉴定人的法律责任。

因此，在强制医疗程序中，特殊情况之下可以赋予当事人一方相应的启动权，形成两种以上相对立的鉴定意见并通过两种意见的相互对抗选择较优的结论不失为一种可以增强司法公信力的做法。这里的"特殊情况"可以控制在经法定程序鉴定行为人系依法不负刑事责任的精神病人，作为当事人的涉案精神病人一方有异议的，涉案精神病人及其监护人、近亲属可以启动精神病鉴定程序，自行委托依法取得执业资质的精神障碍司法鉴定机构进行鉴定。此时涉案精神病人通常处于临时约束状态，作为当事人一方不存在"无法对处于羁押状态的被追诉人开展鉴定"[1] 的情形，并且此时普通刑事诉讼程序已经终结，侦查卷宗遵循侦查保密原则的前提亦已不复存在，当然涉案精神病人系共同犯罪的案件除外。至于精神病司法鉴定是种主观判断，即使是纯粹的鉴定，不同的专家有时甚至会得出截然相反的结论。对此，涉案精神病人一方自行委托鉴定的"鉴定意见"与司法机关委托鉴定的"鉴定意见"不一致的，司法机关应当予以重视，可以通过委托省级鉴定咨询机构，以省级鉴定咨询机构作出的"鉴定咨询意见"作为最终的认定意见。被害人及其代理人对行为人系依法不负刑事责任的精神病人的鉴定意见有异议的，由于其一方无权要求行为人配合其一方委托鉴定机构的进行鉴定，如此情况下即使得出鉴定意见，因为鉴定程序存在瑕疵，而不会被司法机关采信。因此，被害人及其代理人对鉴定意见有异议的，可以申请司法机关重新鉴定。

---

① 陈卫东、程雷：《司法精神病鉴定基本问题研究》，载《法学研究》2012 年第 1 期。

四、决定的作出

经过审查，对于符合《刑事诉讼法》第 284 条规定条件的，人民检察院应当作出提出强制医疗申请的决定。对于不符合《刑事诉讼法》第 284 条规定条件的，应当作出不提出强制医疗申请的决定。

不符合强制医疗条件的情形包括：行为人不是精神病人的；行为人虽然是精神病人但依法应当负刑事责任的；涉案精神病人的行为没有危害公共安全或者严重危害公民人身安全的；涉案精神病人没有采取暴力手段的；鉴定程序不合法的；涉案精神病人没有继续危害社会可能的等情形。检察机关应当制作《不提出强制医疗申请决定书》，并送达移送强制医疗意见书的公安机关。决定书中应当重点说明不提出强制医疗申请的理由。

第四节　检察环节强制医疗程序适用的内部监督制约

一、案件管理部门与公诉部门之间

案件管理部门统一受理案件，其一项重要的任务就是对所接收的案件材料，根据《刑事诉讼规则》第 152 条、第 153 条和第 154 条的规定进行审查，案件管理部门的这项职责是基于系统内部的协作而赋予的职责，只有熟悉《刑事诉讼法》、《刑事诉讼规则》对移送的案件材料的要求，才能在审查后向公安机关提出需要补充的内容。

二、公诉部门与监所检察部门之间

《刑事诉讼规则》第 540 条和第 661 条明确规定了由检察机

关的公诉部门对强制医疗的决定实施监督，由监所检察部门对强制医疗的执行活动进行监督。由此，检察机关公诉部门与监所检察部门之间应该建立良好的配合衔接关系，实现无缝对接，避免出现真空地带，保障涉案精神病人、被强制医疗人的权益。

1. 公安机关对需要强制医疗，写出《强制医疗意见书》，移送人民检察院的，人民检察院的公诉部门应当将《强制医疗意见书》的副本送交监所检察部门。

2. 公诉部门根据《刑事诉讼规则》第 546 条，对于公安机关移送的强制医疗案件，发现公安机关应当采取临时约束措施而尚未采取，建议公安机关采取临时约束措施的，公诉部门应当将《临时保护性约束措施建议书》抄送本院监所检察部门，以便监所检察部门根据《刑事诉讼规则》第 547 条的规定，及时开展监督。

3. 公诉部门根据《刑事诉讼规则》第 548 条规定，在审查起诉中，发现犯罪嫌疑人符合强制医疗条件的，应当启动强制医疗程序；对需要采取临时保护性约束措施的，应当建议公安机关采取，同时将《临时保护性约束措施建议书》、《启动强制医疗决定书》、《强制医疗申请书》抄送本院监所检察部门。

4. 公诉部门自行发现或者其他部门移送线索发现公安机关应当启动强制医疗程序而不启动，通知公安机关启动程序的，应当同时将《要求说明不启动强制医疗程序理由通知书》、《要求启动强制医疗程序通知书》、《强制医疗申请书》抄送本院监所检察部门。

5. 公诉部门对于公安机关移送的强制医疗案件，作出不提出强制医疗申请的决定后，应当将《不提出强制医疗申请决定书》抄送本院监所检察部门；作出提出强制医疗申请的决定后，应当将《强制医疗申请书》抄送本院监所检察部门。

6. 公诉部门收到人民法院作出的强制医疗决定或者驳回强制医疗申请的决定后，应当将文书副本送交监所检察部门。

7. 监所检察部门在强制医疗执行监督中发现被强制医疗的

人不符合强制医疗条件或者需要依法追究刑事责任，人民法院作出的强制医疗决定可能错误的，根据《刑事诉讼规则》第663条的规定，应当在5日以内报经检察长批准，将有关材料转交作出强制医疗决定的人民法院的同级人民检察院。收到材料的人民检察院公诉部门应当在20日以内进行审查，并将审查情况和处理意见反馈负责强制医疗执行监督的人民检察院。

上述配合衔接机制中的第3、5、6种衔接措施，实践中《重庆市人民检察院第一分院强制医疗程序及监督实施办法（试行）》第12、11、15条有类似的相应规定。

三、公诉部门、监所检察部门与检察技术部门之间

认定涉案精神病人作案时的精神状态以及人身危险性，需要精神医学的专业知识。具有专业知识的检察人员在工作中能够很好运用自身专业的法医学知识判断精神病人是否有继续危害社会的可能，用科学的知识来鉴定强制医疗机构的医疗方法、步骤、数据分析过程、结论是否严谨、科学等。[①] 但由于以往检察机关对检察人员掌握医学方面的专业知识要求并不高，新近吸收和招录的又注重司法的专业化，法学专业与医学专业双修人才稀缺，因此在公诉部门办理相关案件时，以及监所检察部门在执行监督过程中，难免会因专业知识的缺乏而存在障碍和局限，这就需要培养一批既懂法律又懂司法精神医学知识的复合型检察人员。同时，根据《刑事诉讼规则》第368条的规定，"人民检察院对鉴定意见有疑问的，可以询问鉴定人并制作笔录附卷，也可以指派检察技术人员或者聘请有鉴定资格的人对案件中的某些专门性问题进行补充鉴定或者重新鉴定。公诉部门对审查起诉案件中涉及专门技术问题的证据材料需要进行审查的，可以送交检察技术人员或者其他有专门知识的人审查，审查后应当出具审查意见"。

---

① 参见刘广林、毛丽伟：《浅议精神病人强制医疗执行检察监督存在的问题及完善措施》，载《监所检察工作指导》2013年第4期。

吉林省公诉部门围绕精神病司法鉴定的专业技术问题，加强与检察技术部门的配合协作已取得了一定经验，检察技术部门从精神病专门鉴定机构和鉴定人员的资质审查、专业机构及人员咨询、法医学文证审查、具有专门知识的人员配合出庭等方面，为公诉部门提供专业技术保障，收到良好效果。①

【案例7】江苏省淮安市院技术处成功办理强制医疗案件文证审查。淮安市院技术处受理案件后，法医首先深入了解案情和被审查人情况，了解到倪某有多年的精神病史，在当地医院多次诊断为精神分裂症入院治疗，在发病期间，多次殴打父母，本次又用极其残忍的手段将其父母杀死，严重侵害他人人身权利，暴行令人发指。案发后，司法鉴定机构对倪某进行了住院鉴定及治疗，鉴定其为精神分裂症，其作案受病情影响，无辨认和控制能力，无刑事责任能力。经过认真审查和进一步深入研究，该处法医认为对此类精神病人的危险性评估，主要应当从四个方面着手：一是本次和既往的发病情况。每次如何发病，发病时的表现，有无攻击性的暴力行为及危害后果。二是对治疗的依从度。是否愿意听从医疗人员、监护人员的劝告及时服药，是否排斥抗拒治疗，甚至有对立行为。三是外部环境。是否有诱导、刺激其发病的外在环境和条件，是否有保证其治疗效果的监护环境。四是治疗的效果。治疗的短期和长期效果如何，精神疾病的治疗是否有效、稳定，有无病情反复再次发病的可能。通过对上述情形的分析，结合对倪某的精神检查、住院治疗及鉴定过程的了解，综合各方面情况，法医认为倪某具有较高的危险性，其存在病情反复、继续危害社会的可能性，作出了"同意精神分裂症、无刑事责任能力的鉴定意见，存在继续危害社会可能"的文证审查意见，该意见也得到了办案人员的认同。②

---

① 资料来自吉林省检察系统内网。
② 资料来自江苏省检察系统内网。

第七章　人民法院强制医疗审理程序与检察监督

第一节　强制医疗案件的审判组织与方式

一、审判组织

审判组织，是指人民法院审判案件的组织形式。《刑事诉讼法》第286条第1款，《刑事诉讼法解释》第529条第1款，"人民法院受理强制医疗的申请后，应当组成合议庭进行审理"，是关于人民法院审理强制医疗案件应当组成合议庭进行审理的规定。考虑到强制医疗直接关系到公民的人身自由、社会安全和公共秩序，且判断一个人的精神状况，以及是否符合强制医疗的条件，情况比较复杂、专业性强，由合议庭决定更有利于保证案件的质量，这次《刑事诉讼法》的修改明确规定审理强制医疗案件应当组成合议庭进行。[①] 独任审判员在一审简易程序案件审理过程中发现被告人符合强制医疗条件的，应当转为普通程序，由合议庭审理。对于合议庭的组成，《刑事诉讼法》和《刑事诉讼法解释》并未予以规定，但是，基于强制医疗案件的特殊性，因此，有条件的基层人民法院可以吸纳精神病学专业领域的专家作为人民陪审员，与法官组成合议庭进行审理。基层精神病学的

---

① 参见郎胜主编：《中华人民共和国刑事诉讼法释义》（最新修正版），法律出版社2012年版，第633页；孙谦主编：《新刑事诉讼法条文精解与案例适用》，中国检察出版社2012年版，第413～414页。

医学专家比较欠缺的，可以吸纳精神病学的医务人员作为人民陪审员，更好地发挥人民陪审员专业优势。

二、审理方式

法院审理强制医疗案件的审理方式是否公开，强制医疗程序对此并无特别规定。持肯定说的人认为：患精神疾病本身不必然属于个人隐私，依照《精神卫生法》第 4 条第 3 款的规定："有关单位和个人应当对精神障碍患者的姓名、肖像、住址、工作单位、病历资料以及其他可能推断出其身份的信息予以保密；但是，依法履行职责需要公开的除外。"因此，强制医疗案件中如当事人申请不公开审理的，可以依据案件具体情况，依法决定不公开审理。还有的认为，罹患精神病当然属于公民的隐私权，但可能对他人实施暴力行为的精神病患者不在此列，因为此一信息对于其他公民保护自身的人身安全极为必要，故涉及更为重要的法益，自然应对该隐私权予以限制。《精神卫生法》规定的"依法履行职责需要公开的除外"的"依法履行职责"便包括强制医疗程序的庭审。[①] 持否定说的认为，根据《刑事诉讼法》第 183 条和第 274 条的规定，应当不公开审理的情形包括：一是有关国家秘密的案件；二是有关个人隐私的案件；三是当事人申请的涉及商业秘密的案件；四是审判的时候被告人不满 18 周岁的案件。为了避免泄露精神病人的个人隐私，充分保障被告人的诉讼权利，法院裁决刑事强制医疗程序案件应当遵循不公开开庭审理方式。[②]

【案例 1】四川省成都市锦江区办理的程某强制医疗案。四川省成都市锦江区人民法院依法公开审理由该区人民检察院申请

---

① 参见施鹏鹏、卢祖新：《强制医疗程序适用中的疑难问题及对策——以重庆市 H 市李某故意杀人案范例的分析》，载《人民司法》2013 年第 13 期。

② 参见张旭、丁娟主编：《刑事诉讼法》，厦门大学出版社 2012 年版，第 460 页。

提起的一起强制医疗案，并当庭作出决定，对被申请人陈某强制医疗。据了解，这是《刑事诉讼法》实施以来，四川省审结的首例强制医疗案件。法院审理查明，2012 年 6 月 9 日，被申请人程某与其父发生纠纷后，将其父勒死，后逃离了现场。当月12 日，程某被公安机关抓获。法院认为，被申请人程某系精神病人，其实施暴力行为，严重危害公民人身安全，虽经法定程序鉴定依法不负刑事责任，但相关证据足以证明其有继续危害社会可能，依照法律规定，应当予以强制医疗，遂作出上述决定。连线法官说，该案审理中，当事人并未申请不公开审理，被申请人也不能出庭，是其法定代理人到场，故根据诉辩式庭审的特征，该案适宜公开开庭审理。①

笔者赞同不公开审理方式。理由如下：

其一，精神病人暴力行为的信息对于其他公民保护自身的人身安全极为必要，那么，精神病人实施强奸行为的信息，对于其他妇女、幼女保护自身的人身安全也是同样重要。如果从保护其他妇女、幼女的人身权利，公开审理此类强制医疗案件，那么，对于被害妇女、幼女的隐私问题又将如何保护？如果以保护其他多数的、不特定的妇女、幼女的未然利益，而限制已然的被害妇女、幼女的隐私权，不考虑避免被害妇女、幼女在精神上再次受到伤害，保护她们的名誉，这是令人难以接受的，并将会动摇不公开审理的根基。

其二，所谓精神病人实施暴力行为的信息对其他公民极为重要，实际上，涉及精神病人"继续危害社会的可能"，只有在精神病人有继续危害社会的可能时，其他公民的人身权利才会涉及保护问题，这本身是适用强制医疗的条件之一。因此，所谓"精神病人实施暴力行为的信息对其他公民极为重要"这一说，是强制医疗适用条件的范畴，无须在决定审理方式上进行评判。

---

① 参见王鑫、冉雪瑛：《成都一精神病人被依法强制医疗》，载《人民法院报》2013 年 1 月 24 日。

如果精神病人无继续危害其他公民人身权利之可能，则将不对其予以强制医疗。反之，则将对其实施强制医疗。而解除强制医疗的条件是被强制医疗人不具有人身危险性，当被强制医疗人不具有人身危险性而解除出院时，该精神病人已然的暴力行为信息对其他公民无任何法律意义。所以，如果精神病人具有继续危害社会的可能，则将对其强制医疗。如果没有继续危害社会的可能，则该精神病人实施暴力行为的信息对其他公民没有任何意义。再者，所谓精神病人实施暴力行为的信息对其他公民极为重要，实际上让其他公民提防实施暴力行为的精神病人，将精神病人标签化、污名化，而这本身就与不公开审理的精神相违背。

其三，对《精神卫生法》第 4 条第 3 款后半段 "依法履行职责需要公开" 应当理解为依法履行职责必须要公开，不公开就无法依法履行职责。而法院审理强制医疗案件进行不公开审理，并不会必然导致无法审理强制医疗案件。《刑事诉讼法》第 152 条规定有关个人隐私的案件不公开审理，"个人隐私案件" 是指案件涉及个人不愿公开的隐私，这些隐私的公开将会给当事人的生活造成不好的后果，心理方面带来痛苦和压力。[1]《精神卫生法》第 4 条第 3 款前半段的规定也肯定了精神障碍患者信息属于个人隐私的特性，人民法院审理强制医疗案件自当遵循《刑事诉讼法》第 152 条有关个人隐私的案件不公开审理的规定，审判程序不应公开。因为对这类案件的庭审调查多涉及被申请人的个人经历、家庭状况，甚至某些隐私。如果公开审查，会给被申请人及其家属、亲属造成负面影响，不利其将来病愈后重返社会[2]和再社会化。[3]

---

① 参见郎胜主编：《中华人民共和国刑事诉讼法释义》（最新修正版），法律出版社 2012 年版，第 398 页。

② 参见刘家琛、郝银钟主编：《刑事审判学》，群众出版社 2002 年版，第 416 页。

③ 叶文胜主编：《检察机关适用新刑事诉讼法热点难点问题研究》，中华书局 2013 年版，第 389 页

其四，上述案例中连线法官对公开审理程某强制医疗案件的说理并不妥当。实际上，该理由混淆了公开审理和开庭审理两个不同的概念，套用了《刑事诉讼法解释》第 529 条第 1 款关于开庭审理的规定："审理强制医疗案件，应当组成合议庭，开庭审理。但是，被申请人、被告人的法定代理人请求不开庭审理，并经人民法院审查同意的除外。"

实践中，北京市海淀区法院从依法保护被申请人的个人隐私角度，将所有强制医疗案件均不公开开庭审理，获得了检察官、法定代理人、诉讼代理人的认可。① 综上所述，人民法院不应公开审理强制医疗案件。

三、开庭审理

《刑事诉讼法》没有明确规定强制医疗案件的审理方式。一种观点认为，对于强制医疗程序案件，原则上应当开庭审理。主要理由是：对精神病人强制医疗势必在一定程度上限制或剥夺被申请人的人身自由，因此应当赋予其不低于普通程序中被告人的诉讼权利，应当保障其接受开庭审理的权利。开庭时，被申请人应当出庭参加庭审，但因身体状况不能出庭或者出庭可能危害他人人身安全的，经合议庭同意，可以不出庭参加庭审。另一种观点认为，对于强制医疗程序案件，原则上不需要开庭审理。主要理由是：根据《刑事诉讼法》的规定，法院审理强制医疗程序案件后作出的是"决定"，而不是"判决"或者"裁定"。我国的强制医疗决定，原来一般都由行政机关作出。立法机关考虑到强制医疗是一种不特定时间限制公民人身自由的措施，由人民法院决定体现慎重公正的原则，有利于防止"被精神病"或假冒精神病人逃避刑事处罚的情况发生，有利于维护当事人合法权利，保证司法公正，所以才规定由人民法院决定。"决定"是人

---

① 参见孟凯锋：《精神病人将人推下站台致伤，检察机关申请强制医疗获准》，载《人民法院报》2013 年 4 月 9 日。

民法院在办理案件过程中对某些程序性问题，或者某些非诉讼行为进行处理的一种形式。如驳回申请回避的决定、对证人不出庭的拘留处罚决定、违反法庭秩序的罚款、拘留处罚决定等。对于人民法院作出"决定"的程序，目前尚无明文规定。鉴于强制医疗程序案件的案情一般较为清楚，争议不大，且被申请人又基本上不能出庭行使诉讼权利，开庭审理的可行性、必要性不大。因此，强制医疗程序案件原则上不实行开庭审理。但是，人民法院"应当通知被申请人或者被告人的法定代理人到场"，当面听取其意见，而后在审查相关证据材料的基础上作出决定。必要时，人民法院可以通知人民检察院也派人到场，同时听取双方意见，双方还可以互相质证、辩论。对于双方都到场发表意见的审理方式，究竟是"听证"、"调查"还是"开庭"，值得研究，不妨暂时将其视为一种新的、特殊的开庭形式。①

　　笔者认为，强制医疗案件的审理方式，应当根据《刑事诉讼法解释》第 529 条的规定开庭审理。但是，被申请人、被告人的法定代理人请求不开庭审理，并经人民法院审查同意的除外。

四、缺席审理

　　根据正当程序的要求，刑事强制医疗程序中的被申请人或被告人，有权参加审理程序的全过程，有权发表申辩意见，原则上不得缺席审理。②《刑事诉讼法》第 286 条第 2 款规定"人民法院审理强制医疗案件，应当通知被申请人或者被告人的法定代理人到场"。但在这里，并未明确规定被申请人或者被告人出庭或者发表意见。由于强制医疗案件的当事人可能是丧失辨认或控制

---

　　① 参见张军、陈卫东主编：《新刑事诉讼法实务见解》，人民法院出版社 2012 年版，第 358 页。
　　② 张军、陈卫东主编：《新刑事诉讼法疑难释解》，人民法院出版社 2012 年版，第 413 页。

自己行为能力的精神病人，一方面法庭审理对其不具有教育意义甚至可能对其产生刺激，另一方面由于其欠缺自我控制能力，可能对法庭审理产生阻挠。为了照顾精神病人的精神健康，同时也是为了维护法庭秩序，保证庭审活动的顺利进行，对此类案件法庭根据情况，可以在精神病人不到庭的情况下，实行缺席审判。①

《刑事诉讼法解释》第530条对是否可以"缺席审理"作了明确规定，"被申请人要求出庭，人民法院经审查其身体和精神状态，认为可以出庭的，应当准许。出庭的被申请人，在法庭调查、辩论阶段，可以发表意见"。据此笔者认为，人民法院审理强制医疗案件时，被申请人或者被告人因为缺乏正常的辨别能力或控制能力，庭审时仍然不具备受审能力和诉讼能力的，可以进行"缺席审理"，由其法定代理人、诉讼代理人参加庭审，维护其权益。域外一些国家的法律对强制医疗程序庭审缺席已有立法例。如《奥地利刑事诉讼法》第430条规定："如精神异常违法者的状况不允许在规定的期限内出席法庭或出席会严重危害其身体健康，庭审则需在精神异常违法者缺席情况下进行。"②《德国刑事诉讼法》第415条规定："在保安程序中，由于被指控人的状况、公共安全或者秩序方面的原因，他不能或不宜出庭的时候，法院可以对被指控人进行缺席的审判。"③

① 参见叶文胜主编：《检察机关适用新刑事诉讼法热点难点问题研究》，中华书局2013年版，第388～389页。
② 周国君、李娜玲：《试论我国刑事强制医疗措施的司法化》，载《山东警察学院学报》2009年第5期。转引自张军、陈卫东主编：《新刑事诉讼法疑难释解》，人民法院出版社2012年版，第413页。
③ 李昌珂译：《德国刑事诉讼法》，中国政法大学出版社1995年版，第56页。转引自张军、陈卫东主编：《新刑事诉讼法疑难释解》，人民法院出版社2012年版，第413页。

第二节　强制医疗案件的庭审程序

一、被申请人或被告人的法定代理人出庭

人民法院审理强制医疗案件，应当通知被申请人或者被告人的法定代理人到场。对于精神病人不能实质性地参加庭审，且其家属难以查明或没有家属的特殊情形，人民法院应当在审理强制医疗案件前，先确定好适当的法定代理人。此时的审理如在精神病人及其法定代理人均缺席的情况下进行，就不符合司法程序的底线性要求，难以保证程序的公正公平。[①] 法定代理人参与法庭审判对保护审判中的精神异常的被告人具有重大价值：其一，法定代理人与被告人亲密的关系决定了其参与审判可以为被告人提供情感和心理支持，消除紧张情绪，有利于帮助被告人相对顺利的应对庭审。其二，被告人心智不健全，不具有完全的诉讼行为能力。法定代理人的参与可以帮助其正确行使刑事诉讼权利，维护被告人的合法权益。因此为了保护被告人的合法权利，各国通常规定，在审理此类案件时，被告人必须有法定代理人出庭以代其行使诉讼权利。如《俄罗斯刑事诉讼法典》第 437 条第 1 款规定："被适用医疗性强制措施的人的法定代理人，应根据侦查员、检察长或法院的决定参加刑事案件。在没有近亲属时，可以认定监护和保护机关为法定代理人。"[②]

确定精神病人的适当法定代理人，应当按照《刑事诉讼法》规定的顺序确定。《刑事诉讼法》第 106 条第 3 项规定，"'法定代理人'，是指被代理人的父母、养父母、监护人和负有保护责

---

① 参见张军、陈卫东主编：《新刑事诉讼法疑难释解》，人民法院出版社 2012年版，第 413 页。

② 李娜玲：《刑事强制医疗程序研究》，中国检察出版社 2012 年版，第 202 页。

任的机关、团体的代表"。对于精神病人的亲属因卧病在床等原因无法出庭，或担心承担管护责任等原因不愿出庭甚至拒不出庭的特殊情形，《刑事诉讼法》并未授予人民法院有强制精神病人亲属出庭的权力。由此可见，《刑事诉讼法》第286条第2款的规定，只是说明法院具有通知的义务，而并非说明法院具有强制对方到庭的权力。同时相应地说明这是精神病人亲属到庭参与诉讼的权利，而并非说明精神病人亲属必须出庭的义务。对被申请人或者被告人的亲属拒不出庭的，实际上表明精神病人亲属诉讼权利的放弃，同时实际上也表明其对管护职责的拒绝。那么，对于被申请人或者被告人的亲属无法出庭或者拒不出庭的，甚至被申请人或者被告人是说不出自己名字的"无名氏"的，如果法院不能理解精神病人亲属出庭并非是保障被申请人或者被告人诉讼权益的唯一途径，而机械地执行该条款，则要么违法进行强制出庭，要么造成审理期限的延迟。对于人民法院审理强制医疗案件，因法定代理人无法到场而造成审理超期的，人民检察院应当提出纠正意见。

【案例2】河南省中牟县办理的"无名氏"强制医疗案。刚收案时，这位女肇祸者说不出自己名字，也无任何可供警方查询的线索，于是，此案一开始就被定为"无名氏案"。据安康医院院长介绍，和两个月前送进来时相比，"无名氏"的精神状态好了很多，能跟人做简单交流，但说话含混不清。记者问她叫什么，她在纸上写出"唐彩云"字样。"无名氏"已住院3个月，她虽自称唐彩云，但其户籍地、身份证号码、民族、文化程度均不详。由于法定代理人不能到场，案件无法开庭，已经超出了法律规定的"一个月以内作出强制医疗的决定"。[①]

被申请人或被告人的法定代理人到场，更为准确、更为接近立法原意的理解则是将其理解为对强制医疗程序的参与。参与应

---

① 冯建红、张慧、谢宝虎、杨晓伟：《精神病人强制医疗难题频现待破解》，载《检察日报》2014年4月23日。

当具有更为丰富的内涵，包括对检察机关提出申请强制医疗程序所依据的材料，以及应否作出强制医疗决定发表意见等。《刑事诉讼法》中之所以没有使用发表辩护意见而使用"到场"一词，并不意味着他们不能发表意见，而是由于强制医疗不是基于纠纷而引起的，因而没有指控存在，无指控便无辩护，这是诉讼的一个基本原理。① 随着民主法治建设的深入推进，人民群众不仅希望了解司法机关的职能职责，更希望了解和参与司法机关的司法办案活动。由此可见，被申请人或者被告人的法定代理人到场，绝不仅仅只是见证。被申请人或者被告人的法定代理人到场，是帮助被申请人或者被告人行使诉讼权利，保障其程序参与权利，增强其程序参与能力。

浙江某县办理的张某某强制医疗案。被申请人的弟弟因为担心承担责任不愿意配合出庭，而被申请人的父亲年龄高达80多岁、耳朵又有点背、话也讲不清楚，将被申请人父亲接到法庭时其连坐在椅子上都有困难，这样情况的被申请人的法定代理人出庭参与庭审，对保障被申请人的诉讼权利并不能起到实质性的作用。因此，为了保障被申请人或者被告人本人的及早就治，以及保障诉讼程序的顺利进行，法院应当通知被申请人或者被告人合适的亲属到庭，如果没有合适的亲属或者其他亲属无法出庭、不愿到庭的，则应该通知精神病人的所在单位或者住所地的居民委员会、村民委员会或者民政部门担任监护人出庭。精神病人的所在单位或者住所地的居民委员会、村民委员会或者民政部门，属于《刑事诉讼法》规定的负有保护责任的机关、团体。如湖南省常德市鼎城区办理的高某某强制医疗案②，即由村民委员会担任法定代理人。因此，对于上述案例中，法院因"无名氏"的法定代理人无法到场导致审理期限超期，检察机关应当提出纠

① 参见汪建成：《论强制医疗程序的立法构建和司法完善》，载《中国刑事法杂志》2012年第4期。
② 参见（2013）常鼎刑特字第1号。

正意见。

有观点认为，在被申请人没有其他监护人或其他近亲属的情况，可以为其指定合适成年人到场维护其权益。合适成年人的范围包括从事法律援助的律师。[1] 我们认为，如果律师在程序中担任诉讼代理人的，则其一身不宜兼两职。如果不是担任诉讼代理人，则没有必要浪费司法资源，可以由上述负有保护责任的机关、团体的代表担任监护人。

二、其他诉讼参与人出庭

（一）鉴定人出庭

鉴定人出庭作证不仅能够贯彻直接言词原则，而且能够保证鉴定意见的科学性和准确性。目前要求鉴定人出庭的呼声日益强烈。有些法官认为，鉴定人出庭有利于帮助法官判断鉴定意见的正确性。但对此有的法官持保留意见，因为精神病鉴定意见之争，往往是专业质证、主观性的争论，最后依然取决于法官的鉴别。同时出庭质证对出庭人的素质也有所要求，不仅要有良好的专业素质，同时对语言表达能力、逻辑思辨能力也有较高的要求。因此相对于出庭的质证，有充裕时间思考斟酌的书面表达会更为严谨、准确。[2] 还有的观点认为，法院必须通知强制医疗程序中的鉴定人出庭。经法院通知鉴定人没有正当理由拒不出庭的，则依据《刑事诉讼法》第188条的规定，由人民法院强制其到庭。[3] 鉴定人出庭，特别是重新鉴定的鉴定意见不一致时，鉴定人员出庭的目的是通过质证来确保精神病鉴定意见的科学性和准确性，帮助通常情况下并不具备精神卫生方面专业知识的法

---

[1] 参见叶胜男：《对强制医疗适用程序的把握》，载《人民司法》2013年第16期。

[2] 参见郭志媛：《刑事诉讼中精神病鉴定的程序保障实证调研报告》，载《证据科学》2012年第6期。

[3] 参见田圣斌：《强制医疗程序初论》，载《政法论坛》2014年第1期。

官解决审查判断精神病鉴定意见的难题。

鉴定人的身份毕竟与证人的身份不一致，对于证人，《刑事诉讼法》第 60 条明确规定凡是知道案件情况的人，都有作证的义务。这里作证义务不仅仅是指以书面的形式作证，还包括以言词的形式作证。不仅仅是指在侦查阶段、公诉阶段没有犯罪嫌疑人、辩护人在场时候的作证，还包括在法庭审理阶段接受被告人、辩护人质证时候的作证。正因为作证是所有知道案件情况的人的义务，所以在其经人民法院通知，没有正当理由不出庭作证的，人民法院可以强制其到庭。而对于没有正当理由不出庭的鉴定人，立法者并未规定人民法院可以强制其到庭。但是，立法者也同样高度重视鉴定人的出庭价值，全国人大常委会《关于司法鉴定管理问题的决定》第 13 条明确规定，经人民法院依法通知，鉴定人拒绝出庭作证的，由省级人民政府司法行政部门给予停职或者撤销登记的严重处罚。

一份鉴定意见的审查判断已经使法官"头痛不已"，多份鉴定意见的审查判断更加让法官"无法取舍"。为了解决冲突鉴定意见带来的难以认定的困境，2013 年 3 月 18 日《关于浙江省人身伤害鉴定委员会和浙江省精神病鉴定委员会开展鉴定咨询工作的通知》规定，省精神病鉴定委员会的职责由重新鉴定变为向办案部门提供精神病类的鉴定咨询意见，明确各鉴定机构有不同的鉴定意见时，要以省精神病鉴定委员会鉴定咨询意见为准。笔者认为，该项规定虽然以鉴定咨询意见为准的方式解决了多头鉴定意见的冲突问题，但是存在行政集权的重大嫌疑。刑事诉讼中一审、二审、再审的程序设置，目的在于充分利用程序法的时间界限，在不同阶段的论证过程中不断缩小分歧，扩大共识。因此，二审终审制度下的上诉审的论证修正最为关键。虽然，论证也具有一定的主观性，但这是法定的程序。至于精神病鉴定意见，众所周知，精神病鉴定并没有一个统一的行业标准，重复鉴定意见不一致情况很多的现象就是一个很好的例证。省精神病鉴定委员会鉴定咨询意见也同样难以避免其自身的主观判断。但是，既然浙江省已经实行了鉴定咨询意见制度，出具鉴定咨询意见的精神病专家应该自觉维护法律尊严和自身的权威，积极主动出庭，接受询问和质证，对相关的问题特别是以其意见为准的理由做出说明和解释，无须法院依法强制其出庭。实践中，一些检察机关办理的强制医疗案件，申请鉴定人出庭作证的做法，取得了很好的庭审效果。

【案例3】辽宁省沈阳市大东区办理的艾某某强制医疗案。2013年1月6日14时许，涉案精神病人艾某某在其租住的房间内，因病情发作，用手扼其14岁儿子李某颈部，致李某昏迷倒地后，又用床单勒住李某颈部，致其机械性窒息，经抢救无效于当日死亡。作案后，艾某某用菜刀割伤左腕部，后被及时救治。经辽宁省精神卫生中心法医司法鉴定所鉴定，涉案精神病人艾某某患有心境障碍，有精神病性症状的抑郁症，作案时无责任能力。沈阳市公安局大东分局于2013年1月30日作出撤销案件的决定并于2月5日向大东区院移送《强制医疗意见书》。大东区院经审查后认为应适用依法不负刑事责任的精神病人的强制医疗程序审理，于2013年2月20日向大东区人民法院提出《强制医疗申请书》。2013年4月1日，涉案精神病人艾某某强制医疗案件在沈阳市大东区人民法院正式开庭审理。法庭调查阶段，沈阳市大东区院检察员首先宣读了《强制医疗申请书》，随后分三组向法庭出示了能够证明涉案精神病人艾某某实施了严重危害公民人身安全的暴力行为、属于依法不负刑事责任的精神病人、有继续危害社会的可能的证据，涵盖了涉案精神病人笔录、证人证言、鉴定意见、相关书证。出庭检察员还提请法庭允许沈阳市精神卫生中心法医司法鉴定所主任作为有专门知识的人，就涉案精神病人的精神病鉴定意见部分的医学知识出庭接受询问，使法庭对涉案精神病人的病情状况有了全面了解。①

【案例4】浙江省嘉兴市南湖区办理的杨某强制医疗案。在

---

① 资料来自辽宁省检察系统内网。

法庭调查中，出庭检察人员紧紧抓住三个重点环节，充分还原事实真相，有力证实对被申请人进行强制医疗的必要性：（1）宣读言词证据。详细宣读被申请人杨某对作案过程和内心活动的陈述、被害人陈述、证人证言，从而分析被申请人在作案过程中以及日常生活中的反常表现与其精神障碍下对事物的判断之间的关联性，证实被申请人属于依法不负刑事责任的精神病人，符合强制医疗的法定条件。（2）当庭询问鉴定人。向法庭申请鉴定人出庭作证，当庭询问其鉴定过程、鉴定的客观依据及医学依据、不同类型精神病人可能有的日常行为表现，从专业角度纠正公众对精神病人行为的错误判断，进一步证实被申请人杨某患有偏执型精神分裂症，无刑事责任能力。（3）出示相关书证。当庭出示正在对被申请人杨某进行精神病治疗的嘉兴市康慈医院的医疗证明书及预判意见，意见认为杨某于 2013 年 1 月入院治疗，经过一个多月的治疗病情有所好转，但仍需继续住院治疗和观察的证据，进一步证实了对杨某进行强制医疗的必要性。①

　　对于鉴定意见的质证，在鉴定人出庭的基础上还应当考虑到鉴定意见的专业性特点，增设专家辅助人制度，克服当事人乃至法官精神医学专业知识匮乏所导致的证据质证难、认证难的困境。在这方面先期出台的民事诉讼证据规则所规定的专家辅助人制度可资参考。未来在修改相关证据规定时，可以赋予当事人聘请专家辅助人的权利，专家辅助人可以向鉴定人发问，辅助当事人对鉴定意见进行质询，特别是对其医学判断标准、过程、检验手段等专业性问题提出质询意见。② 因此，对鉴定人等专业人员的出庭问题而言，基于精神病人状况及其相关医疗的特殊性，要求专业人员出庭应当成为常态，出于特殊情况考虑，不出庭

---

① 资料来自浙江省检察系统内网。
② 参见陈卫东、程雷：《司法精神病鉴定基本问题研究》，载《法学研究》2012 年第 1 期。

应为例外。①

（二）约束医疗机构主治医生出庭

当前精神病治疗的常用方法多数都有较大的副作用，甚至可导致被治疗者极度痛苦乃至死亡。因而，强制医疗应仅对确有治疗必要者实施。② 决定是否予以强制医疗需要考虑涉案精神病人当前及今后对社会的潜在危险，并非所有实施犯罪行为时不负刑事责任的都需要强制医疗。刑事责任能力的鉴定是对行为人实施犯罪行为时刑事责任能力状况的鉴定，而强制医疗案件公安机关一般对涉案精神病人采取约束医疗的临时约束措施，法院开庭审理的时间距离精神病鉴定的时间有间隔，可能存在涉案精神病人经过约束医疗虽然仍然患有精神疾病但是继续危害的可能已经消除的情况。精神病鉴定对象的复杂性，以及人类目前所掌握相关学科知识的有限性，使人类"迄今对多数精神疾病的诊断，仍然缺乏精密的客观的理化检验手段或方法，主要还是依据病史和精神状况检查所见即临床表现来确定"③。约束医疗机构的主治医生正是被约束人临床表现的观察者和记录者，如果其不出庭将导致之前其所做的陈述（包括侦查机关制作的询问笔录和证人的书面证言）在法庭上被大量使用，控辩双方无法对其质证，法官也难以审查证言的真伪。其结果则是法官依赖庭后阅卷和调查，④ 从而使得强制医疗案件的法庭审理沦为走过场、看形式。约束医疗机构主治医生对临时约束期间的被约束人当前的治疗状况及健康状况的分析意见，对于法院相对提高涉案精神病人的继

---

① 参见赵一：《强制医疗程序司法运行中的问题及完善》，载《人民法院报》2013 年 12 月 18 日。

② 参见秦宗文：《刑事强制医疗程序研究》，载《华东政法大学学报》2012 年第 5 期。

③ 李从培：《司法精神病学鉴定的实践和理论》，北京医科大学出版社 2000 年版，第 13 页。

④ 参见史立梅：《证人出庭作证制度研究》，载《国家检察官学院学报》2002 年第 2 期。

续危害社会的可能性判断的科学性和准确性具有重要的参考意义。

对于约束医疗机构主治医生出庭可否使用《刑事诉讼法》第188条对证人在特定情形下的强制出庭的规定，笔者的意见是否定的。理由有二：其一，证人是除当事人之外的了解案件情况并向专门机关作出陈述的人，证人不具有可替换性，约束医疗机构医务人员不属于严格意义上的证人，适用第188条于法无据；其二，约束医疗机构医务人员出庭完全可以使用《刑事诉讼法》第187条第3款的规定，约束医疗机构医务人员不出庭可以排除相关陈述证据的适用，同时在相关配套行政法规中予以取消相关诊疗资格的处罚。

因此，强制医疗案件的庭审程序中，约束医疗机构医务人员出庭作证有利于实现实体公正和程序公正，法院应当通知其出庭。

三、法庭调查与辩论

强制医疗案件的审理，检察员出席法庭，是推动诉讼程序，履行诉讼监督的重要途径。强制医疗程序虽然具有诉讼程序的基本样态，但并不解决行为人的定罪量刑，而是证明实施行为的对象属依法不负刑事责任的精神病人，有继续危害社会可能，且必须接受强制治疗。因此，强制医疗程序与普通刑事诉讼存在区别，检察机关派员出席法庭，既与普通刑事诉讼有一定的共通特性，也有区别之处。

《刑事诉讼法解释》第530条对检察机关出庭的环节、步骤等程序作了基本规定，体现了强制医疗案件的开庭审理程序是在借鉴一般刑事案件庭审模式的基础上，融入了自身的特点。

（一）法庭调查

在法庭调查阶段，先由检察员宣读《强制医疗申请书》，后由被申请人的法定代理人、诉讼代理人发表意见。法庭依次就被申请人是否实施了危害公共安全或者严重危害公民人身安全的暴力行为、是否属于依法不负刑事责任的精神病人、是否有继续危害社会的可能进行调查，并就相关证据进行质证。因此，检察员应当分别针对被申请人是否实施了严重危害公民人身安全的暴力行为举证质证、是否属于经法定程序鉴定依法不负刑事责任的精神病人举证质证、是否具有继续危害社会的可能性举证质证，三个层次分段依次举证质证。分段依次举证质证具有符合案件发展逻辑，证据条理清晰的特点，更有利于解决分歧和查清事实。

当检察员宣读《强制医疗申请书》后，被申请人的法定代理人、诉讼代理人对申请书无异议的，法庭调查可以简化。此时，出庭检察员可仅就案件关键问题向法庭予以说明并出示相关证据。如果法定代理人、诉讼代理人仅对第三层次问题即"继续危害社会的可能性"有异议，法庭审理可以简化第一、二层次问题的调查，出庭的检察员相应把重心放在被申请人具有"继续危害社会可能性"的举证上。

（二）法庭辩论

先由检察员发言，后由被申请人的法定代理人、诉讼代理人发言，并进行辩论。在法庭调查的基础上，检察员综合分段依次举证质证的情况，针对被申请人的法定代理人、诉讼代理人对申请书和有关证据发表的意见，综合发表意见。实践中，绝大多数的被申请人的法定代理人、诉讼代理人出于趋利避害的本能，往往觉得被申请人是家庭的累赘，表示同意申请机关的强制医疗申请，但也有从是否具有继续危害社会的可能性、家属具有监管和医疗的能力等方面进行辩护，因此，检察员发言和辩论的重点是向法庭阐述被申请人有继续危害社会的可能性以及有强制医疗的必要性。下面列举两则实例，以利于实践中参考。

【案例5】北京市大兴区办理的侯某某强制医疗案。在法庭调查阶段，检察员首先就被申请人侯某某所实施的严重危害公共安全的放火行为，其属于依法不负刑事责任的精神病人，有继续危害社会的可能等问题出示了证据。被申请人的法定代理人及诉讼代理人对上述证据内容虽无异议，但均明确表示，检察员所出示的证据只能证明被申请人所实施的放火行为及其当时的危害后果，与继续危害社会的可能并不具有关联性。随后，诉讼代理人向合议庭出示了被申请人的法定代理人及其父母表示将依法履行监护职责的保证书，检察员在质证过程中表示，保证书的内容只是被申请人家属的书面声明，与本案无关联性，无法作为证据采用。在法庭辩论阶段，检察员首先对被申请人侯某某存在继续危害社会的可能发表了意见：第一，根据主治医师所提供的证言，被申请人仍处于疾病发病期，需要系统的药物治疗来进一步稳定病情，但在被采取临时的保护性约束措施之前，被申请人一直存在排斥药物治疗的过往表现；第二，案发当日侯某某所实施的放火行为与监护人未依法履行监护职责之间存在关联，被申请人的法定代理人及父母虽明确表示将全力履行监护职责，但考虑到其丈夫作为法定代理人在工作日期间需要上班，而其父母均年事已高，且需要照顾被申请人尚未成年的孩子，因此上述主体在当前均不具备履行监护职责的现实条件；第三，被申请人身患精神疾病，根据其一直排斥药物治疗的过往表现，一旦自行治疗过程中无法得到有效监护，被申请人很有可能会因拒绝药物治疗而导致病情反复，进而再次实施危害公共安全或严重危害公民人身安全的行为。被申请人及其法定代理人、诉讼代理人对此发表了如下意见：第一，被申请人虽曾经拒绝药物治疗，但其只能证明过去的事实，与将来的事实并无关联；第二，被申请人在安康医院所接受的医疗手段过于简单，每天两片药物的治疗无法满足病情恢复的要求；第三，被申请人的主治医师出具证言的时间为一个月前，虽其能够证明被申请人当时正处于疾病发病期，但目前被申请人的恢复情况只能由进一步的评估诊断来加以证明。检察员针对以上意见发表了补充意见：第一，强制医疗程序的意义既包括通过对被申请人进行专门性的精神病学治疗，从根源上消除被申请人的人身危险，使其能够早日重返社会，又希冀通过限制被申请人的人身自由，消除其在缺乏辨认或控制能力的前提下继续危害社会的可能。根据主治医师及被申请人本人的介绍,本案中被申请人在安康医院接受系统治疗后,病情一直趋于稳定,因此法定代理人与诉讼代理人对安康医院治疗条件的质疑不能成立;第二,继续危害社会的可能虽是对将来情况的判断,但其应当基于曾经的事实进而作出合理判断,本案中被申请人侯某某确实身患精神疾病,确实曾经抗拒药物治疗,确实因精神病发而实施了放火行为,检察员在审查全案的过程中,结合主治医师当时的意见,并基于当时的客观情况依法提出了申请,但检察员同样希望能够由相关机构出具新的鉴定意见,并对被申请人的精神状态与治疗情况予以进一步的科学评估,进而由人民法院依法作出是否强制医疗的决定。

【案例6】北京市海淀区办理的宋某某强制医疗案。在法庭辩论阶段,首先由检察员发表意见,重点对宋某某存在继续危害社会的可能进行了阐述:其一,根据本案证据材料能够证实宋某某患精神分裂症多年,虽经治疗但病情迁延未愈,持续存在精神病性症状,缺乏自知力和自控力,存在继续危害社会可能;其二,宋某某案发当日的暴力杀人行为,与监护人未严加看管未尽到必要职责密切相关。综上,宋某某存在继续危害社会的可能性,应当由政府进行强制医疗。其次由被申请人的法定代理人发表意见,主要为以下两方面:其一,国家强制医疗条件不好,这影响到对宋某某疾病的诊治,不应进行强制医疗;其二,自己家庭条件较好,有能力对宋某某进行监护,保证履行好监管责任。再次由被申请人的诉讼代理人发表意见,主要为以下两方面:其一,宋某某不符合强制医疗的条件,根据《刑法》规定精神病人应首先由家属进行看管,家属无监护能力,才需政府强制医疗,宋某某父母经济能力可以满足对宋某某的监护;其二,将宋某某送至专业医院更有利于其疾病诊治,强制医疗机构没有治疗病人的药物及措施。最后由检察员发表补充意见:其一,依据宋某某过往的行为表现以及案发时的暴力行为来判断,其存在继续危害社会的可能;其二,家属承诺以后会严加看管或进行治疗无法采信，本次发案的直接原因就是家属未能履行监管职责。在最后陈述阶段，被申请人的法定代理人再次陈述之前的观点，并恳请法院不要对宋某某进行强制医疗，尽快让其回家。本案在庭审结束后，北京市检察院与海淀区检察院和法院的承办人就强制医疗的审理问题进行了座谈，就以下三个方面的问题形成初步共识：在辩论方面，主要的辩点即为如何判断被申请人存在继续危害社会的可能。监护人提出发案只是偶然情况，以后会严格履行监护责任，这是否会消灭被申请人继续危害社会的可能？判断被申请人是否有继续危害社会的可能，应当依据被申请人既往的行为表现以及案发时的暴力行为来判断，而非家属承诺以后会严加看管、进行治疗这种未来情形来判断，且偶然之中隐藏必然，发案与监护人履行监管职责不利有着必然联系。本案中，根据家属出具的宋某某病情简述，在案发之前，宋某某一年间存在多次的发病情况，发病表现多体现为殴打他人，这就与偶然为之互相矛盾。根据案发当日的情况，宋某某发病后因情绪失控就将他人推下地铁造成严重损伤、危及生命，社会危害性极大。综合上述行为表现，可以判定宋某某存在继续危害社会的可能，对其约束进行强制医疗也是对其他公民人身安全的保护。

四、决定与申请复议

（一）决定

对于检察机关提出强制医疗申请、人民法院自行启动强制医疗程序和不服强制医疗决定的复议申请，《刑事诉讼法解释》第531条、第533条、第537条分别规定了处理方式。

第531条规定："对申请强制医疗的案件，人民法院审理后，应当按照下列情形分别处理：（一）符合刑事诉讼法第二百八十四条规定的强制医疗条件的，应当作出对被申请人强制医疗的决定；被申请人属于依法不负刑事责任的精神病人，但不符合强制医疗条件的，应当作出驳回强制医疗申请的决定；（二）被申请人已经造成危害结果的，应当同时责令其家属或者监护人严加看管和医疗；（三）被申请人具有完全或者部分刑事责任能力，依法应当追究刑事责任的，应当作出驳回强制医疗申请的决定，并退回人民检察院依法处理。"

第 532 条规定："第一审人民法院在审理案件过程中发现被告人可能符合强制医疗条件的，应当依照法定程序对被告人进行法医精神病鉴定。经鉴定，被告人属于依法不负刑事责任的精神病人的，应当适用强制医疗程序，对案件进行审理。开庭审理前款规定的案件，应当先由合议庭组成人员宣读对被告人的法医精神病鉴定意见，说明被告人可能符合强制医疗的条件，后依次由公诉人和被告人的法定代理人、诉讼代理人发表意见。经审判长许可，公诉人和被告人的法定代理人、诉讼代理人可以进行辩论。"

第 537 条规定："对不服强制医疗决定的复议申请，上一级人民法院应当组成合议庭审理，并在一个月内，按照下列情形分别作出复议决定：（一）被决定强制医疗的人符合强制医疗条件的，应当驳回复议申请，维持原决定；（二）被决定强制医疗的人不符合强制医疗条件的，应当撤销原决定；（三）原审违反法定诉讼程序，可能影响公正审判的，应当撤销原决定，发回原审人民法院重新审判。"

（二）强制医疗基本期限

既然强制医疗决定限制被强制者的权利，并且专业人士根据其精神状况可以对其康复期作出大致的评估和判断，那么强制医疗决定应当明确期间，如日本规定疗护观察的期间为二年。[①] 规定一个强制医疗的时间限制，一方面是确保被强制医疗者在恢复后能及时回归社会，另一方面也是防止高度危险的对象未经足够

[①] 参见蒋美琪：《论我国强制医疗诉讼程序的构建》，华东政法大学 2011 年硕士学位论文。转引自张军、陈卫东主编：《新刑事诉讼法疑难释解》，人民法院出版社 2012 年版，第 413～414 页。

医疗就被放归社会、对社会造成二次危害的情形。[①] 例如，实践中有的地方规定"强制医疗所对收治的被强制医疗精神病人，应当在执行强制医疗的两年后，进行首次诊断评估"[②]。该规定虽然没有明确强制医疗的基本期限，但是通过限制首次诊断评估的期限，实际上也是规定了对被强制医疗人基本强制医疗的期限为二年。笔者对此规定难以苟同。理由如下：

其一，虽然精神病属于慢性疾病，被强制医疗人的精神障碍程度相比较于非肇事肇祸的精神病患者更为严重，但这并不绝对意味其将终身难以治愈。

其二，强制医疗是以人身危险性的存在为条件的，因而强制医疗何时结束，并不取决于精神疾病是否已经得到彻底痊愈，而是取决于被强制医疗人的人身危险性是否消除。强制医疗的性质决定了立法上不应对强制医疗的期限做出硬性规定，其期限的长短应视被强制医疗人治疗效果和精神状态恢复的情况而定，不可"一刀切"。因此，对于强制医疗国际上多采用不定期方式。例如俄罗斯、德国等，大致规定法院根据执行机构的报告以及精神病医生委员会的诊断结论进行判断。我国修改后的《刑事诉讼法》对强制医疗的期限也采用了不定期方式。[③] 在作出强制医疗的决定时完全没有必要限定医疗期限的下限，否则不仅是浪费医疗资源，也是对精神病人人身自由的非法剥夺。[④] 因此，即使被强制医疗人的精神障碍疾病并未彻底痊愈，但病情已经好转、不具有人身危险性的，就没有必要继续实施强制医疗，人民法院应

---

① 参见吴真：《刑诉法修改后强制医疗司法审查及检察职能试想》，载《犯罪研究》2012 年第 6 期。

② 参见上海市高级人民法院、上海市人民检察院、上海市公安局、上海市司法局《关于本市强制医疗案件办理和涉案精神病人收治管理的暂行规定》第 41 条。

③ 参见叶文胜主编：《检察机关适用新刑事诉讼法热点难点问题研究》，中华书局 2013 年版，第 390 页

④ 参见王鑫：《强制医疗措施的必要性原则》，载《人民司法》2013 年第 13 期。

该依申请解除对其的强制医疗。

其三，精神科药物有较大的副作用，对于已经不具有人身危险性的被强制医疗人继续强制医疗，不利于其"痊愈"后的真正回归社会。"一个恢复良好的精神病人，仍旧长期关在精神病院，等真有出来的一天，人也就废了。"①

其四，虽然有专家提出对肇事肇祸精神病人的强制医疗目前以两年为一个疗程，多数肇祸精神病人在接受一个疗程的住院强制医疗后，病情即可稳定。由于每个人的案情不同、病情不同、对治疗的依从性或疗效也不尽一致，如急性短暂性精神障碍的患者可能恢复很快，而精神分裂症或器质性精神障碍的患者恢复较慢并常常病情复发。② 实践中，存在被强制医疗人强制医疗不到半年经诊断评估后解除强制医疗的案例。如浙江新昌潘某某强制医疗案。被强制医疗人于 3 月 28 日转入绍兴市公安局安康医院强制医疗。6 月 9 日，绍兴市公安局安康医院出具了被强制医疗人潘某某的诊断评估报告。诊断评估报告载明：潘某某目前抑郁症状消失，自知力恢复，达到临床治愈，可以出院由监护人监护。新昌法院经审查认为，根据诊断评估报告，被强制医疗人潘某某目前抑郁症状基本消失，自知力恢复，已不具有人身危险性，不需要继续强制医疗，遂作出解除强制医疗决定。③

其五，诊断评估的期限的原则上以 6 个月为宜，并且首次诊断评估的起始时间为第一次精神病鉴定意见出具时间，无论第一次精神病鉴定意见的结论是无刑事责任能力还是限制刑事责任能力。只要经过诊断评估，被强制医疗人已经不会再对社会造成危险，人民法院届时应当依法作出解除强制医疗的决定，而不能以

---

① 冯建红、张慧、谢宝虎、杨晓伟：《精神病人强制医疗难题频现待破解》，载《检察日报》2014 年 4 月 23 日。

② 参见易军、陈益民：《精神病人的强制治疗问题》，载《临床精神医学杂志》2007 年第 3 期。

③ 参见孟焕良、张娟娟：《新昌作出解除强制医疗决定》，载《人民法院报》2013 年 6 月 25 日。

其强制医疗的期间尚未达到最低要求，继续对其限制人身自由，甚至继续对其强制医疗。

根据以上分析和具体司法实践，笔者认为，有关司法机关和法院的强制医疗案件决定文书，不宜规定首次诊断评估期限和强制医疗基本期限。

（三）申请复议与救济

在普通刑事诉讼中，上诉程序是当事人最为畅通的救济途径。在强制医疗程序中，为了保障被决定强制医疗人、被害人的诉讼权利，立法者同样规定了对强制医疗决定不服的救济措施，只是由于案件的非讼性和医疗的紧迫性，法律没有规定上诉程序，《刑事诉讼法》第 287 条第 2 款赋予了被决定强制医疗人、被害人及其法定代理人、近亲属对强制医疗决定不服的申请复议权，即由上级法院受理不服下级法院的决定而提起的复议。《刑事诉讼法解释》第 536 条规定："被决定强制医疗的人、被害人及其法定代理人、近亲属对强制医疗决定不服的，可以自收到决定书之日起五日内向上一级人民法院申请复议。复议期间不停止执行强制医疗的决定。"

对于不服强制医疗决定的复议申请，上一级人民法院应当组成合议庭进行审理。合议庭审理后，根据《刑事诉讼法解释》第 537 条的规定，应当按照具体情形，在一个月内分别作出以下复议决定：被决定强制医疗的人符合强制医疗条件的，应当驳回复议申请，维持原决定；被决定强制医疗的人不符合强制医疗条件的，应当撤销原决定；原审人民法院违反法定诉讼程序，可能影响公正审判的，应当撤销原决定，发回原审人民法院重新审判。

第一审人民法院在审理案件过程中发现被告人符合强制医疗条件，判决宣告被告人不负刑事责任，并决定对被告人强制医疗后，人民检察院提出抗诉，同时被决定强制医疗的人、被害人及其法定代理人、近亲属对强制医疗申请复议的，上一级人民法院应当根据《刑事诉讼法解释》第 538 条的规定，依照第二审程序审理。

被决定强制医疗人、被害人及其法定代理人、近亲属对强制医疗决定不服申请复议的，法院应当及时告知检察机关。从严格公正和维护当事人权利的角度考虑，对当事人的复议，检察机关应当派员出席合议庭对复议程序进行监督。上述权利人对复议决定不服的，可向检察机关提出申诉，经审查确有错误的，检察机关应提出纠正意见，要求法院重新审理。被强制医疗人及其近亲属申请解除强制医疗的，强制医疗机构或法院应及时告知检察机关，由检察机关对申请的受理、审查等程序跟踪监督。①

五、强制医疗的解除程序

有权决定强制医疗的机关是人民法院，与此对应，有权批准解除强制医疗的也只能是人民法院。根据《刑事诉讼法解释》第542条的规定，"强制医疗机构提出解除强制医疗意见，或者被强制医疗的人及其近亲属申请解除强制医疗的，人民法院应当组成合议庭进行审查，并在一个月内，按照下列情形分别处理：（一）被强制医疗的人已不具有人身危险性，不需要继续强制医疗的，应当作出解除强制医疗的决定，并可责令被强制医疗的人的家属严加看管和医疗；（二）被强制医疗的人仍具有人身危险性，需要继续强制医疗的，应当作出继续强制医疗的决定"。对于强制医疗机构提出解除强制医疗意见，或者被强制医疗的人及其近亲属提出的解除强制医疗的申请，或者行使强制医疗执行监督职权的人民检察院在强制医疗机构怠于提出解除意见并不改正时直接提出解除强制医疗的申请，作出强制医疗决定的人民法院受理后，应当根据《刑事诉讼法解释》第542条的规定组成合议庭进行审查。对于此处所组成的合议庭应当是另行组成的合议庭，还是原合议庭，《刑事诉讼法解释》第542条并未明确。对

---

① 参见彭耀明：《强制医疗程序诉讼监督机制的构建与完善》，载《中国检察官》2014年第4期。

此有两种不同的观点，一种观点认为，考虑到原合议庭对案情较为熟悉，一般可由作出强制医疗决定的原合议庭进行审理。① 另一种观点认为，此处所组成的合议庭应当是重新组成的合议庭，一方面，通常情况下，法官对推翻自己原来的决定可能在心理上存在一定的抵触；另一方面，原作出强制医疗决定的合议庭成员在对强制医疗的解除进行审查时可能会受之前审查情况的影响，难免有失偏颇之嫌。②

　　笔者认为，应该由原合议庭进行审理为妥。解除强制医疗的条件是被强制医疗人已不具有人身危险性，合议庭通过审查被强制医疗人的住院病历和诊断评估报告等材料进行审理被强制医疗人是否符合解除的条件。因此，此时解除强制医疗与彼时决定强制医疗不仅有时间上的间隔，而且此时作出解除决定是因为被强制医疗人已不具有人身危险性，与彼时作出强制医疗决定是因为被强制医疗人符合强制医疗条件，两者决定的适用条件是不同的，这与如果复议也可由原合议庭进行审理，要推翻原决定在心理上可能存有抵触有区别，解除强制医疗的案件由原合议庭进行审理，法官在心理上一般不会因此而有所抵触。

　　合议庭在审理过程中，主要围绕被决定强制医疗的精神病人的病情、治疗过程、康复情况、有无继续危害社会可能等方面，通过审查精神病人的住院病历、诊断评估报告等材料进行审理。被强制医疗人及其近亲属申请解除强制医疗，一般情况下是根据强制医疗机构对被强制医疗人的定期诊断评估提出的。如果诊断评估结论证明被强制医疗人仍然具有人身危险性，被强制医疗人及其近亲属对诊断结论有异议但未要求复诊，而直接向人民法院提出解除申请，并且提出申请的时间间隔符合《刑事诉讼法解

---

① 参见张军、陈卫东主编：《新刑事诉讼法实务见解》，人民法院出版社 2012年版，第 364 页。

② 参见赵一：《强制医疗程序司法运行中的问题及完善》，载《人民法院报》2013 年 12 月 18 日。

释》第 540 条第 2 款的规定。这种情况说明申请解除强制医疗的精神病人及其近亲属与强制医疗机构对于精神病人的精神状况的意见存在较大的分歧，如果人民法院认为有必要，可以委托另外的鉴定机构进行鉴定，也可以向强制医疗机构调取住院病历、诊断评估报告等材料，并同时听取强制医疗机构之外的精神病专家的意见。

人民检察院认为解除强制医疗决定不当，在收到决定书后 20 日内提出书面纠正意见的，人民法院应当另行组成合议庭审理，并在一个月内作出决定。被强制医疗的人及其近亲属对于人民法院作出的不批准解除强制医疗的决定不服的，可以向上一级人民法院提出复议。因此，从解除强制医疗决定的救济措施上讲，"偏颇之嫌"的担忧似无必要。

但是，在适用强制医疗的执行过程中，除了被强制医疗人的精神疾病痊愈或者得到好转已不具有人身危险性，需要解除强制医疗的情形之外，还可能遇到被强制医疗人因健康状况发生变化以至于继续执行强制医疗已无必要的情形。对此，《俄罗斯联邦刑事诉讼法典》第 445 条第 6 项规定："当没有必要再适用原先判处的医疗性强制措施或者有必要判处其他医疗性强制措施时，法院可以终止或变更医疗性强制措施。提高有理由延长医疗性强制措施的适用时，法院则延长强制治疗。"[1] 《俄罗斯联邦刑法典》第 99 条规定："根据患精神病的人实施行为的性质和对其本人及他人的危险程度，可以适用的医疗性强制措施的种类包括：强制性门诊监管并接受精神病医生治疗，在普通精神病住院机构进行强制治疗，在专门精神病住院机构进行强制治疗，在加强监管的专门精神病住院机构进行强制治疗。"[2] 而我国并未对

① 黄道秀译：《俄罗斯联邦刑事诉讼法典》，中国政法大学出版社 2003 年版，第 298～299 页。

② ［俄］К. Ф. 古岑科主编：《俄罗斯刑事诉讼教程》，黄道秀等译，中国人民公安大学出版社 2007 年版，第 599～600 页。

强制医疗措施的种类进行区分，对于被强制医疗人因健康状况发生变化以至于继续执行强制医疗已无必要的情形，应该如何适用强制医疗程序也并未作出明确的规定。实践中，上海市《关于本市强制医疗案件办理和涉案精神病人收治管理的暂行规定》第 21 条规定："对强制医疗所收治的被强制医疗精神病人，因身体健康状况不再适宜执行强制医疗，强制医疗所不具备治疗条件的，经征求监所检察部门意见后，强制医疗所提出解除强制医疗的意见，并附相关病情诊断材料，报决定的人民法院批准。"

第三节　法庭审理阶段普通刑事诉讼与强制医疗程序的转换

一、普通刑事诉讼程序向强制医疗程序转换

在立案侦查、审查起诉、法庭审理中，发现存在《刑事诉讼法》第 284 条所规定的情形，应当终结已经开始的普通刑事诉讼，转而启动强制医疗程序。

强制医疗程序的启动，意味着涉案精神病人依法不负刑事责任，刑事强制措施就失去了适用的逻辑前提。《刑事诉讼法》第 15 条规定了普通刑事诉讼的终结形式。具体而言，在立案侦查阶段，公安机关发现已经立案的犯罪嫌疑人经法定程序鉴定属于作案时无法辨认或者控制自己行为的精神病人的，根据《办理刑事案件程序规定》第 183 条的规定，以撤销案件的形式终结原先的普通刑事诉讼。在审查起诉阶段，检察机关发现犯罪嫌疑人经法定程序鉴定属于作案时无法辨认或者控制自己行为的精神病人的，根据《刑事诉讼规则》第 548 条的规定，以作出不起诉决定的形式终结原先的普通刑事诉讼。在法庭审理阶段，人民法院发现被告人经法定程序鉴定属于作案时无法辨认或者控制自己行为的精神病人的，根据《刑事诉讼法解释》第 533 条、第

534 条的规定，第一审人民法院应当判决宣告无罪或者不负刑事责任，第二审人民法院可以判决宣告无罪或者不负刑事责任、也可以裁定发回重审。

强制医疗程序启动后，如果经法定程序鉴定依法不负刑事责任的精神病人已经被采取强制措施的，应当及时撤销强制措施，转为临时约束措施。根据《办理刑事案件程序规定》第 332 条、第 333 条和《刑事诉讼规则》第 548 条、《刑事诉讼法解释》第 532 条的规定，决定启动强制医疗程序的主体包括公安机关、检察机关和人民法院，相应地产生检察机关和人民法院决定启动医疗程序的，可以决定采取临时约束措施。如检察机关决定启动强制医疗程序的，在作出不起诉决定的同时，应当按照人民检察院刑事诉讼法律文书格式样本制作《启动强制医疗程序决定书》。对于有必要采取临时约束措施的，宜采用书面通知方式要求公安机关采取临时约束措施，而不宜采用建议采取临时约束措施的方式，因《采取临时保护性约束措施建议书》适用的场合为检察机关认为公安机关应当采取临时约束措施而未采取。在检察机关决定启动强制医疗的，已经对临时约束措施的必要性进行综合判断，不存在建议公安机构采取临时约束的前提。公安机关对检察机关、人民法院通知采取临时约束措施的，应当负责执行。

因此，在强制医疗程序启动后，公安侦查阶段，以《撤销案件决定书》的形式终结先前开始的普通刑事诉讼，并采取临时约束措施、制作《强制医疗意见书》，移送检察机关审查；审查起诉阶段，以作出不起诉决定的形式终结先前开始的普通刑事诉讼，通知公安机关采取临时约束措施，直接制作《强制医疗申请书》，移送人民法院审理；法院审理阶段，以判决宣告无罪或者不负刑事责任或者裁定发回重审的形式终结先前开始的普通刑事诉讼，通知公安机关采取临时约束措施，直接制作《强制医疗决定书》，由公安机关送交强制医疗。

公安侦查阶段启动强制医疗程序后，理应撤销原先的刑事立案。实践中存在刑事侦查程序与强制医疗程序并行的做法，即向检察机关移送强制医疗意见时，并未撤销原先刑事立案的，检察机关应当向公安机关提出纠正意见。

二、强制医疗程序向普通刑事诉讼程序转换

相反的情形，即在公安侦查、检察审查、法庭审理中，发现不存在《刑事诉讼法》第 284 条规定的情形，应当追究刑事责任的，则应当终止已经开始的强制医疗程序，转而启动普通刑事诉讼。

强制医疗程序的终止，在公安侦查阶段，由于原先先后经过立案侦查、撤销案件，后来发现应当追究刑事责任，如果重新立案，则显然与一事不再理原则不符。可以通过先行撤销"撤销案件决定"，并撤销"临时保护性约束决定"，依法采取刑事强制措施的程序进行转换。在检察审查阶段，应当根据《刑事诉讼规则》第 544 条第 2 款的规定，作出不提出强制医疗申请的决定，并向公安机关书面说明理由。认为案件事实不清、证据不足的，退回公安机关补充侦查；认为案件事实清楚、证据确实充分的，向人民法院提起公诉。在法庭审理阶段，应当根据《刑事诉讼法解释》第 531 条第 3 款的规定，作出驳回强制医疗申请的决定，并退回人民检察院依法处理。普通刑事诉讼启动后，如果犯罪嫌疑人已经被采取临时约束措施，应当及时撤销临时约束措施，犯罪嫌疑人被送精神病院的，应当及时出院，并及时转换为强制措施。

强制医疗程序转化为普通程序后，采用临时保护性约束措施的期限能否折抵刑期，法律未予规定。从临时保护性约束措施剥夺和限制自由的强度来看，临时保护性约束措施与强制措施是一致的，《刑事诉讼法》明确规定指定监视居住、拘留、逮捕等可折抵刑期，那么，采取临时保护性约束措施的期限也应被折抵刑

期，如何折抵可参照审前羁押的方式计算。① 强制医疗程序转化
为普通程序的案件并不多见，但从理论上来说，无论在检察环节
还是在审判环节都可能发生。例如，在检察环节公诉部门对公安
机关移送的强制医疗案件，经过审查认为需要重新鉴定，书面要
求公安机关补充证据，公安机关经重新鉴定涉案精神病人为限制
责任能力的人或者完全责任能力的人，而对其变更临时约束措施
为刑事强制措施时，就会涉及临时约束措施折抵刑期的问题。同
样的情形，在审判环节也同样存在。虽然临时约束措施具有限制
和剥夺被临时约束人的自由的性质，但是由于临时约束措施的方
式较多，包括派人看管、强制隔离、临时约束医疗等，前两种方
式的临时约束措施对精神病人人身自由的限制强度，毕竟要弱于
拘留、逮捕等羁押性的强制措施，而与指定监视居住相类似，临
时约束医疗人身限制则等同于审前羁押。因此，采用临时约束医
疗的涉案精神病人，强制医疗程序转化为普通程序后，约束医疗
期限可以参照审前羁押的折抵方法折抵刑期；采用其他约束措施
的，可以参照指定监视居住的折抵方法折抵刑期。

三、刑事自诉案件如何向强制医疗程序转换

如果依法不负刑事责任的精神病人伤害他人造成轻伤的，自
诉人提起自诉后，法院在案件程序中是将这类案件直接转换为特
别程序还是在一审普通程序作出不负刑事责任的判决后一并作出
强制医疗的决定。如果法院基于《刑事诉讼法》第 285 条规定
的"人民法院在审查案件过程中发现被告人符合强制医疗条件
的，可以作出强制医疗的决定"径直决定强制医疗，自诉人的
权利通过何种程序才能得到有效保障。由于强制医疗作为特别程
序仅仅涉及公诉案件而对自诉案件没有涉及，这必然会造成自诉

---

① 参见秦宗文：《刑事强制医疗程序研究》，载《华东政法大学学报》2012 年
第 5 期；刘邵军：《临时保护性约束措施可折抵刑期》，载《检察日报》2014 年 8 月
13 日。

案件遇到此种情形作何处理的困窘。①

　　我们认为，对《刑事诉讼法》第 285 条规定的"人民法院在审查案件过程中"的理解，应当既包括人民法院在审查公诉案件的过程中，也包括在审查自诉案件过程中。换言之，人民法院审理公诉案件和审理自诉案件，都在"人民法院审理案件"这一概念的文义射程之内。但是，根据《刑事诉讼法解释》第 532 条的表述，又显然是对公诉案件第一审普通程序向强制医疗程序转换所作出的规定，该条第 2 款规定："开庭审理前款规定的案件，应当先由合议庭组成人员宣读对被告人的法医精神病鉴定意见，说明被告人可能符合强制医疗的条件，后依次由公诉人和被告人的法定代理人、诉讼代理人发表意见。经审判长许可，公诉人和被告人的法定代理人、诉讼代理人可以进行辩论。"也就是说，刑事自诉案件向强制医疗程序转换时，检察人员在法庭审理过程的诉讼地位和监督地位无处着落。《刑事诉讼法解释》并未对此类案件转换审理过程中的检察人员的诉讼地位作出规定。

　　那么，人民检察院对此类案件审理程序的监督如何开展？自诉人的权利如何得到有效保障？对于自诉人来说，自诉人及其法定代理人不服判决、裁定的，根据《刑事诉讼法解释》第 299 条的规定，有权提出上诉。自诉人还有权利向人民检察院提出刑事申诉。至于自诉人的民事赔偿权利，在被告人确实无力赔偿的情况下，无论是刑事自诉案件还是强制医疗程序并无二致的，可以获得司法救助。

　　对于人民检察院来说，认为强制医疗决定不当的，在收到决定书后 20 日内提出书面纠正意见的，人民法院应当另行组成合议庭审理，并在一个月内作出决定。《刑事诉讼法解释》第 543 条、《刑事诉讼规则》第 550 条第 2 款，对此都有规定。对两个

----

　　① 参见郭华：《程序转化与权利保障：刑事诉讼中精神病强制医疗程序的反思》，载《浙江工商大学学报》2013 年第 5 期。

司法解释中的"人民法院作出的强制医疗决定"应作扩张解释，即包括人民法院所有审理程序中所作出的强制医疗决定。因此，为了确保检察机关对人民法院审理此类案件所作出的强制医疗决定的监督，人民法院应当参照《刑事诉讼法解释》第247条、第535条的规定，在作出强制医疗决定后5日内，向人民检察院送达强制医疗决定书。人民检察院对此类情形下强制医疗执行活动的监督，自然依照有关规定进行。

第四节　强制医疗审理程序的检察监督

一、对强制医疗审理程序规范性的监督

人民检察院对人民法院审理强制医疗案件的监督分为两个方面：

一是对审判活动的监督。《刑事诉讼规则》第550条第1款规定："人民检察院发现人民法院或者审判人员审理强制医疗案件违反法律规定的诉讼程序，应当向人民法院提出纠正意见。"人民检察院对人民法院审理强制医疗案件的程序监督，包括：是否组成合议庭审理；是否通知被申请人的法定代理人到场；被申请人没有委托诉讼代理人的，法院是否为其指定法律援助机构指派的律师提供法律帮助；人民法院是否在一个月的审理期限内审结；有无其他违反法定程序的情况。

二是对强制医疗决定的监督。对人民检察院申请强制医疗的案件，人民法院审理后，根据《刑事诉讼法解释》第531条规定，应当按照下列情形分别处理：（1）符合《刑事诉讼法》第284条规定的强制医疗条件的，应当作出对被申请人强制医疗的决定；（2）被申请人属于依法不负刑事责任的精神病人，但不符合强制医疗条件的，应当作出驳回强制医疗申请的决定；被申请人已经造成危害结果的，应当同时责令其家属或者监护人严加

看管和医疗；（3）被申请人具有完全或者部分刑事责任能力，依法应当追究刑事责任的，应当作出驳回强制医疗申请的决定，并退回人民检察院依法处理。《刑事诉讼规则》第 550 条第 2 款规定："人民检察院认为人民法院作出的强制医疗决定或者驳回强制医疗申请的决定不当，应当在收到决定书副本后二十日以内向人民法院提出书面纠正意见。"

二、对人民法院驳回强制医疗申请决定的监督

《刑事诉讼法解释》第 538 条规定："对本解释第五百三十三条第一项规定的判决、决定，人民检察院提出抗诉，同时被决定强制医疗的人、被害人及其法定代理人、近亲属申请复议的，上一级人民法院应当依照第二审程序一并处理。"也就是说，对法院依职权启动的强制医疗案件，检察机关如认为法院作出的被告人不负刑事责任的判决和强制医疗的决定不当提出抗诉的，且被决定强制医疗的人、被害人及其法定代理人、近亲属也申请复议的，上一级法院必须依照第二审程序审理。该条实际上是有条件地承认了检察机关对法院强制医疗的决定有抗诉的权力。同理，当法院对检察机关提起的强制医疗申请案件作出不予强制医疗的决定时，检察机关如认为不当的，且被决定强制医疗的人、被害人及其法定代理人、近亲属也申请复议的，应当由检察机关提起抗诉，由上一级法院二审裁决。①

我们认为，这一理解并不妥当。检察机关认为法院作出的被告人不负刑事责任的判决不当提出抗诉的，上一级人民法院应当依照第二审程序开庭审理。法院依职权启动强制医疗程序对检察机关提起公诉的被告人判决宣告不负刑事责任，同时作出对被告人决定强制医疗的决定，被决定强制医疗的人、被害人及其法定代理人、近亲属申请复议的，上一级人民法院依照《刑事诉讼

---

① 参见刘延祥、李兴涛：《检察机关强制医疗法律监督问题研究》，载《中国刑事法杂志》2013 年第 5 期。

法解释》第537条应当组成合议庭审理。《刑事诉讼法解释》第538条的规定适用于上述两种情况同时存在的情形，原审法院的上一级人民法院接到人民检察院的抗诉和被决定强制医疗的人、被害人及其法定代理人、近亲属申请复议，基于避免重复调查，节省司法资源，提高诉讼效率的考虑，依照第二审程序一并进行处理。但是，并不能据此推理得出，人民检察院认为人民法院作出的驳回强制医疗申请的决定不当，"且被决定强制医疗的人、被害人及其法定代理人、近亲属也申请复议的"检察机关应当提起抗诉的结论。《刑事诉讼法解释》第538条规定检察机关的抗诉，是对法院作出的被告人不负刑事责任的判决的抗诉，而并非针对强制医疗决定的抗诉。实际上，既然人民法院作出了驳回强制医疗申请的决定，"被决定强制医疗的人"的申请复议也不复存在。

人民检察院认为人民法院作出的驳回强制医疗申请的决定不当，人民检察院根据《刑事诉讼规则》第550条的规定，应当在收到决定书副本后20日以内向人民法院提出书面纠正意见。人民法院根据《刑事诉讼法解释》第543条的规定，应当另行组成合议庭审理，并在一个月内作出决定。

三、对人民法院直接作出强制医疗决定的监督

《刑事诉讼法》第285条第2款规定，人民法院在审理案件过程中发现被告人符合强制医疗条件的，可以作出强制医疗的决定。《刑事诉讼法解释》第532条规定："第一审人民法院在审理案件过程中发现被告人可能符合强制医疗条件的，应当依照法定程序对被告人进行法医精神病鉴定。经鉴定，被告人属于依法不负刑事责任的精神病人的，应当适用强制医疗程序，对案件进行审理。开庭审理前款规定的案件，应当先由合议庭组成人员宣读对被告人的法医精神病鉴定意见，说明被告人可能符合强制医疗的条件，后依次由公诉人和被告人的法定代理人、诉讼代理人发表意见。经审判长许可，公诉人和被告人的法定代理人、诉讼

代理人可以进行辩论。"因此，人民法院在审理刑事案件时，如果发现被告人疑似精神病人，需要鉴定时可以对其进行精神病鉴定。如果经过法定程序鉴定，确认被告人是精神病人，并且属于依法不负刑事责任的，应当先判决被告人不负刑事责任，终结已启动的普通刑事诉讼。在审理过程中，人民法院如果认为不负刑事责任的精神病人符合强制医疗条件的，可以直接作出强制医疗的决定，而不需要将该案退回人民检察院，再由人民检察院提出强制医疗的申请。

对于这类案件，虽然不是由人民检察院提出强制医疗申请而引起的，但是《刑事诉讼法》明确规定人民检察院对强制医疗的决定和执行实行监督，加之案件是检察机关提起公诉的案件，因此，人民检察院应当在庭审中发表意见。对于人民检察院作出的被告人不负刑事责任的判决，人民检察院可以提出抗诉。对于人民法院作出的强制医疗决定，人民检察院可以提出纠正意见。①

我们认为，检察机关应对这类案件，总体上可以通过出庭发表意见，提出抗诉，提出纠正意见来开展对人民法院依法不负刑事责任的判决和人民法院启动强制医疗程序是否合法的监督，还可以通过以下途径进行应对。

1. 人民法院在启动精神病鉴定前，征求提起公诉的人民检察院意见的，人民检察院应当充分听取人民法院启动鉴定的理由，并对证据材料进行审查，如果认为被告人没有精神病，或者虽然患有精神病但是没有达到无刑事责任能力程度的，应当充分阐述自己的观点。

2. 人民法院认为有精神病鉴定必要而启动鉴定时，提起公诉的人民检察院应当：（1）全面调取公安机关讯问被告人的同步录音录像以及看守所羁押被告人时反映被告人日常行为表现的

----

① 参见孙谦主编：《〈人民检察院刑事诉讼规则（试行）〉理解与适用》，中国检察出版社 2012 年版，第 377～378 页。

录像；（2）要加强与检察技术部门精神科法医的配合，本单位
没有精神科法医的，应当向上级人民检察院反映，请上级人民检
察院指派系统内的精神科法医予以配合；（3）将所调取的录像、
案件材料以及法院自行调查的被告人疑似精神病的材料等移交检
察法医；（4）检察法医全程参与、见证法院启动的精神病鉴定
过程，为了避免影响鉴定人员鉴定的客观、公正，检察法医在鉴
定人员鉴定时不宜发表意见，但是应当将其在参与、见证鉴定时
所发现的鉴定人员鉴定过程中不利于鉴定意见客观性和公信力的
具体表现，以及对被告人精神状况的看法，移交给提起公诉的人
民检察院，以便于提起公诉的人民检察院向法院提出相关的意见
和主张，并在出庭发表意见、提起抗诉和提出纠正意见时作为
依据。

3. 人民法院经过鉴定后，确认被告人系属于依法不负刑事
责任的精神病人，提起公诉的人民检察院也认可该鉴定意见的，
应当在人民法院宣告判决之前，根据《刑事诉讼规则》第 459
条规定的"证据发生变化，不符合起诉条件"，撤回起诉。人民
检察院撤回起诉后，根据《刑事诉讼规则》第 548 条的规定予
以办理。审判阶段时出现的被告人不负刑事责任的精神病司法鉴
定，显然属于"证据发生变化"的情形，检察机关可以撤回起
诉。对此，实践中有的检察机关规定公诉部门在案件移送起诉后
人民法院尚未判决之前，发现被告人符合强制医疗条件的，在撤
回起诉后，发现犯罪嫌疑人符合强制医疗条件的，应当启动强制
医疗程序。对需要采取临时保护性约束措施的，应当建议公安机
关采取，并通知监所检察部门。①

4. 人民法院经过鉴定后，发现被告人系属于依法不负刑事
责任的精神病人，提起公诉的人民检察院对该鉴定意见有异议
的，有两种解决途径：一是可以根据《刑事诉讼规则》第 459

---

① 参见《重庆市人民检察院第一分院强制医疗程序及监督实施办法（试行）》
第 12 条。

条的规定撤回起诉。人民检察院撤回起诉后，在检察环节重新启动鉴定程序，委托比人民法院委托的鉴定机构更高层级的鉴定机构进行鉴定，实行鉴定终鉴制度的省份则委托终审鉴定机关进行鉴定。根据重新鉴定意见，分别处理：重新鉴定意见认为被告人确系属于依法不负刑事责任的精神病人的，则根据《刑事诉讼规则》第548条的规定予以办理；重新鉴定意见认为被告人不属于依法不负刑事责任的精神病人的，则再行起诉。二是不撤回起诉和重新鉴定。提起公诉的人民检察院在法庭审理时，建议法庭允许检察系统的法医作为有专门知识的人，就被告人的精神病鉴定意见进行质证。公诉人员结合调取的录像，鉴定时间距离案发时间较远等发表公诉意见。

根据《刑事诉讼法》的规定，人民法院在审理案件中发现被告人符合强制医疗条件的情况可能发生在一审普通程序和一审简易程序，也可能发生在二审程序和再审程序中，还可能发生在死刑复核程序中。根据程序的不同，人民法院的处理也不同，人民检察院的监督也应当有所区别，具体如下：

1. 在一审普通程序中，人民法院发现被告人符合强制医疗条件的，应当先作出依法不负刑事责任的判决，终结已启动的普通刑事诉讼，然后作出启动强制医疗程序的决定。人民检察院既可以通过抗诉对人民法院依法不负刑事责任的判决是否合法开展监督，也可以通过提出纠正意见的方式对人民法院启动强制医疗程序是否合法开展监督。

2. 在一审简易程序中，人民法院发现被告人符合强制医疗条件的，应当转为第一审普通程序，作出依法不负刑事责任的判决，然后作出启动强制医疗程序的决定。应当注意的是，在简易程序中，人民法院不能直接作出强制医疗的决定，因为在简易程序中发现被告人符合强制医疗条件的，说明案件事实不清，不符合简易程序的适用条件，由简易程序直接做出依法不负刑事责任的判决缺乏程序上的正当性。在这种情况下，除一审普通程序中的监督方式和内容外，检察机关应特别注意采用检察建议、纠正意见或抗诉的方式对简易程序转普通程序的监督。

3. 在二审程序中,人民法院发现被告人符合强制医疗条件的,说明案件事实不清,根据《刑事诉讼法》的规定,人民法院既可以发回重审,也可以在查清事实后依法改判。出于审判效率和防卫社会安全的考虑,建议规定人民法院只能做出"依法不负刑事责任"的改判判决,然后作出启动强制医疗程序的决定。在这种情况下,除一审普通程序中的监督方式和内容外,检察机关应重点监督人民法院是否存在发回重审的行为。

4. 在再审程序中,人民法院发现被告人符合强制医疗条件的,如果是依照第一审程序审理的,人民法院的处理方式和人民检察院的监督方式同一审普通程序;如果是按照第二审程序审理的,人民法院的处理方式和人民检察院的监督方式同二审程序。

5. 最高人民法院在复核死刑案件中发现被告人符合强制医疗条件的,应作出不核准死刑的裁定,并作出依法不负刑事责任的改判判决,然后作出启动强制医疗程序的决定。①

---

① 参见杨玉俊、徐建、张庆立:《精神病人强制医疗程序的适用条件和检察监督机制研究》,载胡卫列、韩大元主编:《法治思维与检察工作——第九届国家高级检察官论坛文集》,中国检察出版社 2013 年版,第 123 页。

第八章 强制医疗执行与检察监督

第一节 强制医疗执行机构

强制医疗执行机构兼具医学治疗和强制监管两方面的职能属性，但是《刑事诉讼法》、《精神卫生法》以及其他法律法规对于强制医疗执行机构的资质条件，被强制医疗人与普通精神病人是否必须区别对待、隔离看管，以及对强制医疗执行机构的确定等都没有明确的规定。有学者认为，根据卫生部、教育部、公安部、民政部、司法部、财政部、中国残联 2004 年发布的《关于进一步加强精神卫生工作的指导意见》规定，强制医疗的执行主体为公安机关下属的安康医院。安康医院是依法对危害社会治安的精神病人进行强制医疗的专门机构，具有治安管理和医疗的双重职能，其性质是行政执法机构和精神病专科医院，是目前强制医疗的执行机构。[①] 但是，截至 2012 年底，我国的安康医院只有 28 所，2010 年之前建设的有北京市公安局强制治疗管理处（北京市安康医院）、唐山市公安局安康医院、天津市公安局安康医院、内蒙古自治区公安厅安康医院、黑龙江省公安厅安康医院、吉林省公安厅安康医院、沈阳市公安局安康医院、大连市公安局安康医院、山东省安康医院（济宁市精神病防治院）、合肥市公安局安康医院、上海市公安局安康医院、杭州市公安局安康医院、金华市公安局安康医院、宁波市安康医院、绍兴市公安局

[①] 参见张军、江必新主编：《新刑事诉讼法及司法解释适用解答》，人民法院出版社 2013 年版，第 466 页。

安康医院、福州市公安局安康医院、武汉市公安局安康医院、广州市安康医院、深圳市公安局监管医院（深圳市安康医院）、西安市安康医院、宁夏回族自治区公安厅安康医院、新疆生产建设兵团公安安康医院、成都市公安局安康医院、海南省公安厅安康医院。2010 年之后又新建湖南省安康医院、南通市安康医院、重庆市安康医院、德阳市安康医院。根据公安部的要求，截至 2012 年底，没有设置安康医院的省、自治区、直辖市必须设立至少一所安康医院。① 审判实践中，人民法院的《强制医疗决定书》无须载明强制医疗机构的具体名称，即使是在地市级辖区内设有安康医院，执行环节的公安机关和检察机关在选择强制医疗机构上也会产生分歧。

【案例 1】 四川省成都市锦江区院强制医疗执行监督。因犯罪嫌疑人程某某被鉴定为"患有精神分裂症，对犯罪行为实施日的行为不负刑事责任"，锦江区院在审查起诉中依法启动程某某涉嫌故意杀人案的强制医疗申请程序，经开庭审理，锦江区人民法院当庭决定对程某某实施强制医疗并交公安机关执行。锦江区公安分局将程某某送至成都市第一精神卫生防治院采取临时约束性保护措施。按照《刑事诉讼法》第 289 条和《刑事诉讼规则》第 664 条的相关规定，锦江区院监所检察科立即前往成都市第一精神卫生防治院进行检察监督，发现该院虽有医治精神病人的条件，但对有暴力倾向，可能存在危害公共安全及个人自身安全隐患的病犯②监管条件不足。锦江区院随即向公安机关提出了书面检察建议，要求公安机关尽快将程某某转至有监管条件的成都市强制医疗所进行强制医疗。锦江区公安分局收到检察建议

---

① 参见孙谦主编：《〈人民检察院刑事诉讼规则（试行）〉理解与适用》，中国检察出版社 2012 年版，第 484 页。

② 对于"病犯"的称谓，笔者认为不妥。"病犯"是指患病的罪犯。精神病"病犯"是指患有精神疾病的罪犯。而被强制医疗人，根据不同环节，经过公安机关的撤销刑事案件，或者经过检察机关的决定不起诉，或者经过审判机关的无罪判决，不是犯罪嫌疑人、被告人，更不是罪犯。

后，十分重视，立即安排案件承办人前往市第一精神卫生防治院办理转院治疗手续，随后将程某某转入成都市强制医疗所进行强制医疗。①

对于监管条件是否足以达到消除隐患，在有关法律法规没有明确要求的情况下，是见仁见智的。问题的关键在于肯定监管条件时发生了被强制医疗人伤亡或者致他人伤亡等行为，责任如何确定。例如，某一乡镇卫生院精神病康复中心虽然只有专科医生7名，护士22名，床位98张，但至今已经收治精神病人57人，涉罪的有5人（4人涉嫌杀人），其中一名已经在该中心被强制医疗14年。如果将被强制医疗人送交该中心医疗，是否符合监管条件？我们认为，对此是难以界定的，因为毕竟该中心具有收治涉罪精神病人包括涉及暴力犯罪精神病人的历史。上述案例中的成都市第一精神卫生防治院作为一家专科医院，则更是如此。

为了确保被强制医疗人精神疾病治疗的质量和效果，依法保障被强制医疗人有效获得国家给予的精神疾病医疗待遇，强制医疗所应当取得精神科医疗机构执业资质，按照国家有关规定进行医政管理和建设标准管理，并设立强制医疗区、行政办公区等功能区域；配备与从事的精神障碍诊断与治疗相适应的精神科执行医师、护士和心理治疗人员；配齐满足开展精神障碍诊断、治疗所需要的相关专用医疗设施和设备；具有完善的精神障碍诊断与治疗管理制度和质量监控制度。检察机关通过对强制医疗机构执业资质、医护力量和医疗设施设备配置是否达到法定标准进行监督，来维护被强制医疗人员应当获得的必要医疗条件待遇。同时，卫生行政部门负责强制医疗所医疗业务的指导，医务人员的培训和考核，对被解除强制医疗的人员进行随访。民政部门负责对无监护人、无固定住所、无生活来源的被解除强制医疗人员进行帮扶和救助。因此，应当由省级公安、检察、法院、司法、卫生、民政等部门联合设置强制医疗执行机构的执业资质条件，明

---

① 资料来自四川省检察系统内网。

确硬件设施建设、医护人员配置、安全防范措施等方面的要求，根据各地实际指定强制医疗执行机构，进行规范管理，防止在执行中出现强制医疗人员伤亡或致他人伤亡等事故。同时建议明确地市辖区内没有精神病院的，应该就近送治。

强制医疗机构只能是精神病院。检察机关对公安机关未及时将被强制医疗人送交精神病院强制医疗的，应该监督纠正。例如，江西省资溪县检察院在办理一起强制医疗案中，发现由于强制医疗执行机构、强制医疗经费支出机构不明确，导致强制医疗在看守所执行，随即提出检察建议，要求有关部门对强制医疗执行情况进行整改，同时，会同县法院积极向县委汇报请示，明确强制医疗执行机构，落实经费保障。

第二节　强制医疗执行监督的依据与主体

一、执行监督依据

根据《刑事诉讼规则》的相关规定，人民检察院应当在程序和实体上对强制医疗的执行进行全方位的法律监督。其中，在程序检察监督方面，《刑事诉讼规则》第 664 条规定的对强制医疗机构九种违法情形的监督，是程序检察监督的重要内容。实践中，部分地区的检察机关已经试点对强制医疗机构进行派驻检察，这就涉及检察机关对强制医疗机构（包括约束医疗机构）进行检察监督的法律依据。但是，要求强制医疗机构根据被强制医疗人病情状况和危害程度对被强制医疗人进行分类看管和医疗，要求强制医疗机构对被强制医疗人和其他非被强制医疗的住院精神病人进行分类看管和医疗，要求强制医疗机关定期对被强制医疗人进行诊断评估，要求强制医疗机构未经法院批准不得解除强制医疗等，在《刑事诉讼法》、《精神卫生法》以及地方性的精神卫生条例中均找不到法律依据。

全国人大常委会《关于加强法律解释工作的决议》规定，今后凡涉及司法解释问题，以最高人民法院、最高人民检察院下达文件为准，公安机关均应参照执行。对于公安机关下属的安康医院，具有《刑事诉讼法》、《精神卫生法》以及地方性的精神卫生条例中未规定，《刑事诉讼规则》所规定的违法情形时，检察机关可以根据上述精神，对其提出纠正意见，安康医院应当接受监督并予改正。但是，当强制医疗机构为非公安机关下属的安康医院时，对《刑事诉讼规则》并无执行义务，检察机关对其并无违反《刑事诉讼法》、《精神卫生法》以及地方性的精神卫生条例，而是违反《刑事诉讼规则》规定的情形，进行监督就存在着于法无据的窘境。例如，对被决定强制医疗的人应当收治而拒绝收治的，人民检察院根据《刑事诉讼规则》第664条应当依法提出纠正意见。当强制医疗机构为公安机关下属的安康医院时，检察机关提出纠正意见具有法律依据。但是，强制医疗机构为非安康医院时，检察机关要提出纠正意见就于法无据了。

因此，在实践中，需要具有立法权的地市级检察院特别是省级检察院积极参与地方性精神卫生条例的修订工作，以及加强与其他司法机关、卫生行政部门、民政部门的协商，确定约束医疗机构和强制医疗机构，联合制发强制医疗程序实施意见，使强制医疗检察监督合法有据。

二、执行监督主体

《刑事诉讼法》直接赋予检察机关对强制医疗执行的监督职责，检察机关也因此成为强制医疗执行活动的监督主体。与强制医疗执行的重要主体——约束医疗机构和强制医疗机构的不确定性形成对比的是，强制医疗执行监督主体则相对集中。但由此衍生的问题是，当办案公安机关所在地与约束医疗机构、强制医疗机构所在地不一致时，约束医疗机构、强制医疗机构所在地的检察机关与医疗机构的主管部门不同层级时，具体由哪一个、哪一级的检察机关进行监督，《刑事诉讼法》和《刑事诉讼规则》对此均未涉及。以派驻检察为例，实践中，北京市顺义区人民检察院受市检察院委托设立派驻强制医疗机构检察室，① 西安市人民检察院在西安市安康医院设立派驻检察室，② 武汉市城郊地区人民检察院在武汉市安康医院设立派驻检察室。③ 我们认为，应该由医疗机构主管部门同级的检察机关进行监督更为适宜。主要理由是：

1. 符合有关司法解释规定。例如，看守所执法活动监督程序中规定上一级检察院应当通报同级公安机关并建议其督促看守所予以纠正。同理，在医疗机构仍未纠正时，上一级检察院接到下级检察院对此情况的报告后，应当通报同级医疗机构的上级主管部门。

2. 有助于增强监督的效果。强制医疗案件由基层检察院办理，而精神病院大多由地市级行政部门主管，低级别的监所检察人员难以有效实现对高级别的强制医疗机构的监督，而由地市级检察机关进行监督，可以借助省级行政机关对地市级行政机关管理所属医疗机构的管理职责，有效督促医疗机构纠正违法行为，增强监督效果。反之，由办案的基层检察院或者医疗机构所在地的基层检察院进行执行监督，既不利于监督单位与医疗机关之间的沟通，也不符合层级管理的要求和事权归属的原则，更无法借助省级主管机关的监督外力。

3. 有助于提高监督的水平。由医疗机构主管部门同级的检察机关进行监督，可以根据医疗机构的多少，决定派驻或巡回的监督方式，也会重视精神病医学知识的储备和复合型人才的培养，提高监督的专业化水平。

综上所述，强制医疗执行活动的监督由强制医疗机构主管部

① 参见张守良、鞠佳佳：《强制医疗执行监督的实践探索》，载《中国检察官》2013 年第 8 期。

② 参见岳红革：《监督强制医疗》，载《检察日报》2013 年 1 月 4 日。

③ 参见武汉市人民检察院工作报告，载 http：//www. whrd. gov. cn/13j2c/8297. shtml，最后访问日期：2013 年 9 月 10 日。

门同级的人民检察院开展监督为宜，强制医疗机构主管部门同级的人民检察院可以委托强制医疗机构所在地的人民检察院代为开展执行监督。实践中，有的地市级检察院对强制医疗执行监督的主体予以明确，如《重庆市人民检察院第一分院强制医疗程序及监督实施办法（试行）》规定，被强制医疗的人所在的强制医疗机构隶属本院辖区市级单位的，由本院监所检察部门负责强制医疗执行监督；被强制医疗的人所在的强制医疗机构隶属本院辖区区（县）级单位的，由本院辖区基层人民检察院监所检察部门负责强制医疗执行监督。对于约束措施的监督主体，前述检察院规定，对涉案精神病人采取临时保护性约束措施时的体罚、虐待等违法行为的监督，由约束措施实施单位的同级人民检察院监所检察部门负责。此外，我们认为，办案公安机关与约束医疗机构、强制医疗机构跨地区的，在上级检察机关相关规定出台之前，应先由与办案公安机关同地的检察机关进行监督。

第三节　强制医疗执行监督的内容

执行人民法院强制医疗决定的精神病院的执行活动，应该体现医者对患者的尊重和关爱。强制医疗执行环节具有的封闭性、强制性、治疗性等特点，关系到被强制医疗人的自由权、健康权等人身权利，被强制医疗人在强制医疗过程中会面临比在监狱服刑更为恶劣的环境和强制药物治疗的处境，这种处境与服刑相比更难以让一个正常人忍受，且不说对其名誉以及今后的个人生活的影响。因此，在程序选择上应当侧重于防止无辜的人被精神病而强制医疗，需要对职权进行规范和实施有效监督。[①]《刑事诉讼规则》第 664 条第 1 款规定："人民检察院发现强制医疗机构

---

① 参见郭华：《程序转换与权利保障：刑事诉讼中精神病强制医疗程序的反思》，载《浙江工商大学学报》2013 年第 5 期。

有下列情形之一的，应当依法提出纠正意见：（一）对被决定强制医疗的人应当收治而拒绝收治的；（二）收治的法律文书及其他手续不完备的；（三）没有依照法律、行政法规等规定对被决定强制医疗的人实施必要的医疗的；（四）殴打、体罚、虐待或者变相体罚、虐待被强制医疗的人，违反规定对被强制医疗的人使用械具、约束措施，以及其他侵犯被强制医疗的人合法权利的；（五）没有依照规定定期对被强制医疗的人进行诊断评估的；（六）对于被强制医疗的人不需要继续强制医疗的，没有及时提出解除意见报请决定强制医疗的人民法院批准的；（七）对被强制医疗的人及其近亲属、法定代理人提出的解除强制医疗的申请没有及时进行审查处理，或者没有及时转送决定强制医疗的人民法院的；（八）人民法院作出解除强制医疗决定后，不立即办理解除手续的；（九）其他违法情形。"

　　强制医疗执行检察监督更多地是采取程序性监督的原则，即对强制医疗机构是否按照法律法规规章等规范性文件所明确的方式和流程开展强制医疗执法活动，以及在执法行为中有无违法和侵犯人权的情况发生进行监督，而非对强制医疗组织管理活动、治疗方案、评估诊断等医疗专业行为开展实质性检察。对于强制医疗行为的合理性和诊断评估内容的合理性，检察机关可在发现明显不合理、当事人及其近亲属提出异议或接到举报的情况下，开展实质性检察监督，其中涉及的专业性疑问可委托强制医疗机构之外的其他精神医学专家进行判断。检察监督的方法包括对强制医疗机构书面材料的审查、与被强制医疗人及其近亲属谈话、接受控告、申诉等多种方式发现强制医疗行为中存在的违法及侵犯人权问题，并根据具体情况，采用口头纠正、检察建议、纠正违法、立案查处职务犯罪等多种方式开展监督。①

---

　　① 参见谭可、杨竞：《刑事强制医疗执行检察监督实务研究》，载《重庆检察》2014 年第 1 期。

一、交付执行活动的监督

交付是整个执行程序的入口，涉及几个程序之间的衔接。交付执行阶段是强制医疗程序由司法裁决到具体执行的中间环节，对被强制医疗的人来说具有非同寻常的意义。在这一阶段，精神病人将从一个自由的个体变成一个不自由甚至没有自由的个体，其身份也将从一个未受过强制措施的人变成一个贴着"被强制医疗"标签的人。检察机关对强制医疗交付执行的监督，一方面可以对交执行机关未按时交付执行等违法情况予以制约，保障被强制医疗的人及时获得治疗和看护。另一方面可以使被强制医疗的人免受公安机关不当临时保护性约束措施的侵害。《刑事诉讼法》第285条第3款规定："对实施暴力行为的精神病人，在人民法院决定强制医疗前，公安机关可以采取临时的保护性约束措施。"也就是说，在公安机关发现精神病人符合强制医疗条件开始到其被送到强制医疗机构之前，精神病人将一直处在公安机关临时的保护性约束措施的强制之下。如果该约束措施不当，就将会严重侵犯精神病人的权益。因此，检察机关对强制医疗交付执行的监督将有利于纠正公安机关对精神病人的不当侵害。[1]《刑事诉讼规则》第662条、第664条规定了人民检察院对强制医疗执行过程的同步程序监督。其中第662条，是对强制医疗决定交付执行活动是否合法的监督。

（一）强制医疗决定的交付执行期限

《刑事诉讼规则》第662条规定："人民检察院对强制医疗的交付执行活动实行监督，发现交付执行机关未及时交付执行等违法情形的，应当提出纠正意见。"但是，对于强制医疗执行交付的"及时性"问题，《刑事诉讼法》和《办理刑事案件程序规

---

[1]　参见刘延祥、李兴涛：《检察机关强制医疗法律监督问题研究》，载《中国刑事法杂志》2013年第5期。

定》对此并无明确规定。《刑事诉讼法解释》第 535 条也只规定了交付执行的机关是公安机关和强制医疗的执行机关为强制医疗机构，对交付执行的期限亦未明确要求。

根据《刑事诉讼规则》第 640 条，关于检察机关对公安机关、看守所的交付执行实行监督的制度规定，对被判处死刑缓期二年执行、无期徒刑或者有期徒刑余刑在 3 个月以上的罪犯，公安机关、看守所自接到人民法院执行通知书等法律文书后 30 日以内，没有将成年罪犯送交监狱执行刑罚，或者没有将未成年罪犯送交未成年犯管教所执行刑罚的，应当依法提出纠正意见。然而，强制医疗的交付执行毕竟区别于刑罚的交付执行，刑事强制医疗制度的价值取向在于保障精神病人的权利和自由，根据强制医疗的决定期限，应当尽快作出决定，及时对他们进行治疗，更有利于他们健康的恢复，[1] 基于这一立法精神，强制医疗交付执行的"及时性"不宜参照刑罚交付执行所规定的一个月的期限。依据"公权力法无明文不得行"的基本信条，建议有关机关对此期限，以及公安机关在交付强制医疗的过程中是否可以采取恰当的强制约束、控制措施予以明确。我们认为，对于前者，公安机关交付执行的期限可以参照逮捕决定立即执行的有关规定。对于后者，在交付执行过程中应当允许采取以避免和防止危害他人和精神病人的自身安全为限度的约束控制方式。实践中，有的地方规定公安机关收到人民法院作出的强制医疗决定书和强制医疗执行通知书后，应在 2 个工作日内将涉案精神病人送至安康医院。[2] 鉴于有的地方的临时约束场所距离强制医疗机构路途较远、交通不便等实际状况，硬性规定送交强制医疗机构的期间，实践中恐难操作，宜作公安机关在收到人民法院作出的《强制

---

① 参见郎胜主编：《中华人民共和国刑事诉讼法释义（最新修正版）》，法律出版社 2012 年版，第 635 页。
② 参见中共桐庐县委政法委《关于办理强制医疗案件若干问题的会议纪要》第 13 条。

医疗决定书》和《强制医疗执行通知书》后的次日将被决定强制医疗的人送交强制医疗机构的规定更为妥当。

（二）不提出强制医疗申请和驳回强制医疗申请的执行期限

对于公安机关移送的强制医疗案件，人民检察院经审查根据《刑事诉讼规则》第 544 条第 2 款作出不提出强制医疗申请决定的，对于人民检察院申请强制医疗的案件，人民法院经审查根据《刑事诉讼法解释》第 531 条第 2 项作出驳回强制医疗申请决定的，公安机关是否应当及时解除临时约束措施？《刑事诉讼法》、《办理刑事案件程序规定》、《刑事诉讼规则》、《刑事诉讼法解释》对此亦无明确规定。但是，根据《办理刑事案件程序规定》第 334 条第 2 款的规定，对于精神病人已没有继续危害社会可能，解除约束后不致发生社会危险性的，公安机关应当及时解除保护性约束措施。《刑事诉讼法解释》第 542 条第 2 款的规定，人民法院决定解除强制医疗的，应当通知强制医疗机构在收到决定书的当日解除强制医疗。对检察机关不提出强制医疗申请的决定、人民法院驳回强制医疗申请的决定，公安机关应当参照执行该规定，及时解除临时约束措施。由于临时约束措施和强制医疗一样，本质上是对精神病人人身自由的限制和剥夺，并且《办理刑事案件程序规定》规定了公安机关必要时可以采取送精神病院治疗的临时约束措施，因此这里的"及时"应作"立即"的理解。

实践中，对于前者情形，有的地方规定，公安机关在接到人民检察院不提出强制医疗申请的决定后，应当在 24 小时内解除临时保护性约束措施。① 对于后者情形，有的地方规定，人民法院决定不予强制医疗的，应当在作出决定后 5 日内，向办案公安机关送达不予强制医疗决定书，公安机关应当在 24 小时内解除

---

① 参见上海市高级人民法院、上海市人民检察院、上海市公安局、上海市司法局《关于本市强制医疗案件办理和涉案精神病人收治管理的暂行规定》第 8 条。

临时保护性约束措施。① 有的地方则规定，人民法院决定不予强制医疗的，应当在作出决定的当日通知采取临时约束措施的公安机关解除约束措施。② 有的则规定，人民法院驳回强制医疗申请或者未作出强制医疗决定的，应当立即通知公安机关解除保护性约束措施。③ 因此，公安机关执行人民检察院不提出强制医疗申请的决定、人民法院驳回强制医疗申请的决定，未及时解除临时约束措施，立即"释放"被申请人的，监所检察部门应当提出纠正意见。

二、诊断评估的监督

（一）定期诊断评估的期限

定期诊断评估是强制医疗继续执行的正当性、合法性的依据。精神病人在经过一定时期的治疗后，随着病情的好转可能并不需要再继续接受强制治疗，定期复核机制能够最大程度地防止对被强制治疗者权利的过分限制。④ 因此，法律规定由强制医疗机构执行人民法院决定的强制医疗，强制医疗机构既要对被强制医疗的人实施必要的控制，防止其继续实施危害社会的行为，还应当本着治病救人的宗旨，根据被强制医疗的人患病程度和人身危险性的不同，采用不同的治疗方法对其治疗，并定期进行诊断评估，对于已经恢复健康，不具有人身危险性，不需要继续强制医疗的，强制医疗机构应当及时提出解除强制医疗的意见，报请

---

① 参见上海市高级人民法院、上海市人民检察院、上海市公安局、上海市司法局《关于本市强制医疗案件办理和涉案精神病人收治管理的暂行规定》第13条。

② 参见江苏省镇江市中级人民法院、市人民检察院、市公安局、市卫生局《镇江市强制医疗程序实施意见（试行）》第26条。

③ 参见江苏省常州市法院、检察院、公安局、司法局、民政局、卫生局《对依法不负刑事责任的精神病人实施强制医疗程序的适用办法》第20条。

④ 参见姚丽霞：《以法律层面的立法完善精神病人强制治疗程序》，载《法学评论》2012年第2期。

决定强制医疗的人民法院批准予以解除。[①] 但是，《刑事诉讼法》第 288 条第 1 款规定的"强制医疗机构应当定期对被强制医疗的人进行诊断评估"过于原则，没有明确定期诊断评估的期限，《精神卫生法》也没有明确定期复诊的期限。而强制医疗机构可能出于效益的考虑，不会主动启动诊断评估程序。

对于这个问题，早在 20 世纪 80 年代陈忠保先生就曾提出，为了防止将保护病人而作出的收容医治，形成变相的无限期的非法拘禁，收容的精神病医疗机构的管理当局，必须安排好每隔一定时期，一般为半年至一年，将病人进行一次详细的全面性检查，以确定其精神状态是否需要继续治疗或可终止收容。[②] 《俄罗斯联邦刑法典》第 102 条第 2 款规定："对被判处医疗性强制措施的人，每六个月至少一次由精神病医生委员会出具证明，以便解决是否应向法院终止适用或变更这种措施的问题……在没有理由终止适用或变更医疗性强制措施时，进行强制医疗的行政机构应向法院提供延长强制医疗的诊断结论。在开始治疗之时起满六个月可以进行第一次延长，以后治疗每年延长。"日本《有关在心神丧失状态下实施重大伤害的人的医疗以及观察的法律》规定："被判入院决定的人，必须在指定的入院医疗机构接受治疗。指定医疗机构的管理者，在认为入院患者没有必要继续入院的时候，必须立即对法院提出出院要求。在认定有继续入院必要的时候，原则上，每六个月一次，向地方法院提出继续住院的要求。另外，入院患者的保护人以及陪护人，能够向地方法院提出允许出院的要求（第 49 条、第 50 条）。法院就该要求，在认为有必要继续住院的时候，必须作出继续住院的决定。在认为没有必要进行住院医疗或者其他医疗的时候，允许出院，同时作出不

---

① 参见郎胜主编：《中华人民共和国刑事诉讼法释义（最新修正版）》，法律出版社 2012 年版，第 637 页。

② 参见陈忠保：《司法精神病学》，司法鉴定科学技术研究所 1982 年版，第18 页。

用住院治疗而是到指定通院医疗机构进行通院治疗的决定。通院期间,以三年为限。但是,法院能够在不超过二年的范围内,决定延长(第44条)。在没有必要医疗的场合,作出'医疗终了'的决定(第51条第1款)。"①

实践中,定期诊断评估期限的规定,各地不一。有的地方规定在执行强制医疗的两年后,进行首次诊断评估。其后,每隔一年应当对其进行一次诊断评估。② 有的地方则规定强制医疗机构对被强制医疗人进行诊断评估,一般应当以3个月为一个周期,至迟不能超过6个月。③ 每个人的案情不同、病情不同、对治疗的依从性或疗效也不尽一致,如急性短暂性精神障碍的患者可能恢复很快,而精神分裂症或器质性精神障碍的患者恢复较慢并常常病情复发。④ 对定期诊断评估的期限,我们认为可以借鉴《俄罗斯联邦刑法典》、日本《有关在心神丧失状态下实施重大伤害的人的医疗以及观察的法律》有关规定,将定期诊断评估期限规定为6个月。并且建议,在修订地方性精神卫生条例时,增加刑事强制医疗定期评估、复诊之内容,"医疗机构应对收治的被强制医疗人定期组织诊断评估,原则上每6个月一次。第一次定期诊断评估起始时间自被强制医疗人鉴定意见作出之日起计算"。同时设置定期诊断评估的救济机制,规定"被强制医疗人或者其监护人对需要继续住院治疗的评估结论或者诊断结论有异议,可以要求再次评估或诊断。医疗机构组织再次评估或诊断

---

① 〔日〕大谷实:《刑法总论》(新版第2版),黎宏译,中国人民大学出版社2009年版,第497~498页。

② 参见上海市高级人民法院、上海市人民检察院、上海市公安局、上海市司法局《关于本市强制医疗案件办理和涉案精神病人收治管理的暂行规定》第41条。

③ 参见江苏省常州市法院、检察院、公安局、司法局、民政局、卫生局《对依法不负刑事责任的精神病人实施强制医疗程序的适用办法》第24条。

④ 参见易军、陈益民:《精神病人的强制治疗问题》,载《临床精神医学杂志》2007年第3期。

的，参照《精神卫生法》第三十二条第二款、第三款①的规定办理"。

（二）定期诊断评估报告的提供

强制医疗机构至少每隔 6 个月，应该对被强制医疗对象进行危险性的诊断评估，并将评估结果报送给相应法院、检察院、被强制医疗对象及其家属，还应报送给受害人。一旦评估出强制医疗对象不再具有人身危险性，则应在评估结果出来之日起 3 日内向法院提出解除强制医疗的意见，同时将该意见报送其他相关人。若医疗机构怠于行使定期诊断评估职责，则被强制对象及其法定代理人或律师可在治疗满 6 个月或者自危险仍存的评估结论确认满 6 个月后直接向法院申请解除强制医疗决定，人民法院可要求强制医疗机构提供危险评估或者直接委托司法鉴定。若强制医疗机构怠于行使申请权，则被强制对象及其法定代理人或律师可依强制医疗机构的评估结论直接向人民法院提出解除申请。②

根据《刑事诉讼法》的规定，人民检察院对强制医疗机构的执行活动是否合法实行监督。强制医疗机关应该将定期诊断评估、依申请作出的诊断评估、再次诊断、被强制医疗人及其近亲属自主委托的鉴定机构的诊断评估，以及对被强制医疗人员继续强制医疗或解除强制医疗的意见通报人民检察院，由人民检察院开展同步监督。

---

① 《精神卫生法》第 32 条第 2 款规定："依照前款规定要求再次诊断的，应当自收到诊断结论之日起三日内向原医疗机构或者其他具有合法资质的医疗机构提出。承担再次诊断的医疗机构应当在接到再次诊断要求后指派二名初次诊断医师以外的精神科执业医师进行再次诊断，并及时出具再次诊断结论。承担再次诊断的执业医师应当到收治患者的医疗机构面见、询问患者，该医疗机构应当予以配合"。第 3 款规定："对再次诊断结论有异议的，可以自主委托依法取得执业资质的鉴定机构进行精神障碍医学鉴定；医疗机构应当公示经公告的鉴定机构名单和联系方式。接受委托的鉴定机构应当指定本机构具有该鉴定事项执业资格的二名以上鉴定人共同进行鉴定，并及时出具鉴定报告。"

② 参见奚玮、宁金强：《刑事强制医疗的对象界定与程序完善》，载《浙江工商大学学报》2013 年第 5 期。

（三）诊断评估的检察监督

检察机关要对医疗机构定期诊断评估进行监督，重点防范强制医疗机构为经济利益不及时诊断评估被强制医疗人的人身危险性，和经评估已不具有人身危险性却不及时提出解除强制医疗申请的情况发生。人民检察院发现强制医疗机构开展定期诊断评估中具有以下情况的，应当根据具体情况，提出检察建议或者纠正意见：定期诊断评估委员会组成人员不符合规定的；定期诊断评估委员会未按时间要求及时开展定期诊断评估工作的；定期诊断评估行为或者结论明显不当的；定期诊断评估文书不符合要求的；其他定期诊断评估环节中存在的不合法行为。[①]

同时，根据《刑事诉讼法》第 289 条第 2 款的规定，被强制医疗的人及其近亲属有权申请解除强制医疗。也就是说，被强制医疗的人认为自己不应当被强制医疗，或者经过强制医疗的治疗已经痊愈，符合解除强制医疗的条件，有权向强制医疗机构提出申请，要求强制医疗机构作出诊断评估，提出解除意见，报请决定强制医疗的人民法院批准。也有权直接向作出强制医疗决定的人民法院提出解除强制医疗的申请。被强制医疗的人的近亲属如果认为被强制医疗的人不应当被强制医疗或者已经治愈，也有权申请解除强制医疗。[②] 强制医疗机构依据被强制医疗人及其近亲属的申请诊断评估，被强制医疗人及其近亲属向人民法院申请解除强制医疗同时申请人民法院调取诊断评估报告的，不受固定期限的限制。检察机关对于强制医疗机构依据申请或者法院调取，应当对被强制医疗人进行诊断评估而不进行诊断评估的，应当监督纠正。

---

① 参见杨玉俊、徐建、张庆立：《精神病人强制医疗程序的适用条件和检察监督机制研究》，载胡卫列、韩大元主编：《法治思维与检察工作——第九届国家高级检察官论坛文集》，中国检察出版社 2013 年版，第 124 页。

② 参见郎胜主编：《中华人民共和国刑事诉讼法释义（最新修正版）》，法律出版社 2012 年版，第 638 页。

　　此外，检察机关根据强制医疗机构通报的定期诊断评估结论，发现被强制医疗人不需要继续强制医疗，强制医疗机构却没有及时提出解除意见的；检察机关基于日常检察，发现被强制医疗人不需要继续强制医疗，强制医疗机构应当诊断评估，对符合解除强制医疗条件的提出解除意见，而强制医疗机构不进行诊断评估的，应当监督纠正。

　　需要注意的是，被强制医疗人及其近亲属申请解除强制医疗被人民法院驳回后，再申请的间隔时间为 6 个月。在此 6 个月的间隔时间里，要求再次诊断评估及对再次诊断评估结论有异议的，应当按照《精神卫生法》第 32 条执行。检察机关在此类情形下，对强制医疗机构、再次诊断的医疗机构、被强制医疗人及其近亲属自主委托的鉴定机构的诊断评估活动的合法性履行监督职责。

三、保护性医疗措施的监督

　　强制医疗程序的保护性医疗措施，是指根据《精神卫生法》第 40 条的规定，强制医疗机构根据监管安全实际需要，对被强制医疗人正在发生或者将要发生伤害自身、危害他人安全、扰乱医疗秩序的行为，在没有其他可替代措施的情况下，可以实施约束、隔离等保护性医疗措施。

　　由于在强制医疗过程中，被强制医疗人的不可控制的精神状态，强制医疗机构为防止危害结果的发生，往往会采用保护性医疗措施，这样就会伴随出现对被强制医疗人的自由权、健康权的适当的限制和损害问题。《刑事诉讼规则》第 664 条规定检察机关对强制医疗机构"违反规定对被强制医疗的人使用械具、约束措施"的情形进行监督。《精神卫生法》第 75 条也规定"违反本法规定实施约束、隔离等保护性医疗措施的"，应该承担法律责任。

　　虽然，《精神卫生法》第 40 条规定了实施保护性医疗措施应当遵循诊断标准和治疗规范，并在实施后告知患者的监护人。

但是，对于约束、隔离等保护性医疗措施的方式、强度，法律规定并不明确。目前对于精神病人医疗、戒毒人员强制隔离戒毒以及普通病人医疗过程中的"保护性约束（医疗）措施"的立法，主要包括法律、法规、部门规章和地方政府规章以及少量的司法解释。法律层面的主要有：《刑事诉讼法第》285 条，《人民警察法》第 14 条，《禁毒法》第 37 条、第 44 条。部门规章的主要有：《公安机关办理行政案件程序规定》第 42 条，《拘留所条例实施办法》第 46 条，《公安机关强制隔离戒毒所管理办法》第 45 条，《戒毒医疗服务管理暂行办法》第 27 条，《司法行政机关强制隔离戒毒工作规定》第 22 条、第 40 条。地方人大制定的地方性法规主要有：《宁波市精神卫生条例》第 28 条，《武汉市精神卫生条例》第 41 条、第 47 条，《杭州市精神卫生条例》第 29 条、第 34 条。另外，《办理刑事案件程序规定》、《刑事诉讼规则》和一些地方政府出台的文件也对精神病人的"保护性约束措施"作出了相应的规定，后者如《山东省信访规定》、《深圳市人民政府关于维护信访秩序的通告》、《济南市信访秩序管理规定》、《淮南市人民警察巡察暂行规定》等。但是，综观这些规范性文件以及《精神卫生法》关于精神病人"保护性医疗措施"的有关规定，除了 2009 年湖南省劳动教养工作管理局、湖南省戒毒管理局制定实施的《湖南省强制隔离戒毒工作实施办法（试行）》（以下简称《湖南省办法》）之外，均未对保护性约束（医疗）措施的方式和强度予以明确。虽然《湖南省办法》的效力层级并不高，精神病人与戒毒人员是否具有同质性也有待于探究，但是湖南省的做法无疑是值得借鉴的。例如，在保护性约束措施的方式上，《湖南省办法》第 36 条规定，"强制隔离戒毒所对毒瘾发作、出现急性戒断症状不能自控或可能发生自伤、自残、自杀或者实施其他危害行为的戒毒人员，可以采取保护性约束措施。保护性约束措施包括使用约束带（椅、床）、约束服、手铐及隔离管理等。对毒瘾发作、出现急性戒断症状不能自控或可能发生自伤、自残、自杀行为的戒毒人员，可以使用约束带（椅、床）、约束服。对存在危害他人危险行为或故意毁损公私财物的戒毒人员，可以使用手铐等约束警械用具"。又如，在保护性约束措施的强度上，《湖南省办法》第 41 条规定，"采取约束性保护措施应当防止造成戒毒人员人身伤残。一次使用约束带（椅、床）、约束服不得超过 24 小时、手铐不得超过 3 天，一次隔离管理时间不得超过 5 天。须采取约束性保护措施的情形消失，可以提前解除约束性保护措施"。保护性约束措施和保护性医疗措施的目的相同，两者方式和强度的设计可以采用同一标准。械具、约束、隔离等保护性约束（医疗）措施的方式和强度的规定不明确，容易造成检察机关与公安机关、约束医疗机构、强制医疗机构就采取的保护性约束（医疗）措施是否违反规定产生认识上的分歧，即使检察机关提出纠正意见，也会因言之无据，而造成一方言辞凿凿，另一方置之不理的尴尬局面。因此，迫切需要省级有关部门联合出台规定，更应该在制定和完善地方性精神卫生条例时明确规定保护性约束（医疗）措施的方式和程度。

四、医疗活动的监督

根据《刑事诉讼规则》和《精神卫生法》的有关规定，强制医疗机构其他医疗活动合法性、正当性要求包括以下内容：

（一）收治入院的合法性

根据《刑事诉讼规则》第 664 条第 1 款第 1、2 项规定，强制医疗机构应当收治被决定强制医疗的人，而不得拒绝收治；并且要求做到收治时应当审查法律文书及其他手续是否完备。收治的法律文书和手续具体包括哪些？《刑事诉讼规则》对此并未明确要求。《刑事诉讼法解释》第 535 条规定的执行文书仅为两类：强制医疗决定书和强制医疗执行通知书。实践中，有的地方规定执行强制医疗的报送机关应当凭人民法院强制医疗决定书和强制医疗执行通知书办理入所手续，同时还规定执行临时约束措施的应当提供《临时保护性约束措施审批表》、《报送机关责任书》、《监护人告知书》、司法鉴定意见书（副本）以及其他与医疗相关的材料。① 我们认为，由于强制医疗机构与鉴定机构并非同一机构，为了强制医疗机构尽快对精神病人进行有效治疗，公安机关应该提供司法鉴定意见书。同时，强制医疗机构还应核实被强制医疗人身份是否与强制医疗决定书所载的内容相符，有无携带违禁物品入院。

有观点认为加强对被强制医疗者入院的监督，要审查被强制医疗者入院是否具有生效的强制医疗决定书和执行通知书，严禁未经法院生效决定而被强制医疗情形的出现。② 如果这里对"生效"的理解是指人民检察院认为人民法院作出的强制医疗决定正确，未提出书面纠正意见；或者被决定强制医疗的人、被害人及其法定代理人、近亲属同意强制医疗决定，未提出申请复议。那么这种理解是值得商榷的。《刑事诉讼法解释》第535条、第536条明确规定，人民法院决定强制医疗的，由公安机关将被决定强制医疗的人送交强制医疗，复议期间不停止执行强制医疗的决定。因此，对于公安机关以强制医疗决定尚未生效为由，未在规定期限内送交强制医疗，或者强制医疗机构以强制医疗决定尚未生效，拒绝收治被决定强制医疗的人的，人民检察院应当提出纠正意见。

（二）医疗活动的合法性

根据《刑事诉讼规则》第664条第1款第3项规定，强制医疗机构应当依照法律、行政法规等规定对被强制医疗人实施必要的医疗。例如《精神卫生法》第41条第1款规定："对精神障碍患者使用药物，应当以诊断和治疗为目的，使用安全、有效的

---

① 参见上海市高级人民法院、上海市人民检察院、上海市公安局、上海市司法局《关于本市强制医疗案件办理和涉案精神病人收治管理的暂行规定》第34条。
② 参见高飞：《对强制医疗程序检察监督的实践探析》，资料来自最高人民检察院内网。

药物，不得为诊断或者治疗以外的目的使用药物。"第 42 条规定："禁止对依照本法第三十条第二款规定实施住院治疗的精神障碍患者实施以治疗精神障碍为目的的外科手术。"第 43 条规定："医疗机构对精神障碍患者实施下列治疗措施，应当向患者或者其监护人告知医疗风险、替代医疗方案等情况，并取得患者的书面同意；无法取得患者意见的，应当取得其监护人的书面同意，并经本医疗机构伦理委员会批准：（一）导致人体器官丧失功能的外科手术；（二）与精神障碍治疗有关的实验性临床医疗。实施前款第一项治疗措施，因情况紧急查找不到监护人的，应当取得本医疗机构负责人和伦理委员会批准。禁止对精神障碍患者实施与治疗其精神障碍无关的实验性临床医疗。"第 48 条规定："医疗机构不得因就诊者是精神障碍患者，推诿或者拒绝为其治疗属于本医疗机构诊疗范围的其他疾病。"

（三）管理活动的合法性

强制医疗机构应当落实各项管理措施和制度，维护被强制医疗人的合法权利，严防被强制医疗人自伤、自残、自杀、逃跑。具体而言包括：依法告知被强制医疗人或其监护人在诊断、治疗过程中享有的权利；[1] 按照规定为被强制医疗人配备适宜的设施、设备以及接近正常生活的环境和条件的；[2] 按照规定要求制定治疗方案，以及按照规定向被强制医疗人或其监护人履行告知

---

[1]　《精神卫生法》第 37 条规定："医疗机构及其医务人员应当将精神障碍患者在诊断、治疗过程中享有的权利，告知患者或者其监护人。"

[2]　《精神卫生法》第 38 条规定："医疗机构应当配备适宜的设施、设备，保护就诊和住院治疗的精神障碍患者的人身安全，防止其受到伤害，并为住院患者创造尽可能接近正常生活的环境和条件。"强制医疗的精神病人病愈后，如长期不能出院会带来许多问题：如渐渐丧失劳动能力和社会交往能力；由于出院无望会导致并且反复发作或病后的抑郁；长期集体伙食还会使部分人口味不合而营养不良；增加了一些躯体疾病的发病机会。参见易军、陈益民：《精神病人的强制治疗问题》，载《中国法医学会第三届全国司法精神病学学术会议论文集》。

治疗方案和治疗方法、目的以及可能产生的后果;① 按照规定实施约束、隔离等保护性治疗措施,以及在实施后告知被强制医疗人监护人;② 不得强迫被强制医疗人从事生产劳动;③ 依法保障被强制医疗人的通讯和会见探访者等权利;④ 不得违法规定记录医疗活动,以及违反规定侵犯被强制医疗人及其家属对医疗活动的知情权;⑤ 不得歧视、侮辱、虐待被强制医疗人,侵害其人格尊严、人身安全等。⑥

（四）出院的合法性

批准解除强制医疗的决定机关只能是人民法院,其他任何机关都无权批准解除。检察机关应当依法对"强制医疗机构应当办理解除手续而没有及时办理,不应当办理解除手续而办理出院手续"的情形进行监督。前者实际上是解除决定的执行问题

---

① 《精神卫生法》第39条规定:"医疗机构及其医务人员应当遵循精神障碍诊断标准和治疗规范,制定治疗方案,并向精神障碍患者或者其监护人告知治疗方案和治疗方法、目的以及可能产生的后果。"

② 《精神卫生法》第40条规定:"精神障碍患者在医疗机构内发生或者将要发生伤害自身、危害他人安全、扰乱医疗秩序的行为,医疗机构及其医务人员在没有其他可替代措施的情况下,可以实施约束、隔离等保护性医疗措施。实施保护性医疗措施应当遵循诊断标准和治疗规范,并在实施后告知患者的监护人。禁止利用约束、隔离等保护性医疗措施惩罚精神障碍患者。"

③ 《精神卫生法》第41条第2款规定:"医疗机构不得强迫精神障碍患者从事生产劳动。"

④ 《精神卫生法》第46条规定:"医疗机构及其医务人员应当尊重住院精神障碍患者的通讯和会见探访者等权利。除在急性发病期或者为了避免妨碍治疗可以暂时性限制外,不得限制患者的通讯和会见探访者等权利。"

⑤ 《精神卫生法》第47条规定:"医疗机构及其医务人员应当在病历资料中如实记录精神障碍患者的病情、治疗措施、用药情况、实施约束、隔离措施等内容,并如实告知患者或者其监护人。患者及其监护人可以查阅、复制病历资料;但是,患者查阅、复制病历资料可能对其治疗产生不利影响的除外。病历资料保存期限不得少于三十年。"

⑥ 《精神卫生法》第78条规定:"违反本法规定,有下列情形之一,给精神障碍患者或者其他公民造成人身、财产或者其他损害的,依法承担赔偿责任:……（三）歧视、侮辱、虐待被强制医疗人,侵害其人格尊严、人身安全的……

（见下文），后者主要包括：对不符合解除强制医疗条件的不得提出解除申请，解除强制医疗的申请被法院驳回的不得解除，没有解除强制医疗凭证的不得解除，解除强制医疗凭证不全的应当补齐后办理解除手续。

【案例2】江苏省盱眙县院强制医疗执行监督。近日，盱眙县院在开展强制医疗执行检察监督时，发现执行机关的执行行为存在不当之处，及时提出检察建议，并获采纳。盱眙县公安局在办理一起精神病人王某涉嫌故意杀人案中，盱眙县公安局将王某送至淮安市第三人民医院进行强制医疗，后因王某家中经济困难，王某被送回家中进行监视居住。按照《刑事诉讼法》和《刑事诉讼规则》的规定，盱眙县院监所检察科立即前往进行检察监督，发现可能存在危害公共安全及个人自身安全隐患，病犯监管条件不足。盱眙县院随即向公安机关提出了书面检察建议，要求公安机关尽快将程某某转至有监管条件的强制医疗医院进行强制医疗。盱眙县公安局收到《检察建议》后，十分重视，于5月15日已将王某转入淮安市三院进行强制医疗。①

我们认为，盱眙县检察院在向公安机关提出检察建议的同时，还应当根据《刑事诉讼规则》第664条对淮安市第三人民医院提出纠正意见。

（五）其他强制医疗法律规定的要求

例如，对被强制医疗人诊断评估时，鉴定人应该遵守《精神卫生法》第33条第2款规定的"鉴定人本人或者其近亲属与鉴定事项有利害关系，可能影响其独立、客观、公正进行鉴定的，应当回避"。第34条规定："鉴定机构、鉴定人应当遵守有关法律、法规、规章的规定，尊重科学，恪守职业道德，按照精神障碍鉴定的实施程序、技术方法和操作规范，依法独立进行鉴定，出具客观、公正的鉴定报告。鉴定人应当对鉴定过程进行实

---

① 资料来自江苏省检察系统内网。

时记录并签名。记录的内容应当真实、客观、准确、完整，记录的文本或者声像载体应当妥善保存。"又如，根据《精神卫生法》的有关规定，医疗机构治疗被强制医疗人的过程中，从业人员不得从事执业范围外活动；心理咨询人员不得从事心理治疗或者精神障碍的诊断、治疗；从事心理治疗的人员不得在医疗机构以外开展心理治疗活动；专门从事心理治疗的人员不得从事精神障碍的诊断；专门从事心理治疗的人员不得为被强制医疗人开具处方或者提供外科治疗。

五、强制医疗中事故的监督

强制医疗执行中的事故检察主要包括医疗事故检察和监管事故检察，其中重点检察是否有被强制医疗的人脱逃、破坏监管秩序、伤残、非正常死亡等事故的发生。强制医疗机构一旦发生医疗事故和监管事故，监所检察部门必须依法开展检察工作，查清事实，明确责任，作出妥善处理。事故检察，主要采取以下工作方法：一是监所检察部门在接到强制医疗机构关于医疗事故的报告后，应当立即赴现场，详细了解情况并及时将相关情况层报本院检察长；二是对于可能存在违法犯罪问题的案件，检察人员应当深入事发现场，调查取证，掌握第一手资料；三是通过与强制医疗机构沟通，了解事故真实情况，并与强制医疗机构共同剖析事故原因，研究对策，完善今后的监管措施。

被强制医疗的人在强制医疗期间因病死亡，家属对强制医疗机构作出的医疗鉴定有疑问的，可以向监所检察部门提出，人民检察院监所检察部门应当受理该异议。人民检察院在立案审查后确定医疗鉴定有错误的，必须重新作出医疗鉴定。若发生被强制医疗的人非正常死亡的事情，强制医疗机构必须将详细情况及时通知人民检察院监所检察部门，人民检察院监所检察部门在接到强制医疗机构通知的 24 小时内要对尸体进行检验，对非正常死亡的原因进行鉴定，并依据鉴定结果依法进行处理。在被强制医疗的人治疗期间，若强制医疗机构发生重大医疗事故，人民检察院监所检察部门应当及时填写《重大事故登记表》，并层报上一级人民检察院，同时对强制医疗机构是否存在过错及是否需要承担责任进行监督检察。辖区内强制医疗机构发生重大事故的，省级人民检察院应当检查对强制医疗机构负有监督检察责任的辖区检察机关是否有过错，是否存在不履行或者不认真履行监督职责的问题。①

第四节　强制医疗解除的监督

一、有权提出解除强制医疗的主体

（一）强制医疗机构

根据《刑事诉讼法》第 288 条第 1 款的规定："强制医疗机构应当定期对被强制医疗的人进行诊断评估。对于已不具有人身危险性，不需要继续强制医疗的，应当及时提出解除意见，报决定强制医疗的人民法院批准。"《刑事诉讼法解释》第 541 条第1、2 款规定："强制医疗机构提出解除强制医疗意见，或者被强制医疗的人及其近亲属申请解除强制医疗的，人民法院应当审查是否附有对被强制医疗的人的诊断评估报告。强制医疗机构提出解除强制医疗意见，未附诊断评估报告的，人民法院应当要求其提供。"负责执行强制医疗措施的医疗机构在对被强制医疗的精神病人经过一定期限的强制医疗后，如果被强制医疗者的精神疾病痊愈或者精神病情得到好转、人身危险性已完全或基本消除，在进行诊断评估后，认为其没有继续危害社会的危险，没有必要再实施强制医疗的，应当提出解除意见，报请作出强制医疗决定

---

① 参见李革、吴轩：《强制医疗执行的检察监督》，载《山西省政法管理干部学院学报》2013 年第 12 期。

的人民法院解除强制医疗措施，并附诊断评估报告。强制医疗机构作出的定期诊断评估报告，是判断被强制医疗人精神恢复情况的重要依据，而且进行定期诊断评估是强制医疗机构的法定职责，因此在其向法院提出解除意见时，必须提交诊断评估报告，否则人民法院对其提出的解除强制医疗的申请可不予受理。① 解除强制医疗的主体只能是作出决定的人民法院，强制医疗机构不得自行解除。强制医疗机构在根据《刑事诉讼法》规定定期诊断或者根据《精神卫生法》规定再次诊断中，发现被强制医疗人不需要继续强制医疗的，应当及时提出解除意见报请作出决定的人民法院。

法院作出强制医疗决定后，由法院向公安机关送达强制医疗决定书和强制医疗执行通知书，但是对于强制医疗机构提出解除强制医疗意见，向原作出决定的人民法院提出还是向强制医疗机构所在地的人民法院提出申请，司法解释并无明确规定，是否可参照《刑事诉讼法解释》第 540 条"被强制医疗的人及其近亲属申请解除强制医疗的，应当向决定强制医疗的人民法院提出"的规定，应当由有关部门对此作出明确解释。

（二）被强制医疗的精神病人及其近亲属

根据《刑事诉讼法》第 288 条第 2 款的规定："被强制医疗的人及其近亲属有权申请解除强制医疗。"《刑事诉讼法解释》第 540 条第 1 款规定："被强制医疗的人及其近亲属申请解除强制医疗的，应当向决定强制医疗的人民法院提出。"第 541 条第 3 款的规定："被强制医疗的人及其近亲属向人民法院申请解除强制医疗，强制医疗机构未提供诊断评估报告的，申请人可以申请人民法院调取。必要时，人民法院可以委托鉴定机构对被强制医疗的人进行鉴定。"如果被强制医疗的精神病人及其近亲属认为被强制医疗者的精神病情痊愈，已经不再具有危害社会的危险

---

① 参见张军、陈卫东主编：《新刑事诉讼法实务见解》，人民法院出版社 2012 年版，第 363 页。

的，可以提出解除强制医疗措施的申请。其既可以向强制医疗机构提出申请，要求强制医疗机构作出诊断评估，提出解除意见，报请决定强制医疗的人民法院批准，也有权直接向作出强制医疗决定的人民法院提出解除强制医疗的申请。对于被强制医疗的精神病人及其近亲属直接向法院提出解除强制医疗的申请的，应当提供诊断评估报告以及其他相关证据。如果被强制医疗的精神病人及其近亲属确因客观原因不能提交诊断评估报告的，人民法院可以向强制医疗机构调取，强制医疗机构应当配合。① 必要时，人民法院可以委托鉴定机构对被强制医疗的人进行鉴定。为避免反复、没有充分理由的申请，被强制医疗的人及其近亲属提出的解除强制医疗申请被人民法院驳回后 6 个月内，不得再次提出申请，否则人民法院不予受理。当然，如果强制医疗机构认为可以解除强制医疗措施的，随时可以，而且应当及时提出。②

　　这里需要注意的是，被强制医疗人及其近亲属向强制医疗机构提出申请，要求强制医疗机构作出诊断评估，提出解除意见，报请决定强制医疗的人民法院批准的，强制医疗机构应当依据《精神卫生法》第 32 条的规定，及时组织诊断评估，并及时将评估结果和是否解除的意见送至作出决定的人民法院，由法院根据是否可以出院的评估意见作出是否解除强制医疗的决定。当被强制医疗人或者其监护人对继续住院医疗的意见有异议时，强制医疗机构应当依据《精神卫生法》第 32 条的规定，及时组织再次诊断评估，并及时将评估结果和是否解除的意见送至作出决定的人民法院。

　　（三）行使监督权的人民检察院

　　根据《刑事诉讼法》的规定，人民检察院对强制医疗机构

---

　　① 参见张军、陈卫东主编：《新刑事诉讼法实务见解》，人民法院出版社 2012年版，第 363~364 页。

　　② 参见张军、江必新主编：《新刑事诉讼法及司法解释适用解答》，人民法院出版社 2012 年版，第 467 页。

的执行活动是否合法实行监督。强制医疗机关应该将定期诊断评估、依申请作出的诊断评估、再次诊断、被强制医疗人及其近亲属自主委托的鉴定机构的诊断评估的结论，以及对被强制医疗人员继续强制医疗或解除强制医疗的意见一并通报人民检察院，由人民检察院开展同步监督。在现有的医疗体制下，强制医疗机构可能会出于获取更多的利益，不会主动及时地提出解除意见。人民检察院应当根据强制医疗机构提供的诊断评估结论，结合日常检察掌握的被强制医疗人员现实精神状态、日常生活表现、治疗进展情况等多方面，综合判断被强制医疗人员有无继续强制医疗的必要，发现被强制医疗的人已经符合解除条件但强制医疗机构怠于提出解除意见的，可以责令该医疗机构改正，如果该医疗机构拒不改正的，人民检察院可以直接向人民法院提出解除强制医疗的申请。①

二、强制医疗解除程序的监督

（一）对解除决定程序的监督

由人民法院组成合议庭审查强制医疗是否应当解除时，人民检察院可不必派员出庭。人民法院应当及时将解除决定书面送达人民检察院。②

根据《刑事诉讼规则》第 667 条规定，检察机关对人民法院批准解除强制医疗的决定实行监督，发现人民法院对应当批准解除强制医疗而未批准的，或者应当不予批准解除强制医疗而批准的，应当提出监督意见。检察机关在强制医疗执行监督中发现原强制医疗决定可能有错误的，被强制医疗的人不符合强制医疗

---

① 参见张军、陈卫东主编：《新刑事诉讼法实务见解》，人民法院出版社 2012 年版，第 364 页；张军、江必新主编：《新刑事诉讼法及司法解释适用解答》，人民法院出版社 2012 年版，第 467 页。

② 参见陈卫东、柴煜峰：《精神障碍患者强制医疗的性质界定及程序解构》，载《安徽大学学报》（哲学社会科学版）2013 年第 1 期。

条件或者需要依法追究刑事责任，应当根据《刑事诉讼规则》第 663 条的规定，将有关材料转交作出强制医疗决定的法院同级的检察院。

同时，对人民法院批准解除强制医疗决定的程序是否合法进行监督，发现存在违法情形的及时向有关人民法院提出纠正意见。对于人民法院批准（不予批准）解除强制医疗的决定，未按规定及时送达当事人、强制医疗机构和提出强制医疗申请的人民法院以及强制医疗机构所在地的人民检察院的，检察机关应当提出监督意见。

（二）对解除决定执行的监督

根据《刑事诉讼法解释》第 542 条的规定，"人民法院应当在作出决定后五日内，将决定书送达强制医疗机构、申请解除强制医疗的人、被决定强制医疗的人和人民检察院。决定解除强制医疗的，应当通知强制医疗机构在收到决定书的当日解除强制医疗"。强制医疗机构收到人民法院作出的解除决定后，应当立即解除强制医疗措施，办理解除手续。人民法院不同意强制医疗机构提出的解除意见，决定对被强制医疗人继续强制医疗的，强制医疗机构应当执行。检察机关对强制医疗解除决定的执行监督重点包括以下内容：

1. 对强制医疗机构的解除强制医疗活动实行监督。监督其是否依据有关人民法院生效的解除强制医疗决定，在规定时间内为已经被人民法院批准解除强制医疗的被强制医疗人员办理了解除手续。

2. 对解除强制医疗手续的合法性实行监督。通过法律文书察看有关解除依据是否齐全有效，相应法律文书是否正确，主要包括人民法院的批准解除强制医疗决定、解除强制医疗证明等。对于相关手续、文书不齐全、不正确的，应当督促有关机关及时补齐补正。

3. 在对解除决定执行的检察中，发现强制医疗机构有以下违法情形的，应当及时提出纠正意见。（1）办理解除手续的被强制医疗人员与解除凭证不符的；（2）没有与被强制医疗人员的监护人办理相关解除交接手续的；（3）没有及时通知被强制医疗人员近亲属、户籍地或居住地社区精神卫生中心和公安派出所的；（4）其他违反解除强制医疗决定执行规定的。

4. 出所前，检察机关应当对被解除强制医疗人员进行个别谈话。一是向其了解强制医疗机构对其有关解除手续办理活动是否符合相关法律规定，与其监护人之间的衔接手续是否依法进行，相关后续社会生活问题是否得到事前妥善安排处理；二是受理其对强制医疗期间的有关控告、申诉和举报等情况反映；三是听取其对检察机关强制医疗执行监督工作的意见建议，完善自身法律监督工作。[①]

三、强制医疗解除后的康复

在《精神卫生法》实施之前，对于出院的精神病人的跟踪观察并无相关法律规范对此做出规制，仅部分地区在实践中进行了摸索。如在北京地区，精神病人出院后将转给社区工作处，将病人列为重点监控对象，由当地民警负责管理，安康医院在病人出院一年之内进行定期随访。《武汉市严重危害社会精神病人强制医疗实施办法》第15条规定，强制医疗病人出院后，强制医疗机构应当通知其所在地的公安派出机构，并会同公安派出机构以及其所在地的其他精神卫生机构、社区医疗服务机构与其家庭建立合作关系，共同做好后期康复工作，为其适应社会创造良好环境。[②] 实务界有的同志出于对解除强制医疗的"精神病人"人道主义的关怀以及社会防卫的目的，有的认为"对经过强制医疗仍有危险性的，建议继续治疗并采取集中管理的措施"。有的

---

① 参见余啸波等：《检察机关适用强制医疗程序研究》，资料来自上海市检察系统内网。

② 参见陈卫东等：《司法精神病鉴定刑事立法与实务改革研究》，中国法制出版社2011年版，第302~303页。

认为"组成安保小组，定期与监护人及其本人联系，发现异常及时带往医院治疗"。笔者认为，上述观点很值得商榷。解除强制医疗的条件是被强制医疗人已经不具有人身危险性，不需要继续强制医疗。如果被强制医疗人仍然具有人身危险性，则不符合解除强制医疗的条件，人民法院应当作出继续强制医疗的决定。根据《精神卫生法》，如果精神病人不具有第30条规定的情形，不得对其实施住院治疗；如果精神病人具有第30条规定的自伤或者自伤危险的，监护人不同意住院治疗的，也不得对其实施住院治疗。那么对于自伤以下的轻微"异常"，自然更加不得对其住院治疗。《精神卫生法》第四章"精神障碍的康复"以专章的篇幅对患者出院后的管理作了规定，要求医疗机构、社区康复机构、社区卫生服务机构、乡镇卫生院、村卫生室、县级卫生行政部门、村民委员会、居民委员会，残疾人组织、残疾人康复机构、用人单位等，共同做好患者的后期康复工作，这些要求对于解除强制医疗后的精神病人的康复和安置同样适用，即上述单位和组织应当依照《精神卫生法》的有关规定做好解除强制医疗后的精神病人跟踪管理，而不能因其"犯罪"而有所歧视。

第九章　强制医疗程序监督机制的完善

在强制医疗的检察监督中，监所检察部门对强制医疗执行的监督尤为重要，突出体现在以下三个方面：（1）监督信息的直接性。因涉案精神病人犯罪行为的暴力性，公安机关一般会对其先行刑事拘留，而监所检察部门普遍实行的对新进人员的约谈机制以及看守所与检察室之间沟通机制，可以直接并及时地接触涉案精神病人，获得强制医疗案件的第一手信息。（2）执行主体的广泛性。当前强制医疗执行制度的设计中，强制医疗执行主体包括公安机关、人民法院、强制医疗机构等，根据监督工作的需要还将与强制医疗机构的主管部门、社会保障机构等发生联系。（3）监督对象的全面性。监所检察部门在强制医疗程序中的监督，向前可以延伸至公安机关的启动环节以及审判机关的审判环节，对采取临时约束措施时的违法活动进行监督，向后则可以延伸至强制医疗机构漫长的医疗行为和强制医疗的解除程序，还可以对法院作出的可能错误的强制医疗决定进行监督。为此，本章以监所检察部门的执行监督为重点，对检察机关强制医疗的监督机制进行探讨。

第一节　强制医疗程序违法情形的发现机制

一、充分发挥驻所检察作用

强制医疗案件的涉案精神病人，因其客观上实施危害公共安全的暴力行为或者严重危害公民人身安全的暴力行为，公安机关在侦查伊始一般对其采取刑事拘留的强制措施，将其羁押于看守所。目前，对看守所的检察监督是通过派驻检察室这一特定的形式开展的，驻所检察人员可以通过以下途径发现监督的线索：

1. 通过新收押人员首次会见制度，以及通过看守所与驻所检察室联网监控等，了解掌握新收押人员精神状态的第一手信息。

2. 强制医疗案件的涉案精神病人大多属于单独犯罪，可以通过羁押期限的变更，以及公安机关或人民法院对犯罪嫌疑人进行精神病鉴定的书面通知，掌握相关信息资料，发现公安机关或人民法院没有书面通知的，驻所检察部门应当提出纠正意见。

3. 经法定程序鉴定后，犯罪嫌疑人依法不负刑事责任的，公安机关应当立即撤销刑事案件并予以释放，驻所检察部门可以通过被释放人员出所相关凭证载明的释放理由，掌握鉴定结论。经法定程序鉴定犯罪嫌疑人依法不负刑事责任，公安机关未撤销刑事案件并予以释放的，驻所检察部门应当提出纠正意见。

4. 驻所检察部门对临时约束措施的监督。公安机关采取临时约束措施时有虐待、体罚等违法情形的，驻所检察部门应当提出纠正意见。在公安机关尚未移送强制医疗意见之前，发现公安机关将看守所作为临时约束场所的，驻所检察部门应该发挥职能作用，及时提出纠正意见。

二、完善派驻检察或巡回检察的监督机制

随着经济社会的发展和政府投入的增加，强制医疗机构不能满足控制和矫正精神病人实际需求的局面①将会得到改善，强制医疗机构的数量将会大大增加，例如公安部要求截至 2012 年底，没有设置安康医院的省、自治区、直辖市必须设立至少一所安康

---

① 2011 年 10 月 24 日第十一届全国人大常委会第二十三次会议上《关于〈中华人民共和国精神卫生法（草案）的说明〉》：据卫生部调查，精神疾病在我国疾病总负担中排名居首位，约占疾病总负担的 20%，有严重精神障碍患者约 1600 万人。

医院。如前所述，强制医疗具有明显的封闭性、强制性、治疗性等特点，关系到被强制医疗人的自由权、健康权等人身权利，《刑事诉讼法》明确规定人民检察院对强制医疗的执行进行全面监督，避免执行不当期限的发生。因此，对于已经明确约束医疗机构、强制医疗机构的，检察机关可以根据强制医疗机构收治的被强制医疗的人员数量、监所检察部门自身的人员配备等情况，决定采取派驻检察或巡回检察的模式进行监督。对于约束医疗机构、强制医疗机构比较单一，被约束医疗人员和被强制医疗人员较多的，医疗机构主管部门同级的检察机关应当在强制医疗机构设立派驻检察室，对约束医疗和强制医疗的执行情况进行监督。

对于地区内精神病院比较多，有关部门对于约束医疗机构、强制医疗机构又未明确，比如宁波地区有隶属公安系统的宁波市安康医院、隶属民政系统的宁波市精神病院、隶属卫生系统的宁波市康安医院，按照由与医疗机构主管部门同级的检察机关进行监督的要求，宁波市检察院派驻检察就显得力不从心。对此，采用两级联合检察的方式比较适宜，即委托医疗机构所在地检察院派驻检察和地市级检察院定期巡回检察相结合。对于强制医疗案件的被约束医疗人员和被强制医疗人员较少，本区域可供选择的约束医疗机构和强制医疗机构又较多，不具备派驻检察条件的，应当由与医疗机构主管部门同级的检察机关监所检察部门，采取定期或不定期进行巡回检察的监督模式。如宁波市宁海县检察机关对该县康复中心临时约束医疗的监督，实行的就是巡回检察的监督方式。

实行派驻检察和巡回检察的模式，检察人员应当熟悉《精神卫生法》，掌握强制医疗活动合法性、规范性、正当性的法律要求，找准执行监督的重点和难点，同时参照与看守所信息联网建设等有关要求，完成相关的制度建设，加强与强制医疗机构的网络信息平台建设，实现信息整合、资源共享，使监所检察人员通过网络平台的共享系统及时、便捷地掌握强制医疗的交付执行、诊断评估、解除出院等各个环节的程序变动信息以及被强制医疗人的全部资料，医疗机构强制医疗活动的治疗情况、用药情况等各项数据；还可以通过网络平台的监控系统对执行场所进行全方位的实时监督。此外，在确保自身人身安全的前提下，深入被强制医疗人日常"生活、治疗、学习"区域，通过直接接触强制医疗机构工作人员和约谈被强制医疗人，主动了解被强制医疗人员的健康情况及治疗动态，掌握强制医疗机构的运行情况的第一手资料，实施过程监督。既要及时发现强制医疗机构医疗活动中存在的各种问题和安全隐患，并及时提出纠正意见；又要及时发现强制医疗过程中发生的侵犯被强制医疗人权利的行为，对治疗情况实行监督，切实维护被强制医疗人的人身权利和接受治疗的权利，真正实现强制医疗的目的。同时要对实施暴力犯罪后果严重、人身危险性较大、攻击性倾向明显的被强制医疗人，实施重点监督。一旦发现异常问题及时纠正或采取措施，保障被强制医疗人的合法权益。

三、建立健全不定期检察制度

不定期检察，是指对有关部门在强制医疗程序中可能存在的严重违法问题和重大事件随时进行检察。不定期检察的前提是检察机关已经发现或者经有关机关或部门（如公诉）通知，认为强制医疗程序中可能存在严重违法问题，或者发生了重大事件。前者如公安机关没有将被强制医疗人送至医疗机构强制医疗，医疗机构未经人民法院解除强制医疗擅自同意被强制医疗人出院等。后者如医疗机构看管缺陷，造成被强制医疗人擅自出院后意外死亡、再次暴力犯罪，被强制医疗人亲属群体性上访等。

四、实行两级联合检察制度

实践中，一些检察机关在积极尝试两级院联合开展强制医疗执行监督的模式。

【案例】江西省新余市两级院联合开展强制医疗执行检察监

督。在 2013 年 3 月 21 日渝水区法院依法作出对被申请人黄某强制医疗的决定之后，市、区两级检察院监所部门和公诉部门于 4 月 7 日共同召开了调研座谈会，交流案件信息，针对强制医疗机构如何监督、建立强制医疗规范制度等问题进行了探讨。在调阅案卷材料后，4 月 9 日，市院、区院监所干警来到新余市第二人民医院精神科，向该院院长、分管精神病的副院长、主治医师分别了解被强制医疗人员黄某目前情况，查阅了黄某在医院的病历，并深入住院区实地了解黄某生活、治疗现场，对黄某进行了询问。监所检察人员还就医院的医治条件、监管条件、医疗费用负担问题等情况进行了深入了解。①

采用两级检察院联合开展强制医疗执行监督的模式，一般是因为强制医疗机构所在地的检察院与强制医疗机构主管部门不是同一层级，联合开展执行监督，可以发挥两级院的优势，即所在地检察院的地理人脉优势和上一级的层级管理优势。我们认为，联合开展强制医疗执行监督，实际上具有上级检察院委派监督的性质，即所在地的检察院进行执行监督时是以其上一级检察院的名义开展的，制发的检察建议和书面纠正违法通知书，应当以上一级检察院的名义制发。

五、建立健全多方听取意见的工作机制

如何认定涉案精神病人是否有继续危害社会的可能，目前没有具体的司法解释和相关规定，因此要充分听取多方意见，尽量全面地收集涉案精神病人是否有继续危害社会可能的材料。如听取主治医师的诊断意见，了解医疗机构对涉案精神病人的治疗措施及病情动态、药物监服情况和家属配合情况，听取下一步的治疗方案和意见，听取涉案精神病人家属的意见，了解涉案精神病人曾经接受治疗的病历以及表现，注意收集涉案精神病人所在辖

① 资料来自江西省检察系统内网。

区居委会或者派出所出具的证明、涉案精神病人同事、同学、朋友等出具的证言，这些材料均有助于判断涉案精神病人的社会危害性。对涉案精神病人的调查，应在法警、法医的配合下开展为宜，一则可以避免检察人员自身及精神病人本人出现人身安全事故；二则可以利于查明涉案精神病人是否假装精神病人以逃避刑事追究。同时，检察人员会见时还应该查明涉案精神病人是否被他人利用、教唆、胁迫等，从而实施刑事犯罪。

六、建立健全调卷、调查的监督机制

检察机关要对强制医疗的执行进行有效监督，必须通过审阅卷宗来掌握强制医疗执行过程等事项。对办案机关和医疗单位殴打、体罚、虐待或者变相体罚、虐待等违法情形，必须通过向涉案精神病人、主治医生、护士及相关人员调查取证或通过观看监控录象等才能发现。

因此，为保障检察机关履行监督职责，应该明确检察机关阅卷和调查时，公安机关、人民法院及强制医疗机构等相关部门应当予以配合。

七、受理控告、举报和申诉

受理被强制医疗人及其近亲属、法定代理人的控告、举报和申诉，既是检察机关的法定职责，也是检察机关发现强制医疗执行监督信息和线索重要渠道之一。监所检察部门可以根据《精神卫生法》制发被强制医疗权利义务书、张贴宣传资料等方式告知被强制医疗人所享有的权利，向检察机关提出控告、举报和申诉的范围及约见派驻检察人员的方式等，让被强制医疗人及其家属充分享有知情权。监所检察部门应当通过健全与被强制医疗人员定期谈话制度、派驻检察人员接待日制度、公布联系电话以及设置检察官信箱制度等，畅通被强制医疗人投诉渠道；谈话时应该注意方式、方法，尊重被强制医疗人的人格，同时要根据被强制医疗人的特殊性，应当以倾听的姿态与其进行沟通和交流；检察官信箱的设置应该合理，可以避开监管人员的监管视线，以消除其投诉顾虑。同时应当认真监督强制医疗机构及时转交处理被强制医疗人及其近亲属、法定代理人的控告、举报、申诉材料等。应当加强与司法行政机关的沟通联系，主动将法律援助引入监管场所，定期为被强制医疗人及其近亲属、法定代理人提供法律咨询和服务，形成派驻检察人员和法律援助律师联动并行机制，共同维护被强制医疗人的合法权益。①

第二节　强制医疗程序违法行为的处理机制

一、完善投诉反馈机制

监所检察部门对受理的控告、举报和申诉，根据《刑事诉讼规则》有关规定的要求，及时审查处理。对控告人、举报人、申诉人要求回复处理结果的，人民检察院监所检察部门应当在15日内将调查处理情况书面反馈控告人、举报人、申诉人。监所检察部门对不服强制医疗决定的申诉，经审查认为原决定正确、申诉理由不成立的，可以直接将审查结果答复申诉人；认为原决定可能错误，需要复查的，应当移送作出强制医疗决定的人民法院的同级人民检察院公诉部门办理。监所检察部门收到被强制医疗的人及其近亲属、法定代理人解除强制医疗决定的申请后，应当及时转交强制医疗机构审查，并监督强制医疗机构是否及时审查，审查处理活动是否合法。对反映强制医疗机构的医疗活动存在不合法、不规范等相关问题的，及时调查并针对存在的问题提出纠正意见或提出检察建议，并督促其纠正整改。对反映

---

① 参见林礼兴、樊石虎：《在押人员投诉处理检察监督机制研究》，载《人民检察》2015年第10期。

强制医疗机构监管如伙食、卫生等方面存在相关问题的，要及时与强制医疗机构沟通并监督其认真妥善处理所反映的问题。对经调查涉嫌犯罪的，要及时转交、移送公安机关或反贪反渎部门并跟踪处理结果。

二、健全问责体系

（一）提出纠正意见

提出纠正意见是检察机关主要的、常用的监督方式，也是监所检察部门强制医疗执行监督的典型的监督方式。强制医疗检察监督中，检察机关发现医疗机构在强制医疗执行活动中的违法问题，根据情节轻重，采取口头纠正或者书面纠正方式予以纠正。

1. 口头纠正和书面纠正两种形式的适用范围。《刑事诉讼规则》第664条第2款规定，对强制医疗机构违法行为的监督，参照本规则第632条的规定办理。《刑事诉讼规则》第632条区分了口头纠正和书面纠正的适用情形，即对于强制医疗情节轻微的违法行为，可以直接提出口头纠正意见；发现严重违法行为，或者在提出口头纠正意见后7日内未予纠正的，发出纠正违法通知书。

2. 明确书面纠正的内容。《纠正违法通知书》主要应当包括强制医疗执行主体，检察发现的违法事实和主要证据，执行主体违反的具体法律条文，提出纠正意见的法律依据，要求执行主体纠正并回复意见的要求等。这里特别需要注意执行主体违反的具体法律条文的地域性效力问题。例如，不能依据浙江省《宁波市精神卫生条例》的有关规定，对浙江省台州地区的强制医疗机构提出纠正意见。

3. 提高书面纠正的效力。《纠正违法通知书》不具有法律意义上的强制力，能否在实际工作中得到执行，完全取决于执行机关对自身违法行为的认知程度和进行纠正行为的自觉。[①] 因此，向执行主体发出《纠正违法通知书》的同时，应当抄送上一级检察机关和执行主体主管机关的上一级行政机关，由上一级检察机关和执行主体主管机关的上一级行政机关联系，共同督促纠正。上一级检察机关发现书面纠正不合法或者不当，《纠正违法通知书》将被责令撤回。因此，为了提高书面纠正的影响力和执行力，要切实提高书面纠正文书的正确性和合理性，才能保证法律监督的实效性。

（二）提出检察建议

检察建议作为一项重要的检察活动，依据检察法律监督的理论与实践而产生发展，是检察机关履行法律监督职能的重要方式，既是对纠正违法、抗诉等刚性诉讼监督的有效补充，也是参与社会治安综合治理的重要手段。[②] 有观点认为法律监督检察建议是在执法办案过程中，针对侦查机关、审判机关、刑罚执行机关在诉讼中的轻微违法行为，不宜制发《纠正违法通知书》，或者对审判机关的判决书、裁定书不宜提出抗诉的，通过制发检察建议方式建议被建议单位改进。[③] 我们认为，对于前者，既不宜制发《纠正违法通知书》，也不宜制发检察建议，因为根据检察建议的实践，对于情节轻微的违法行为，通常采取的是先直接提出口头纠正意见，如《刑事诉讼规则》第 632 条规定即为如此。检察建议主要适用于检察业务过程中，发现有关单位在管理上存在的问题和漏洞，为建章立制，加强管理，以及认为应当追究有关当事人的党纪、政纪责任，向有关单位正式提出相关建议。例如，在强制医疗机构对精神病人进行强制医疗活动过程中，出现

---

① 参见刘广林、毛丽伟：《浅议精神病人强制医疗执行检察监督存在的问题及完善措施》，载《监所检察工作指导》2013 年第 4 期。

② 参见陈贵荣、李小荣：《检察建议立法化与机制完善》，载《上海政法学院学报》2011 年第 5 期。

③ 参见王朋：《检察建议的属性与机制保障》，载《人民检察》2011 年第 9 期。

的各种问题和漏洞，检察机关都可以提出检察建议，督促其改正。对于后者，在强制医疗程序中，检察机关认为人民法院作出的强制医疗的决定不当，或者批准解除强制医疗的决定不当的，基于强制医疗的非讼性质，抗诉、上诉等诉讼性质的法律监督方式不能适用，纠正违法的监督方式也不能适用，应当考虑适用检察建议。

（三）督促支持起诉

医疗机构、监护人或者其他人员违反《精神卫生法》第78条，给被强制医疗人造成人身、财产或者其他损害的，依法承担赔偿责任。被强制医疗人的民事行为能力缺失，其主张民事权利的能力下降，当侵权人为监护人或者被强制医疗人没有适当监护人时，应当由民政部门作为诉讼主体，检察机关的民行检察部门可以督促支持起诉，以维护被强制医疗人的合法权益。

（四）建议党纪政纪处分

对于强制医疗机构及其工作人员在强制医疗过程中实施的违法行为，可以建议卫生行政部门、工商行政管理部门根据《精神卫生法》的有关规定予以行政处分。对于相关责任人员系中共党员的，应当同时建议纪律监察部门予以纪律处分。

（五）移送追究刑事责任

积极查处职务犯罪是做好强制医疗检察监督工作的关键之一。不论是公诉部门在审查移送强制医疗申请过程中，还是监所部门在监督强制医疗执行过程中发现的职务犯罪线索都应当与反贪、反渎部门做好衔接工作，发现一起查处一起。对于强制医疗程序中出现的情节严重的违法行为，可能涉嫌犯罪的，也要建立责任倒查机制，对于相关责任人员要追究其相应的刑事责任。例如，医疗机构未经法院批准，擅自解除对被强制医疗人的强制医疗措施，让其出院并造成继续危害社会后果，情节严重的，或者造成其意外死亡的。采取保护性医疗措施不当，造成被强制医疗人身伤亡的等。就医疗机构及其工作人员本身而言，其执行强制医疗决定而对被强制医疗人进行医疗的行为，是一种医疗业务，而并非行政执法，为此，强制医疗责任人员的行为是否符合渎职犯罪的构成要件，值得商榷。但至少应该将相关调查材料移送公安机关予以立案侦查，追究其国有事业单位失职或滥用职权罪的刑事责任。

三、强化问责力度

虽然检察机关可以实施纠正违法、检察建议等纠错措施，但缺乏司法强制力，很多措施难以真正落实。法律对强制医疗的规定过于原则，在很多地方面临着监督者与被监督者理解不一的问题，亟须通过省级相关部门出台联合文件、省级人大制定地方性法规的形式予以细化。因此，检察机关强化纠错力度，首先，要重视监督、敢于监督、善于监督。对于通过直观可以发现的违法情形，应当果敢地提出纠正意见。对于法律规定不明，双方理解分歧的，则可以加强沟通，阐明己方理由，设法让对方理解并接受自己的监督法理。其次，完善跟踪监督机制。检察机关提出纠正违法、检察建议之后，并不意味着监督活动就此结束。如果被监督单位拒不接受监督意见和建议的，应当采取其他措施予以救济。

（一）上下结合的监督机制

书面纠正意见发出 15 日后，被监督单位仍不受理、不办理、不处理、不移交、不监督办理、违法办理或者未及时回复的，应当及时报告上级检察机关，上级检察机关应当通报被监督单位的上级主管部门并建议其督促纠正。如此既可形成上下监督的合力，又可借助被监督单位上级主管部门对下级主管部门所属的被监督单位的管理职责，有效督促纠正，增强监督效果。

（二）抄报权力机关的机制

对于书面纠正意见、检察建议，被监督单位拒不纠正和落实的，检察机关将纠正意见、检察建议以及被监督单位拒不纠正和落实的情况，在抄送被监督单位主管部门的同时，抄报同级人大常委会。

（三）善于组合运用监督措施

根据违法情节，在书面纠正的同时，可以建议卫生行政部门、工商行政管理部门、纪律监察部门等有关单位对直接责任人员和主要负责人予以行政处分和纪律处分，也同时移送公安机关、反贪反渎部门立案侦查，依法追究刑事责任。

第三节 强制医疗检察监督的协同配合机制

监所检察部门在强制医疗的执行监督中，要加强与本院案管、侦监、公诉、反贪、反渎等部门的协作配合，建立法律文书移送制度、案件信息及时通报制度，实现信息共享，监督到位。同时要加强与法院、公安、卫生行政部门的沟通协调，督促有关执法司法部门积极配合，切实维护好被强制医疗人各项权益。重点要健全完善以下几方面的工作机制：

一、健全完善与公安机关的信息通报机制

人民检察院对强制医疗的决定实行监督，既包括公安机关的侦查活动，也包括人民法院的审理活动。前者是指人民检察院对公安机关在侦查阶段的监督，如侦查机关收集精神病人实施暴力行为的证据材料，对精神病人进行鉴定的程序，对实施暴力行为的精神病人采取临时的保护性约束措施是否合法等。后者是指人民检察院对人民法院审理强制医疗案件的监督，如对审判活动的监督，对强制医疗决定的监督。人民检察院对强制医疗决定实行监督的主体包括公诉部门和监所检察部门，公诉部门作为程序的一方，在以文书为表现形式的监督信息能够从公安机关和人民法院及时获得，而作为监所部门却无法直接从公安机关、人民法院获得强制医疗程序的相关监督信息。例如，公安机关对涉案精神

病人采取临时约束措施时，是否需要通知检察机关，《办理刑事案件程序规定》对此并未明确。虽然，对于符合强制医疗条件的涉案精神病人，公安机关从其得到不负刑事责任的鉴定结论到其写出强制医疗意见书之间，仅仅只有7天的期间，但是检察机关监所检察部门对公安机关采取临时约束措施时违法情形的监督，理应从其采取该措施时起即应开始履行职责。如果公安机关与检察机关没有建立起临时约束措施的通报制度，检察机关将无法知晓公安机关的这一行为，也无法对该行为进行监督，由此可能造成滥用职权，非法约束、变相羁押等严重侵犯公民人身权利的后果。为此，公安机关应该将采取临时约束措施的情况及时通知检察机关。实践中，有的由当地政法委牵头出台纪要，明确要求公安机关发现涉案精神病人符合强制医疗条件的，应当对其采取临时约束措施，并在2日内将临时约束措施情况告知人民检察院，在7日内将强制医疗意见书移送人民检察院。①

二、健全完善检察系统内部的协同机制

（一）案件管理部门与监所检察部门之间

强制医疗决定司法效力的实现，即决定及时纳入执行程序及其监督方面，案件管理部门与监所部门的程序衔接和协调尚存在一定的不配套与不协调。《检察机关执法工作基本规范（2013年版）》第11·13条规定，案件管理部门应及时将侦查机关和人民法院的法律文书移送相关办案部门。实践中，可能存在因监所检察部门非办案部门的认识，而将强制医疗案件的相关文书未能及时移送监所检察部门，而使部分强制医疗案件在公安机关侦查阶段，监所检察部门不能及时进行监督，也使部分案件在强制医疗决定作出后不能及时对交付执行情况、强制医疗执行情况进行

---

① 参见中共桐庐县委政法委《关于办理强制医疗案件若干问题的会议纪要》第2条。

监督。实践中，一些检察院的监所检察部门对本院申请、法院决定的强制医疗案件毫不知情，更无从谈起强制医疗执行监督的跟进。故应完善案管与监所部门的信息通报机制，防止出现监督脱节。案件管理部门在收到公安机关移送的对涉案精神病人采取临时约束措施的文书、人民法院强制医疗决定书及强制医疗执行通知书后，应当及时移送监所检察部门。① 实践中，有的地方检察机关要求："案件管理部门应在收到人民法院强制医疗决定书后立即将决定书移送监所检察部门，以便监所检察部门对强制医疗实施监督。"该项规定将《检察机关执法工作基本规范》第 11·13 条中的"及时"上升到"立即"的程度。

（二）检察系统内部的监所检察部门之间

对交付执行活动的监督和对执行活动的监督有可能是非同一检察机关的监所部门，或是同级两地监所检察部门，或是上级监所检察部门的派出检察室与下级监所检察部门。如作出强制医疗申请的检察机关监所部门在对交付执行活动实行监督时，发现公安机关未按时交付执行等违法情形的，理应向公安机关提出纠正意见。但如作出强制医疗申请的检察机关监所部门监督不及时或未发现交付执行违法情形的，而是派驻强制医疗机构检察部门发现公安机关有未按时交付执行等违法情形的，是由派驻强制医疗机构检察部门提出纠正意见，还是由其转交作出强制医疗申请的检察机关监所部门提出纠正意见，司法解释并没有给出明确答案。② 因此，办理强制医疗案件的检察机关应当与约束医疗机构、强制医疗机构所在地的检察机关协调配合和信息通报。办理案件检察机关的监所检察部门在收到公安机关移送的对涉案精神病人采取临时约束措施的审批文书或者人民法院强制医疗决定

---

① 参见湖北省武汉市人民检察院《关于贯彻执行修改后刑事诉讼法、刑事诉讼规则各部门建立协调配合机制的通知》。

② 参见刘延祥、李兴涛：《检察机关强制医疗法律监督问题研究》，载《中国刑事法杂志》2013 年第 5 期。

书、强制医疗执行通知书后，应当及时审查。经审查属于本院管辖的，应当受理并开展强制医疗监督工作；经审查不属于本院管辖的，应当及时移送有管辖权的人民检察院——如上级检察院的监所检察部门，从而确保监督执行到位。当派驻强制医疗机构的检察部门发现交付执行机关有未按时交付执行等违法情形时，应当及时将相关情况通报给提出强制医疗申请的检察机关监所部门，由其向交付执行机关提出纠正意见。[①] 同时，上级监所检察部门要定期组织跨界知识培训，通过开展医学、精神病学知识培训，提高目前监所检察的医疗认知水平，进而提高强制医疗程序检察监督的能力与水平。

---

① 参见刘延祥、李兴涛：《检察机关强制医疗法律监督问题研究》，载《中国刑事法杂志》2013 年第 5 期。

第十章　强制医疗程序的几个特殊问题

第一节　被害人民事诉讼权利的保障

在强制医疗程序中，没有被害人民事诉讼方面的权利规定。实践中，多数被害人的家属得不到赔偿，以至于检察机关的办案人员也对此感叹："白白死了，连一分钱的赔偿也没有。"以江苏省宿迁市为例。该地区已处理的4件强制医疗案件中，无对被害人进行赔偿的案例，也均未提出刑事附带民事诉讼或单独提起民事诉讼。"因强制医疗程序中没有刑事附带民事诉讼与自诉的规定，在实践处理中一般并不告知被害人有权提起刑事附带民事诉讼；如被害人单独提起民事诉讼，则需要承担额外的诉讼成本。"[①]

对于强制医疗程序中能否适用附带提起民事诉讼的问题，2013年上海召开的"强制医疗程序的法律适用与权利保障"专题研讨会上，与会专家认为：首先，强制医疗是一个特别程序，不是刑事诉讼程序，不在附带民事诉讼适用范围之内。其次，如果允许被害人提起附带民事诉讼，实际上是对被害人权利的束缚。因为，被害人另行提起民事诉讼更有利于依法保障权益。再次，法院强制医疗程序使用的是"决定"，而民事赔偿诉讼采用的是"判决"或"裁定"。用一个民事决定附带一个民事判决、裁定，显然不妥。最后，强制医疗程序是公权力介入的特别性措

---

① 冯建红、张慧、谢宝虎、杨晓伟：《精神病人强制医疗难题频现待破解》，载《检察日报》2014年4月23日。

施，宗旨是防止将无精神病的人强制医疗，被害人的损害完全可以通过其他法律渠道得到救济。①　实务界，有主张民事诉讼另行提起告诉的②，也有主张区别对待的③。我们认为，上述认为强制医疗程序中被害人不宜提起民事诉讼的观点，值得商榷。

第一，从刑事附带民事诉讼的理论和现实意义看。在强制医疗程序中附带提起民事诉讼，有利于保护被害人的权利、体现诉讼民主；有利于追究犯罪人的责任，预防和减少犯罪；有利于保证司法统一，正确处理案件；有利于节约司法成本，提高诉讼效率。④

无论是在普通刑事诉讼中国家追诉犯罪，对被告人定罪量刑的同时，实现对被害人私权利的救济，还是在强制医疗程序中国家判决宣告无罪或不负刑事责任，对被申请人决定强制医疗的同时，实现对被害人私权利的救济，都有利于在刑事诉讼领域实现司法民主。虽说人民法院审理强制医疗案件中被害人提起的民事诉讼，是由强制医疗案件的同一审判组织审理，还是由民事法庭组成审判组织审理，只是法院内部职责分工的问题，但是由同一审判组织一并进行审理，可以避免重复审理被强制医疗人的同一侵害事实，节省司法资源，也可以避免因为分头处理可能导致的结论冲突现象。由此可见，强制医疗程序中民事诉讼案件的审理，具有上述第一、三、四方面的理论和现实意义。值得研析的是第二项，虽然从依法不负刑事责任的被强制医疗人本人来说，由于其对行为的法律性质和法律后果无法认识，让其承担民事赔

①　参见林中明、李鹏、杨云：《强制医疗程序的法律适用与权利保障》，载《检察日报》2013 年 7 月 4 日。

②　参见吴言军、赵丹：《强制医疗案件审判原则探析》，载《人民法院报》2013 年 6 月 26 日。

③　参见吴卫兵、刘国华：《强制医疗案件审判实务问题探讨》，载《人民法院报》2013 年 9 月 4 日。

④　参见张旭、丁娟主编：《刑事诉讼法学》，厦门大学出版社 2012 年版，第 174 ~ 175 页。

偿，起不到对行为人本人的惩罚和威慑作用；对于社会上其他精神病人来说，基于同样的精神障碍原因，也不可能起到警示作用。但是，由于被强制医疗人为无民事行为能力人，根据民事法律的规定，被强制医疗人侵权行为造成的财产损失应当由其监护人承担。那么也就同样起到了追究民事赔偿责任的目的，只是承担者因法律拟制成为监护人而已，并且由监护人承担赔偿责任，这对于社会上其他家属是精神病人的监护人来说，也具有警示作用，督促他们真正承担起严加看管和医疗的家庭义务和社会责任。据此认为，强制医疗程序中审理民事诉讼，具有刑事附带民事诉讼相同的理论和现实意义。

第二，从强制医疗程序中被害人的诉讼地位来看。由于被强制医疗人是由于精神病因致使丧失辨认能力或控制能力，依法不负刑事责任的，这使被害人寄于国家追究犯罪的希望无法实现，实质意义的诉讼权利已少于普通刑事诉讼的被害人。对于被害人来说，遭受侵害完全是无辜的，其在诉讼中的地位不应该低于普通刑事诉讼程序中的被害人。虽然，《刑事诉讼法》和《刑事诉讼法解释》规定的强制医疗程序中并没有规定被害人的诉讼权利，但是，特别条款中没有规定的，应当适用普通条款的法律原理，对被害人的诉讼权利的保障理应遵循普通条款中的有关规定，除非特别条款中有特别的限制或者特别的授权。且《刑事诉讼法解释》第539条明确规定："审理强制医疗案件，本章没有规定的，参照适用公诉案件第一审普通程序和第二审程序的有关规定。"因此，强制医疗案件被害人应当享有不少于普通刑事诉讼中被害人的诉讼权利。根据《刑事诉讼法》第99条的规定，被告人的行为构成犯罪，是提起附带民事诉讼的前提条件。被强制医疗人的行为已经达到了犯罪的程度，只是经过法定程序鉴定依法不负刑事责任，被强制医疗人的诉讼地位不是被告人。如果纠结于此，则强制医疗程序中的被害人无法提起刑事附带民事诉讼。但是，根据民事法律规定，无行为能力人由其法定代理人代理民事活动。被强制医疗人虽系无行为能力人，被害人有权依据民事法律规定提起民事诉讼。换言之，因被强制医疗人依法不负刑事责任，刑事审判程序无法启动，附带于刑事诉讼的民事诉讼也就无从谈起，但是附带民事诉讼是在刑事诉讼中提起，民事诉讼并不是非得附带于刑事诉讼不可。被害人的损失虽然也可以通过另行提起诉讼来救济，但是，我们不能否认，在强制医疗程序中，被害人提起民事诉讼是一个可选项。

第三，从所谓法律文书制发的障碍上看。否定强制医疗程序中存在民事诉讼的一个重要理由，就是法院强制医疗程序使用的是决定，而民事赔偿诉讼采用的是判决或裁定，用决定附带一个判决、裁定，显然不妥。诚然，这种现象是不妥当的。但是，强制医疗案件的审判组织完全可以不采取强制医疗决定同时附带民事判决或裁定的形式，而采取单独判决或裁定的形式予以结案。

第四，从审理期限和法律适用的障碍来看。简易程序的审理期限一般为20日，在简易程序审理时也可能存在附带民事诉讼，需要同时处理民事赔偿事宜。虽然，普通程序的审理期限一般为2个月，但是从强制医疗案件的实际审理情况来看，被申请人的法定代理人、诉讼代理人对强制医疗的适用无异议的居多，证据审查、法庭调查可以简化，而普通程序虽然审理期限较长，但疑难程度也较大。因此，将审理期限的差别作为否定的一个理由，显得有点牵强。而适用的法律法规不同的理由，则更是站不住脚的，与刑事附带民事诉讼的法律规定和司法现状明显不符，刑事附带民事诉讼适用的民事法律法规，与强制医疗案件民事诉讼的法律适用并无区别。

第五，从被害人的民事诉讼权利保障来看。对于被强制医疗人来说，如果强制医疗费用得不到保障，那么法律规定强制医疗程序的权威性将大打折扣。无论是强制隔离精神病肇事者以维护社会安宁与安全，还是对精神病患者进行人道主义医疗救助，都是政府的应尽职责，而对所有肇事肇祸并持续具有社会危险性的精神病患者施以强制医疗措施，才能够完全履行上述政府职责。① 对于被害人的民事赔偿也应该同样如此，既然对被强制医疗人进行人道主义的医疗救助是政府的应尽职责，对被强制医疗人危害社会所造成的侵害的赔偿，同样也是政府基于国家父权主义所应尽的职责。为了确保被害人享有不少于普通刑事诉讼程序中被害人的诉讼权利，对于被强制医疗人本身有经济能力的，从其合法持有财产中支付，被强制医疗人没有财产的，由其监护人负责赔偿。但是，由于被强制医疗人家境大多贫困，对被害人损失的补偿，在被强制医疗人及其监护人的赔偿能力之外，应该考虑加大司法救助力度，② 并由政府进行补偿。

第二节　强制医疗程序与非自愿
住院治疗的转换

《刑事诉讼规则》第 544 条第 2 款规定："对于公安机关移送的强制医疗案件，经审查认为不符合刑事诉讼法第二百八十四条规定条件的，应当作出不提出强制医疗申请的决定，并向公安机关书面说明理由；认为需要补充证据的，应当书面要求公安机关补充证据，必要时也可以自行调查。"第 548 条规定："在审查起诉中，犯罪嫌疑人经鉴定系依法不负刑事责任的精神病人

---

① 参见陈卫东、程雷：《司法精神病鉴定基本问题研究》，载《法学研究》2012 年第 1 期。

② 上海市浦东新区院针对涉案精神病人父母无力对被害人进行赔偿，一方面及时为双方指定法律援助律师，并加强对被害人父母的释法说理工作，另一方面为解决被害人家庭实际困难，启动刑事被害人救助机制，及时将 3500 元救助款送至被害人家中，得到被害人父母的理解和支持。上海市闸北区院办理王某某强制医疗时，综合考虑本案具体情况和当事人双方的家庭经济状况后，决定给予被害人余某刑事被害人救助金 5000 元人民币。同时，鉴于强制医疗程序被申请人一方的实际状况，积极联系有关部门，力求促成对被害人的额外经济补助。资料来自上海市检察系统内网。

的，人民检察院应当作出不起诉决定。认为符合刑事诉讼法第二百八十四条规定条件的，应当向人民法院提出强制医疗的申请。"那么，应当如何处理那些经法定程序鉴定确认系不负刑事责任但又不符合强制医疗条件，因而检察机关作出不提出强制医疗申请的决定的（前种情形），或者作出不起诉决定和不提出强制医疗申请的决定的（后者情形）涉罪精神病人？在检察机关作出不提出强制医疗申请的决定后，涉罪精神病人已被公安机关采取约束医疗措施的或者检察机关商请或监督公安机关采取约束医疗措施的，检察机关或者公安机关是否可以将约束医疗措施转化为《精神卫生法》意义上的非自愿住院治疗？

对此，《刑事诉讼规则》并未涉及。《办理刑事案件程序规定》只是规定，对实施暴力行为的精神病人，在人民法院决定强制医疗前，公安机关可以在必要时将其送精神病院接受治疗。而没有规定对经鉴定系依法不负刑事责任但又不符合强制医疗条件因而人民检察院作出不起诉决定和不申请强制医疗决定的涉罪精神病人，可以在必要时将其送精神病院接受治疗。也没有规定，对经鉴定系依法不负刑事责任但又不符合强制医疗条件因而公安机关没有移送人民检察院的涉罪精神病人，可以在必要时将其送精神病院接受治疗。根据《刑事诉讼法》和《刑事诉讼规则》，不起诉决定由人民检察院公开宣布。被不起诉人在押的，应当立即释放。被采取其他强制措施的，人民检察院应当通知执行机关解除。但是，对经鉴定系依法不负刑事责任但又不符合强制医疗条件的涉罪精神病人，不宜一放了之，至少还应当责令他的家属或者监护人严加看管和治疗。对此，《刑事诉讼法解释》第531条第2项和第533条第2项有规定，公安机关和检察机关应当参照执行，更何况《刑法》第18条也规定了"应当责令他的家属或者监护人严加看管和医疗"。

但是，问题的核心在于，对于此类涉罪精神病人是否可以施以非自愿住院治疗？以及如何通过一定的程序转化为非自愿住院治疗？涉罪精神病人的家属或者监护人是否可以将其送诊、住院治疗，公安机关是否可以将其送诊、住院治疗？根据《精神卫生法》规定，既然对没有危害他人安全行为而仅有危害他人安全危险的精神障碍患者都可以实施非自愿住院治疗，那么对犯罪精神障碍患者就更可以实施非自愿住院治疗。否则，将造成尚未犯罪的精神障碍患者应当非自愿住院治疗、已经犯罪的精神障碍患者无须非自愿住院治疗的奇异、尴尬局面。这种失衡破坏了法律的公正性、严肃性。因此，对于不负刑事责任也不适用强制医疗的犯罪精神障碍患者，应当根据《精神卫生法》强制送诊。如果经诊断确认符合《精神卫生法》规定的非自愿住院治疗条件，应当给予非自愿住院治疗。对于这些犯罪精神障碍患者，一般应当由公安机关责令其家属或者监护人送诊，如果家属或者监护人拒不送诊，或者没有家属或者监护人，应当由公安机关送诊。[①] 刑法作为最后的保障法，只有当某种不法行为的社会危害溢出了道德谴责、民事制裁、行政处罚等规制功能，民事、行政法律制裁手段呈现功能不足，无力进行有效抑止，超出了社会最大程度的容忍的时候，才客观上不得已地需要刑罚来作为最后的、最严厉的制裁手段。[②] 虽然强制医疗不是刑罚，但是，我们同时也不可否认，强制医疗是依据刑事法律和刑事司法处理的问题。因此，强制医疗具有刑事法律性质，并且这一性质决定了其与《精神卫生法》意义上的非自愿住院治疗、自愿住院治疗之间的层级性，也决定了其适用上应当具有的不得已性。

如前所述，公安机关执行检察机关不申请强制医疗决定和人民法院驳回强制医疗申请决定，被申请人被约束医疗的，应当立即解除约束医疗措施。当对被申请人转化非自愿住院治疗时，解除的程序和转化的程序应当如何进行？本书认为，公安司法机关

① 参见刘白驹：《非自愿住院的规制：精神卫生法与刑法》，社会科学文献出版社 2015 年版，第 674 页。
② 参见胡剑锋：《"行政处罚后又实施"入罪的反思及限缩》，载《政治与法律》2014 年第 8 期。

责令家属或者监护人的严加看管和治疗，应当包括由家属或者监护人送诊、住院治疗。公安机关执行这两种决定时，应当有被申请人的家属或者监护人到场，同时应当责令家属或者监护人严加看管和治疗。这里的责令程序，实际上起到了程序转化的作用，即表示强制医疗程序的终结，和《精神卫生法》意义上的治疗程序的启动，进入非自愿住院治疗或自愿住院治疗。具体的转化程序包括以下内容：

1. 由于在强制医疗程序中，鉴定机构以及涉案精神病人进行鉴定并确认系无刑事责任能力也即属于严重精神障碍患者，如果鉴定意见没有涉及是否需要住院治疗，则仍需根据《精神卫生法》第 29 条第 2 款的规定，对涉案精神病人进行是否需要住院治疗的诊断。因为强制医疗程序意见终结，此时公安机关采取约束医疗的法律依据不复存在，由于对涉案精神病人又不宜一放了之，因此此时应当由医疗机构根据《精神卫生法》第 29 条第 2 款对涉案精神病人采取紧急留院诊断，并及时出具诊断结论。如果鉴定意见已经涉及是否需要住院治疗，并且结论是肯定的，则该程序的诊断可以省略。

2. 涉案精神病人的家属或者监护人对需要住院治疗的鉴定意见或者对需要住院治疗的诊断结论有异议，不同意对涉案精神病人实施住院治疗的，可以根据《精神卫生法》第 32 条第 1 款的规定要求再次诊断和鉴定。这里需要注意的是对需要住院治疗的鉴定意见或诊断结论的异议，不要求患者和监护人意见一致，无论患者还是监护人提出异议，效力都是一样的，患者同意住院，监护人不同意住院，或者监护人同意住院，患者不同意住院，或者患者和监护人都不同意住院，都将启动再次诊断。

3. 涉案精神病人或其监护人对再次诊断的要求，无论有无根据，是否合理，根据《精神卫生法》第 32 条第 2 款的规定，医疗机构必须接受该要求。涉案精神病人或其监护人对再次诊断的要求，可以向原医疗机构提出，也可以向原医疗机构之外的其他具有合法资质的医疗机构提出。原医疗机构组织再次诊断的，应当指派二名初次诊断医师以外的精神科执业医师进行再次诊断。

4. 涉案精神病人或其监护人对再次诊断结论仍有异议，涉案精神病人或其监护人可以根据《精神卫生法》第 32 条第 3 款的规定，自主委托依法取得执业资质的鉴定机构进行精神障碍医学鉴定。这里需要注意的是，从对《精神卫生法》第 32 条的体系性解释来看，这里对再次诊断结论的异议应该是指对需要住院治疗的再次诊断结论有异议，而不会是对不需要住院治疗的诊断结论和再次诊断结论的异议。为了充分保障患者及其监督人的救济权，在已经经过两次诊断的情况下，本条规定了由独立的第三方鉴定机构进行医学鉴定的程序，即承担再次诊断的执业医师出具的再次诊断结论认为患者需要住院治疗，患者或者其监护人对再次诊断有异议，不同意对患者实施住院治疗，可以自主委托依法取得执业资质的鉴定机构进行精神障碍医学鉴定。第三方鉴定可以为确定被鉴定人是否患有精神障碍以及是否需要住院治疗提供一种更权威、更具有公信力的依据，从而保证非自愿住院治疗措施不被滥用。① 这里需要注意的是，涉案精神病人或者其监护人自主委托精神障碍医学鉴定的提出期限，和第 32 条第 2 款规定的要求再次诊断应当自收到初次诊断结论之日起 3 日内提出不同，可以在收到再次诊断结论之后的任何时候提出。

5. 对涉案精神病人实施住院治疗，患者或其监护人有异议的，可以要求再次诊断或者进行精神障碍医学鉴定，但是再次诊断结论仍然认为患者需要住院治疗，在患者或其监护人自主委托医学鉴定之前，应当同意对患者实施住院治疗；医学鉴定认为患者需要住院治疗，患者或其监护人应当同意对患者实施住院治疗。如果监护人阻碍实施住院治疗或者擅自脱离住院治疗，为了保证患者得到及时有效治疗，避免病情继续恶化，防止患者危害

---

① 参见全国人大常委会法制工作委员会行政法室编著：《〈中华人民共和国精神卫生法〉释义及实用指南》，中国民主法制出版社 2012 年版，第 106～107 页。

他人人身安全，根据《精神卫生法》第 35 条第 2 款的规定，可以由公安机关协助医疗机构采取措施对患者实施住院治疗。

6. 如前所述，强制医疗程序终结导致公安机关继续采取的约束医疗措施于法无据，约束医疗措施转化为住院治疗状态，即由医疗机构根据鉴定意见中的住院治疗的诊断或者对涉案精神病人初次诊断结论，对涉案精神病人实施住院治疗。涉案精神病人或其监护人对鉴定意见或初次诊断结论有异议，不同意住院治疗的，可以依法要求再次诊断和医学鉴定，为了保证治疗的连续性，防止患者病情恶化，此时收治涉案精神病人的医疗机构根据《精神卫生法》第 35 条第 3 款的规定，不得停止按照诊疗规范要求对已经处于住院治疗状态的患者的继续住院治疗。

至此，不符合强制医疗条件的涉案精神病人转化为非自愿住院治疗的程序完成，医疗机构对精神障碍患者的住院手续办理、治疗、出院等活动，不属本书研究范围，此处不再赘述。当然，目前正在制定中的强制医疗所条例实施之后，公安机关临时约束医疗机构选择强制医疗所的，在执行检察机关作出的不提出强制医疗申请的决定和执行人民法院驳回强制医疗申请的决定的时候，应当将涉案精神病人带出强制医疗所，送至普通精神病院，在普通精神病院按照上述程序实施非自愿住院治疗。

第三节　医疗经费的保障

2012 年《刑事诉讼法》构建了刑事强制医疗特别程序后，比之要迟 4 个多月才出台的《精神卫生法》却未能就强制医疗程序中约束医疗和强制医疗期间所涉及的医疗机构、医疗经费做出呼应，严重存在与作为最后保障法——《刑法》和《刑事诉讼法》之间的衔接断裂问题，使得强制医疗程序中最为根本的经费保障问题无法得到解决。

精神病患者一般较为贫困，卫生部门统计数据表明，全国累计登记建立居民健康档案并且录入系统的重性精神疾病患者中，经济状况在当地贫困标准以下的占 57%。① 虽然《精神卫生法》第 68 条原则上规定了对精神障碍患者的医疗费用由基本医疗保险基金支付及民政部门给予救助。但相对于实际医疗费用，差距太大。根据有关调查显示，重性精神疾病患者如果住院治疗，精神病人的月均花费在 1 万元左右。② 山西省检察院对 2014 年法院明确作出决定并顺利交付执行的 18 起案件汇总分析认为，根据被执行人病情和执行地医疗条件等不同，每月治疗费用从 3500 元到 10000 元不等。③ 精神病人治疗平均住院时间为 6 年，长则 20 余年，④ 80% 需要终身康复治疗，部分重症患者终生难以治愈。昂贵的精神病医疗费用并非一般家庭所能承受，实践中普遍存在涉案精神病人家属与政府分担的现象。实际上，一般来说安康医院的收治程序比较完善，在《刑事诉讼法》修改前也存在问题，由于经费缺乏保障，导致公安机关送治和安康医院收治的积极性大大降低，经常出现对必须收治的精神病人，因资金的原因不予收治。⑤ 自《刑事诉讼法》实施以来，因为强制医疗经费无法落实，医疗机构出于自身经济利益考虑，拒绝收治、未经法院批准解除擅自允许出院等违法现象也时有发生。如江苏淮安王某强制医疗案件，因王某家中经济困难，公安机关将其从强制医疗机构接回送其家中监视居住⑥；如四川凉山何某强制医疗

---

① 参见《完善救治体系须由政府"兜底"》，载《宁波晚报》2013 年 7 月 25 日。

② 参见郭志媛：《刑事诉讼中精神病鉴定的程序保障实证调研报告》，载《证据科学》2012 年第 6 期。

③ 参见李哲：《对精神病人强制医疗案件法律监督的调查》，载《人民检察》2014 年第 6 期。

④ 参见李云青：《公安部门送往精神病院精神病患者社会危害分析及护理干预》，载《中国医药指南》2010 年第 28 期。

⑤ 参见姚丽霞：《以法律层面的立法完善精神病人强制治疗程序》，载《法学评论》2012 年第 2 期。

⑥ 资料来自江苏省检察系统内网。

案件，江西抚州王某强制医疗案件，均因医疗费用无法落实，导致强制医疗在看守所执行，后经县委、县政法委协调才得以解决；① 如广东惠州夏某强制医疗案件，医疗机构拒绝支付具体执行临时约束措施的费用和将来执行强制医疗的费用；② 如山西省法院已经作出强制医疗决定的 19 起案件中，有 4 起案件因治疗费用、家属不配合和指定医疗机关不明确而尚未执行。③ 由于被强制医疗人伤害亲属的案件较多，实践中，还存在被强制医疗人第二顺序以外的监护人愿意承担医疗费用，但是对于之后可能是几年甚至几十年的医疗费用，是否愿意继续承担，将会是一个未知数。因此，如果强制医疗费用得不到保障，那么法律规定强制医疗程序的权威性将大打折扣。仅就个案来看，经过公检法三机关的工作，在有关政府部门的协调配合下，一定程度上解决了医疗费用问题，这也仅为个案协调处理上的权宜之计，财政状况较差地区无疑凭空增加政府负担。但是，无论是强制隔离精神病肇事者以维护社会安宁与安全，还是对精神病患者进行人道主义医疗救助，都是政府的应尽职责，而对所有肇事肇祸并持续具有社会危险性的精神病患者施以强制医疗措施，才能够完全履行上述政府职责。④

就法律层面而言，强制医疗具有医学关怀的追求，但本质上是对精神病患者人身自由的剥夺，⑤ 对此的理解至少应该包括：（1）就司法权而言，不能因为精神病人的暴力犯罪，而将强制医疗作为对精神病人报应性地限制其自由甚至终身限制其自由的

---

① 资料来自四川省检察系统内网，江西省检察系统内网。
② 资料来自广东省检察系统内网。
③ 参见李哲：《对精神病人强制医疗案件法律监督的调查》，载《人民检察》2014 年第 6 期。
④ 参见陈卫东、程雷：《司法精神病鉴定基本问题研究》，载《法学研究》2012 年第 1 期。
⑤ 参见陈卫东、程雷：《司法精神病鉴定基本问题研究》，载《法学研究》2012 年第 1 期。

措施，而应该遵循比例原则，对于确有强制医疗必要的才能予以强制医疗。虽然发生了暴力犯罪，但其监护人或者单位将其送医治疗，精神病人的病情得到有效控制，从而不具有继续危害可能的，就没有必要进行强制医疗。（2）就行政权而言，国家应当保障精神病人的基本医疗，而不能因为精神病人的暴力犯罪将强制医疗作为社会秩序防卫的措施，忽视强制医疗限制人身自由的本质属性。因此，对于特困的被强制医疗人，国家和社会应该为其提供兜底性的医疗保障。就政策层面而言，由于医疗机构的经营特性，在政府未能保障被强制医疗人免费治疗的情势下，医疗机构以经费紧张为由拒绝收治，对此情形从违法性上予以评价，我们认为确实强人所难。只有按照李克强总理指出的"政府要织好一张覆盖全民的基本民生安全保障网"，将重性精神病人这一特殊群体的基本医疗完全纳入社会政策"保障网"覆盖范围，由政府普遍实行免费治疗。然后，检察机关才能对于约束医疗环节、强制医疗环节公安机关不及时交付，医疗机构拒绝收治以及对医疗机构以医疗费用为由导致被申请人、被强制医疗人病情加重等情况，提出纠正违法意见。虽然许多地方政府曾经出台肇事肇祸精神病人、重性精神病人治疗管理办法，对医疗费用保障方面各地规定也不一致。2009 年 4 月，杭州市卫生局发布的《杭州市区困难重性精神病人免费治疗若干规定（试行）》，是生活困难的重性精神病人实施免费治疗的制度，值得各地推广。

　　需要提及的是，在当前未能对被强制医疗人普遍实行免费基本医疗的情势下，被强制医疗人为外来人员时，强制医疗机构的确定以及经费保障方面面临着一定问题。医疗保险、养老保险、失业保险及残疾人救助等社会保障体系均采用属地原则，例如前文的杭州市规定，也要求申请报销人员应持有《杭州市区困难重性精神病人免费治疗证》。故对于被强制医疗人为外来人员，其家属提出回原籍医治，政府财政部门愿意提供属地救助的，根据被强制医疗人的病情以及家属意见，应允许对医疗机构或者场所进行选择。如选择回原籍地进行治疗的，精神病人的医疗费用还可以直接与当地社会保障综合体系挂钩，减轻国家强制医疗费用支出负担，解决强制医疗对象无人愿意接收的现实问题，保证该项司法制度顺利实施。① 同时，也有利于保障被强制医疗人家属的探视权，有助于被强制医疗人尽快康复，回归社会。对被强制医疗人返回原籍地接受强制医疗的，医疗机构所在地的检察机关监所检察部门应该履行执行监督职责。

还需要提及的是，虽然《精神卫生法》要求各级政府加大财政投入力度，保障精神卫生工作经费。但是，具体执行过程中各地的投入不一。精神疾病的防治工作应该不具有地区的差异性，为此建议在全国范围内统一人均防治经费标准，做到专款专用，并随当地财政收入增长而增长。

人类很少敢于像对待普通人一样对待囚犯，但是他每这样做一次都会由于其勇敢而受到褒奖。② 然而，对社会最底下阶层、最弱势群体公正的法律处遇，才能真正体现一个国家现代法治水平的内涵。社会保障制度作为现代工业化社会化解各种社会风险的重要制度手段，对外支撑企业竞争力和国家竞争力，对内是社会稳定器和安全网，是国家治理体系和治理能力的重要组成部分。③ 自党的十八大以来，国家推出一系列保障和改善残疾人民生的措施。精神障碍患者人身自由等权利得到特别保护，《精神卫生法》于 2013 年 5 月 1 日开始实施。困难残疾人生活得到更好保障，民政部和中国残疾人联合会在部分地区推动实施建立困难残疾人生活补贴和重度残疾人护理补贴制度。共有 19 个省（自治区、直辖市）建立了困难残疾人生活补贴专项制度，15 个

---

① 参见崔洁、肖水金：《精神病人强制医疗难题不少》，载《检察日报》2013年 5 月 22 日。

② 参见彼德·克尔波特金：《在苏联和法国监狱》，载《各国矫正制度》，中国政法大学出版社 1998 年版，第 226 页，转引自王顺安：《社区矫正的立法建议》，载《中国司法》2005 年第 2 期。

③ 参见郑秉文：《社会保障制度改革的国际经验与教训》，载《求是》2015年第 7 期。

省（自治区、直辖市）建立了重度残疾人护理补贴专项制度。全国至少实施一项补贴制度的覆盖率达到 77.42%，700 多万残疾人直接受益。重点康复工程建设成效显著。2014 年，中央专项彩票公益金投入 10.63 亿元，专门用于残疾人康复工作，对 3.09 万名智力残疾儿童开展机构康复训练，对 7.34 万名智力残疾儿童、3.48 万名成人智力残疾人开展社区、家庭康复指导，对 4 万名脑瘫儿童进行机构康复训练及其家长培训，为 583.7 万名精神病患者实施综合防治康复措施，对 46.2 万名贫困精神病患者实施医疗救助，对 2 万名孤独症儿童进行康复训练等。① 我们坚信，随着政府、社会对精神障碍患者人权保障理念和措施的进一步提升和加强，被强制医疗人的法律处遇和医疗保障水平的提升定会赢得世人的称赞。

---

① 参见中华人民共和国国务院新闻办公室：《2014 年中国人权事业的进展》，载《人民日报》2015 年 6 月 9 日。

参考文献

一、著作类

1. （明）方孝孺著：《逊志斋集》，宁波出版社 2000 年版。
2. 卞建林主编：《刑事证明理论》，中国人民公安大学出版社 2004 年版。
3. 陈光中主编：《外国刑事诉讼程序比较研究》，法律出版社 1988 年版。
4. 陈国庆主编：《新刑事诉讼法与诉讼监督》，中国检察出版社 2012 年版。
5. 陈卫东等著：《司法精神病鉴定刑事立法与实务改革研究》，中国法制出版社 2011 年版。
6. 陈兴良著：《刑法哲学》，中国政法大学出版社 2000 年版。
7. 陈忠保著：《司法精神病学》，司法鉴定科学技术研究所 1982 年版。
8. 陈忠林著：《意大利刑法纲要》，中国人民大学出版社 1999 年版。
9. 樊崇义主编：《〈最高人民法院关于适用《中华人民共和国刑事诉讼法》的解释〉释义与实用指南》，中国民主法制出版社 2013 年版。
10. 樊崇义主编：《公平正义之路——刑事诉讼法修改决定条文释义与专题解读》，中国人民公安大学出版社 2012 年版。
11. 樊崇义主编：《刑事诉讼法》，中国政法大学出版社 2012 年版。

12. 高铭暄、马克昌著：《刑法学》，北京大学出版社、高等教育出版社 2000 年版。

13. 郭建安、郑霞泽主编：《社区矫正通论》，法律出版社 2004 年版。

14. 何恬著：《重构司法精神医学——法律能力与精神损伤的鉴定》，法律出版社 2008 年版。

15. 胡建淼著：《论公法原则》，浙江大学出版社 2005 年版。

16. 黄丁全著：《刑事责任能力研究》，中国方正出版社 2000 年版。

17. 江必新主编：《〈最高人民法院关于适用《中华人民共和国刑事诉讼法》的解释〉理解与适用》，中国法制出版社 2013 年版。

18. 郎胜主编：《中华人民共和国刑事诉讼法释义（最新修正版）》，法律出版社 2012 年版。

19. 李从培著：《司法精神病学鉴定的实践和理论》，北京医科大学出版社 2000 年版。

20. 李建明主编：《刑事诉讼法》，高等教育出版社 2014 年版。

21. 李娜玲著：《刑事强制医疗程序研究》，中国检察出版社 2011 年版。

22. 刘白驹著：《非自愿住院的规制：精神卫生法与刑法》，社会科学文献出版社 2015 年版。

23. 刘白驹著：《精神障碍与犯罪》，社会科学文献出版社 1999 年版。

24. 刘家琛、郝银钟主编：《刑事审判学》，群众出版社 2002 年版。

25. 刘明祥著：《财产罪比较研究》，中国政法大学出版社 2001 年版。

26. 全国人大常委会法制工作委员会行政法室编著：《〈中华人民共和国精神卫生法〉释义及实用指南》，中国民主法制出版社 2012 年版。

27. 沈志先主编：《刑事证据规则研究》，法律出版社 2011 年版。

28. 宋英辉著：《刑事诉讼原理》，法律出版社 2003 年版。

29. 孙华璞著：《刑事审判学》，中国检察出版社 1992 年版。

30. 孙谦主编：《〈人民检察院刑事诉讼规则（试行）〉理解与适用》，中国检察出版社 2012 年版。

31. 孙谦主编：《新刑事诉讼法条文精解与案例适用》，中国检察出版社 2012 年版。

32. 田心则编著：《刑事诉讼中的国家权力与程序》，中国人民公安大学出版社 2008 年版。

33. 王晨著：《刑事责任的一般理论》，武汉大学出版社 1998 年版。

34. 王以真主编：《外国刑事诉讼法学》，北京大学出版社 2004 年版。

35. 伍浩鹏主编：《刑事诉讼中权力与权利的冲突与平衡——以当事人诉讼权利保护为分析视角》，湘潭大学出版社 2012 年版。

36. 谢佑平、万毅著：《刑事诉讼原则：程序正义的基石》，法律出版社 2002 年版。

37. 谢佑平著：《程序法定原则研究》，中国检察出版社 2006 年版。

38. 许玉镇著：《比例原则的法理研究：私人权益控制政府权力的法理纬度》，中国社会科学出版社 2009 年版。

39. 杨迎洋主编：《检察机关刑事证据适用》，中国检察出版社 2001 年版。

40. 叶文胜主编：《检察机关适用新刑事诉讼法热点难点问题研究》，中华书局 2013 年版

41. 张军、陈卫东主编：《新刑事诉讼法实务见解》，人民法院出版社 2012 年版。

42. 张军、陈卫东主编：《新刑事诉讼法疑难释解》，人民法院出版社 2012 年版。

43. 张军、江必新主编：《新刑事诉讼法及司法解释适用解答》，人民法院出版社 2013 年版。

44. 张明楷著：《刑法学》，法律出版社 2011 年版。

45. 张旭、丁娟主编：《刑事诉讼法》，厦门大学出版社 2012 年版。

46. 张兆松主编：《检察学教程》，浙江大学出版社 2009 年版。

47. 赵春玲著：《刑事强制医疗程序研究》，中国人民公安大学出版社 2014 年版。

48. 庄洪胜编著：《精神病司法鉴定与强制医疗》，中国法制出版社 2012 年版。

二、论文类

1. 陈贵荣、李小荣：《检察建议立法化与机制完善》，载《上海政法学院学报》2011 年第 5 期。

2. 陈卫东、柴煜峰：《精神障碍患者强制医疗的性质界定及程序解构》，载《安徽大学学报》（哲学社会科学版）2013 年第 1 期。

3. 陈卫东、程雷：《司法精神病鉴定基本问题研究》，载《法学研究》2012 年第 1 期。

4. 陈卫东等：《刑事案件精神病鉴定实施情况调研报告》，载《证据科学》2011 年第 19 卷。

5. 程雷：《强制医疗程序解释学研究》，载《浙江工商大学学报》2013 年第 5 期。

6. 戴庆康：《英国精神卫生法修订评价》，载《医学与哲学》2003 年第 3 期。

7. 范德安：《暴力行为的表现形式及学理类型探析》，载《天中学刊》2007 年第 4 期。

8. 高飞：《对强制医疗程序检察监督的实践探析》，资料来自高检院内网。

9. 郭华：《程序转化与权利保障：刑事诉讼中精神病强制医疗程序的反思》，载《浙江工商大学学报》2013 年第 5 期。

10. 郭志媛：《刑事诉讼中精神病鉴定的程序保障实证调研报告》，载《证据科学》2012 年第 6 期。

11. 韩旭：《论精神病人强制医疗程序的构建》，载《中国刑事法杂志》2007 年第 6 期。

12. 胡剑锋：《"行政处罚后又实施"入罪的反思与限缩》，载《政治与法律》2014 年第 8 期。

13. 胡晓爽：《强制医疗必要性的认定》，载《人民司法》2013 年第 16 期。

14. 黄文、王玉婷：《精神病人强制医疗程序探索》，载《重庆第二师范学院学报》2014 年第 1 期。

15. 李革、吴轩：《强制医疗执行的检察监督》，载《山西省政法管理干部学院学报》2013 年第 12 期。

16. 李林：《完善人权司法保障制度意义重大》，载中国法学网。

17. 李文华：《完善精神病人强制医疗程序探研》，载《青海社会科学》2012 年第 5 期。

18. 李秀荣、钟杏圣：《85 例无精神病案例的"精神症状"分析》，载《中国神经精神疾病杂志》2004 年第 1 期。

19. 李毅磊：《精神病鉴定中的鉴定人等有专门知识的人质证程序初探》，载《重庆检察》2014 年第 1 期。

20. 李云青：《公安部门送往精神病院精神病患者社会危害分析及护理干预》，载《中国医药指南》2010 年第 28 期。

21. 李哲：《对精神病人强制医疗案件法律监督的调查》，载《人民检察》2014 年第 6 期。

22. 林礼兴、樊石虎：《在押人员投诉处理检察监督机制研究》，载《人民检察》2015 年第 10 期。

23. 林亚刚：《暴力犯罪的内涵与外延》，载《现代法学》2001 年第 6 期。

24. 刘广林、毛丽伟：《浅议精神病人强制医疗执行检察监督存在的问题及完善措施》，载《监所检察工作指导》2013 年第 4 期。

25. 刘鑫：《论强制医疗启动程序决定主体》，载《中国司法鉴定》2014 年第 1 期。

26. 刘延祥、李兴涛：《检察机关强制医疗法律监督问题研究》，载《中国刑事法杂志》2013 年第 5 期。

27. 卢建平：《中国精神疾病患者强制医疗研究》，载王牧主编：《犯罪学论丛》（第 6 卷），中国检察出版社 2008 年版。

28. 罗兆丹：《强制医疗程序司法运作中的问题与完善》，载《山东警察学院学报》2014 年第 1 期。

29. 吕益军、胡剑锋：《强制医疗执行监督面临的问题与对策》，载甄贞主编：《贯彻新刑事诉讼法与完善诉讼监督制度》，法律出版社 2014 年版，第 537～544 页。

30. 倪润：《强制医疗程序中"社会危险性"评价机制之细化》，载《法学》2012 年第 11 期。

31. 彭耀明：《强制医疗程序诉讼监督机制的构建与完善》，载《中国检察官》2014 年第 4 期。

32. 秦宗文：《刑事强制医疗程序研究》，载《华东政法大学学报》2012 年第 5 期。

33. 施鹏鹏、卢祖新：《强制医疗程序适用中的疑难问题及对策——以重庆市 H 市李某故意杀人案范例的分析》，载《人民司法》2013 年第 13 期。

34. 时延安：《劳动教养制度的终止与保安处分的法治化》，载《中国法学》2013 年第 1 期。

35. 史立梅：《证人出庭作证制度研究》，载《国家检察官学院学报》2002 年第 2 期。

36. 谭可、杨竞：《刑事强制医疗执行检察监督实务研究》，载《重庆检察》2014 年第 1 期。

37. 田圣斌：《强制医疗程序初论》，载《政法论坛》2014 年第 1 期。

38. 汪冬泉：《强制医疗程序执行阶段的立法缺失与完善》，载《江西警察学院学报》2013 年第 7 期。

39. 汪建成：《论强制医疗程序的立法构建和司法完善》，载《中国刑事法杂志》2012 年第 4 期。

40. 王朋：《检察建议的属性与机制保障》，载《人民检察》2011 年第 9 期。

41. 王秋杰：《浅议强制医疗检察监督制度》，载《山西省政法管理干部学院学报》2014 年第 1 期。

42. 王顺安：《社区矫正的立法建议》，载《中国司法》2005 年第 2 期。

43. 王松苗：《彰显中国特色社会主义法治理念》，载《求是》2015 年第 10 期。

44. 王小团：《精神病人暴力行为特点及预防》，载《江苏警官学院学报》2003 年第 4 期。

45. 王鑫：《强制医疗措施的必要性原则》，载《人民司法》2013 年第 13 期。

46. 王宗光、杨坤：《精神病人强制医疗程序研究》，载《上海政法学院学报》2011 年第 6 期。

47. 文永辉：《精神病人强制医疗制度的国内外立法比较探析》，载《西部法学评论》2011 年第 5 期。

48. 吴仕春：《强制医疗程序精神病鉴定意见认证障碍分析》，载《河北法学》2013 年第 9 期。

49. 吴真：《刑诉法修改后强制医疗司法审查及检察职能试想》，载《犯罪研究》2012 年第 6 期。

50. 奚玮、宁金强：《刑事强制医疗的对象界定与程序完善》，载《浙江工商大学学报》2013 年第 5 期。

51. 邢曼媛：《试论我国刑法中暴力手段》，载《中国刑事法杂志》2000 年第 3 期。

52. 徐作国等：《575 例抗精神疾病药品不良反应报告分析》，载《中国药物警戒》2007 年第 6 期。

53. 杨贝：《强制医疗鉴定程序的完善》，载《江西社会科学》2014 年第 3 期。

54. 杨玉俊、徐建、张庆立：《精神病人强制医疗程序的适用条件和检察监督机制研究》，载胡卫列、韩大元主编《法治思维与检察工作——第九届国家高级检察官论坛文集》，中国检察出版社 2013 年版。

55. 姚丽霞：《以法律层面的立法完善精神病人强制医疗程序》，载《法学评论》2012 年第 2 期。

56. 叶萍、陈帅：《强制医疗新规定之理解及其监督视角》，载《河南警察学院学报》2012 年第 6 期。

57. 叶胜男：《对强制医疗适用程序的把握》，载《人民司法》2013 年第 16 期。

58. 叶肖华：《论我国刑事强制医疗程序之建构与完善》，载《浙江工商大学学报》2012 年第 3 期。

59. 易军、陈益民：《精神病人的强制治疗问题》，载《临床精神医学杂志》2007 年第 3 期。

60. 尤菲菲：《论精神病人强制医疗程序中存在的问题》，载《山西警官高等专科学校学报》2014 年第 1 期。

61. 余啸波等：《检察机关适用强制医疗程序研究》，资料来自上海市检察系统内网。

62. 张守良、鞠佳佳：《强制医疗执行监督的实践探索》，载《中国检察官》2013 年第 8 期。

63. 张守良、鞠佳佳：《刑事诉讼中强制医疗程序的法律监督》，载《人民检察》2012 年第 14 期。

64. 张伟：《人权在中国的法律保障》，载《红旗文稿》2015 年第 9 期。

65. 张晓凤：《我国刑事强制医疗程序定位探析》，载《中国刑事法杂志》2015 年第 2 期。

66. 郑爱之：《强制医疗程序法律监督的完善》，载《人民检察》2013 年第 11 期。

67. 郑秉文：《社会保障制度改革的国际经验与教训》，载《求是》2015 年第 7 期。

68. 周维平：《对强制医疗条件的审查》，载《人民司法》2013 年第 16 期。

69. 朱晋峰、宫雪：《强制医疗程序的诉讼化建构——基于强制医疗程序行政化色彩的分析》，载《证据科学》2013 年第 2 期。

70. 纵博、陈盛：《强制医疗程序中的若干证据法问题解析》，载《中国刑事法杂志》2013 年第 7 期。

三、译作类

1. 黄道秀译：《俄罗斯联邦刑事诉讼法典》，中国政法大学出版社 2003 年版。

2. 罗文波、冯凡英译：《加拿大刑事法典》，北京大学出版社 2008 年版。

3. 宋英辉译：《日本刑事诉讼法》，中国政法大学出版社 2000 年版。

4. ［奥］曼弗雷德·诺瓦克：《民权公约评注——联合国〈公民权利和政治权利国际公约〉》（上），毕小青等译，生活·读书·新知三联书店 2003 年版。

5. ［德］哈特穆特·毛雷尔著：《行政法总论》，高家伟译，法律出版社 2000 年版。

6. ［德］汉斯·海因里希·耶赛克、托马斯·魏根特著：《德国刑法教科书》，徐久生译，中国法制出版社 2001 年版。

7. ［德］约阿希姆·赫尔曼著：《德国刑事诉讼法典》中译本引言，李昌珂译，中国政法大学出版社 1995 年版。

8. ［俄］K.Ф. 古岑科主编：《俄罗斯刑事诉讼教程》，黄道秀等译，中国人民公安大学出版社 2007 年版。

9. ［法］卡斯东·斯特法尼等著：《法国刑法总论精义》，罗结珍译，中国政法大学出版社 1998 年版。

10. ［法］卢梭著：《爱弥儿：论教育》（下卷），李平沤译，人民教育出版社 1987 年版。

11. ［美］博登海默著：《法理学：法律哲学与法律方法》，邓正来译，中国政法大学出版社 1999 年版。

12. ［美］罗·庞德著：《通过法律的社会控制　法律的任务》，沈宗灵、董世忠译，商务印书馆 1984 年版。

13. ［美］罗纳德·德沃金著：《认真对待权利》，信春鹰、吴玉章译，中国大百科全书出版社 1998 年版。

14. ［美］约书亚·德雷勒斯著：《美国刑法精解》，王秀梅译，北京大学出版社 2009 年版。

15. ［日］大谷实著：《刑法总论》（新版第 2 版），黎宏译，中国人民大学出版社 2009 年版。

16. ［日］大谷实著：《刑事政策学》，黎宏译，法律出版社 2000 年版。

17. ［日］谷口安平著：《程序的正义与诉讼》，王亚新、刘荣军译，中国政法出版社 1996 年版。

18. ［英］麦高伟等：《英国刑事司法程序》，姚永吉等译，法律出版社 2003 年版。

四、报纸类

1. 陈光中、王迎龙：《创建刑事强制医疗程序促进社会安定有序》，载《检察日报》2012 年 4 月 11 日。

2. 崔洁、肖水金：《精神病人强制医疗难题不少》，载《检察日报》2013 年 5 月 22 日。

3. 冯建红、张慧、谢宝虎、杨晓伟：《精神病人强制医疗难题频现待破解》，载《检察日报》2014 年 4 月 23 日。

4. 顾建兵、王冯：《法院驳回检察机关强制医疗申请》，载

《人民法院报》2013 年 12 月 10 日。

5. 胡志泽、邓玉兰：《安康医院是强制医疗最佳执行场所》，载《检察日报》2014 年 3 月 19 日。

6. 金镒：《精神病鉴定：把住"免死金牌"》，载《哈尔滨日报》2006 年 9 月 10 日。

7. 林中明、李鹏、杨云：《强制医疗程序的法律适用与权利保障》，载《检察日报》2013 年 7 月 4 日。

8. 林中明、王雍尔：《上海黄浦审查强制医疗案注重"三重点"》，载《检察日报》2013 年 4 月 23 日。

9. 刘德华、郭啸海、张艳：《为行凶者申请强制医疗》，载《检察日报》2013 年 2 月 28 日。

10. 刘方：《精神病人强制医疗程序：非刑事处分诉讼方式》，载《检察日报》2012 年 5 月 2 日。

11. 刘邵军：《临时保护性约束措施可折抵刑期》，载《检察日报》2014 年 8 月 13 日。

12. 卢志坚、凤立成、武检轩：《"三问四听"把住强制医疗申请关》，载《检察日报》2013 年 3 月 6 日。

13. 毛燕：《浅议强制医疗程序中的司法鉴定》，载《江苏法制报》2014 年 4 月 22 日。

14. 孟焕良、张娟娟：《新昌作出解除强制医疗决定》，载《人民法院报》2013 年 6 月 25 日。

15. 孟凯锋：《精神病人将人推下站台致伤，检察机关申请强制医疗获准》，载《人民法院报》2013 年 4 月 9 日。

16. 孙旭阳：《抓精神病人顶罪公安局长被免》，载《新京报》2010 年 5 月 18 日。

17. 王川：《再发风险难评估强制医疗标准待细化》，载《上海法治报》2014 年 3 月 25 日。

18. 王俊秀、陈磊：《我国精神病收治乱象亟待整治》，载《中国青年报》2010 年 10 月 11 日。

19. 王鑫、冉雪瑛：《成都一精神病人被依法强制医疗》，载

《人民法院报》2013 年 1 月 24 日。

20. 吴卫兵、刘国华：《强制医疗案件审判实务问题探讨》，载《人民法院报》2013 年 9 月 4 日。

21. 吴言军、赵丹：《强制医疗案件审判原则探析》，载《人民法院报》2013 年 6 月 26 日。

22. 肖贵林：《强制医疗应由选择性变为强制性》，载《检察日报》2014 年 4 月 21 日。

23. 新华社电：《完善救治体系须由政府"兜底"》，载《宁波晚报》2013 年 7 月 25 日。

24. 余建华、孟焕良：《浙江审结 35 起"武疯子"强制医疗案》，载《人民法院报》2013 年 12 月 23 日。

25. 袁涛：《强制医疗程序宜设立合适成年人制度》，载《江苏法制报》2013 年 10 月 22 日。

26. 岳红革：《监督强制医疗》，载《检察日报》2013 年 1 月 4 日。

27. 赵一：《强制医疗程序司法运行中的问题及完善》，载《人民法院报》2013 年 12 月 18 日。

28. 中华人民共和国国务院新闻办公室：《2014 年中国人权事业的进展》，载《人民日报》2015 年 6 月 9 日。

29. 周瑞平、张锦娣：《大学生持刀伤父亲，法院决定强制医疗》，载《人民法院报》2014 年 1 月 17 日。

30. 诸葛旸：《强制医疗法律监督适用要点解析》，载《检察日报》2013 年 3 月 13 日。

后　记

在《强制医疗程序适用与检察监督》书稿完成之际，首先要向宁波市人民检察院法律政策研究室主任潘申明博士致以深深的谢意，潘申明主任从我参与的有关强制医疗课题中，看到了"强制医疗程序适用与检察监督"的研究价值，并组织了浙江省检察业务专家陈然、浙江省检察理论研究人才夏凉博士、姚嘉伟、刘浪、范宏昕等进行专题论证，从选题确定、篇章安排费足了心力。感谢前期强制医疗程序课题研究中，课题组负责人吕益军检察长、成员滕云、冯婧、朱桂荣提供的帮助，他们的前期研究成果为书稿添砖加瓦。感谢宁波市人民检察院张飞飞博士以及同事应敏骏同志为书稿润色、编校提供的帮助。他们的帮助充分显现极为优秀的人品和学品，爽直亲切的友谊，除了感激之外，再也找不到合适的字眼足以表达心中横溢的感触。

一些地方公安司法机关适用强制医疗程序的智慧精华，对书稿的完成帮助极大，特此一并感谢。

中国检察出版社的编校人员为本书的出版付出了辛勤劳动，特此表示感谢。

感谢宁海县人民检察院的领导和同志们在我多年求学过程中给予的关心和鼓励。

最后，我还要感谢我的家人和亲友对我多年学习研究的理解和支持，他们是我不断学习研究的力量源泉。

书稿虽然出版，但欣喜之余也颇感不安，我深知自己才疏学浅，书中定有许多缺陷和疏漏，真挚希望各位同仁批评指正，以利于我在今后的强制医疗程序研究中进行更深入的思考和探索。

胡剑锋

2017 年 2 月于浙江省宁海县